我国商业银行
信贷行为周期性研究

李嵩然◎著

Research on the Cyclicality
of Bank's Lending Behavior of China

人民出版社

序　言

　　商业银行作为我国经济运转的枢纽之一，也是现代金融市场最重要的参与者，一方面，银行通过最重要的资产业务——信贷扮演国家宏观调控政策传播者的角色；另一方面，银行在金融市场中以自有资本和吸收的存款进行商业活动，经营货币业务，扮演市场中的企业经营者，这种特殊的资产和负债业务又通过金融要素投入增加经济发展的资本投入以及自身产值增加带来的经济总量增加这两种方式推动一国经济的快速发展。而鉴于我国金融结构的特殊现状，银行业是我国金融系统的主要组成部分，为我国经济建设筹集和分配资金，保证社会再生产的顺利进行，并且使用掌握的信息，为企业和政府的经济决策提供必要依据。

　　但是，自发的市场机制调节在发挥银行信贷资源配置作用的同时，其负面效应也不断凸显，这就是金融系统的顺周期性。全球范围的发展经验显示，信贷行为的顺周期变化将会放大经济周期的繁荣与萧条，累积具有较大负外部性和普遍传染性的系统性风险，从而加剧银行体系的脆弱性，甚至可能诱发金融危机，对宏观经济发展和企业与人民的福利带来巨大不利后果。2008年国际金融危机爆发以后，避免发生银行系统性风险已经成为金融监管领域的重要底线，受到中国政府和学术界的重点关注。鉴于此，客观且全面的分析和归纳我国银行信贷行为与经济周期的变化规律，并据此提出金融监管改革和完善的措施与政策建议，提高银行系统的稳定性是十分必要且有意义的。截至目前，理论界对商业银行信贷行为的研究主要集中在银行系统顺周期的来源与表现、顺周期性对经济的影响、对顺周期性的测度以及逆周期金融监管改革等领域。学者们对信贷行为周期性属性的认识和界定，主要参照发达国家的惯例和标准，缺少基于中国银行系统和宏观经济实际情况的客观分析，因此对该问题的认识很难达成共识。在这些研究中，有关银行系统顺周期性的来源与表现研究较为深入，主要讨论实体经济与金融系统间的动态反馈机理、宏观经济周期对信贷运行周期的塑造作用以及顺周期性对经济周期波动的影响等方面。后危机时代，对基于金融系统顺周期性的金融监管改革的讨论出现深入和细化的趋势，如研究全新巴塞尔协议在我国金融监管政策中的落地和实施、微观审慎监管向宏观审慎监管的改革。

　　本书站在商业银行分类视角，在综合运用规范分析法、比较分析法、理论分析法和实证分析法等方法的基础上，对我国商业银行系统信贷行为的周期性变化特征、产生机理及其影响因素等问题进行全方位、多层次、多视角的全面研究，并结合我国107家商业银行的内部财务数据对国有银行、股份制银行、城市商业银行以及农村商业银行信贷行为的周期性表现进行了实证检验，横向对比其异同，并探讨了三个层次重要因素对信贷行为变化的干预效果及其显著程度，为宏观审慎监管政策的制定和实施提供一定的依据和参考。

　　本书的出版具有一定的理论意义与实践价值。在理论上，本书的研究丰富了金融监管和宏观调控的相关理论体系。2008年国际金融危机以前，学术界的研究主要关注银行信贷行为的顺周期效应和单个金融机构的微观审慎监管，所提出的政策建议主要针对如何降低银行经营的顺周期效应以及如何防控单个金融机构的经营风险。此次危机发生之后，学者们开始集中反思传统微观审慎监管的弊端，转而研究如何开展以金融系统整体稳健为目标而非仅考虑个别金融机构稳健的金融宏观审慎监管。这是全球学术界对此次金融危机产生原因反思的结果，我国也不例外，但是这仍然忽略了不同类型商业银行在信贷业务经营上的差异，即信贷行为的顺周期性是否是所有银行金融机构的一致特征？我国的各类商业银行是否均能套用西方国家的研究结论？本书以回答上述问题为研究的出发点，站在我国商业银行分类视角上，利用大量商业银行样本的面板数据进行实证分析，探究各类商业银行信贷行为与经济周期变化的关系，并对比这种关系在不同类型银行间的异同。本书还估计了资本监管、会计信息规则以及政府行为三个重要影响因素对不同类型银行信贷行为变化的干预效果及其显著程度，全面分析了我国商业银行实施逆周期监管政策的可能性，这些分析和考察可以拓宽货币银行学和金融监管学的研究视野。在实践上，一方面，本书能够为全球金融监管进入宏观审慎阶段后，我国进入逆周期监管政策的制定以及实现《巴塞尔资本协议》的中国化提供现实依据和政策建议；另一方面，本书的出版还有助于增强对不同类型商业银行信贷作为特征的认识，促进银行内部差异化风险制约机制的形成，提高银行的风险管理水平。

　　当然，客观来看信贷行为与经济周期的关系是不断变化的，难以概括出固定的规律，而对商业银行乃至整个金融系统监管的研究则是一个更加复杂的问题，涉及货币银行学、中央银行学、金融市场学、金融监管学、宏观经济学、制度经济学等诸多领域。要全面考虑上述学科相关理论来探究和讨论这一问题，并不是一件容易的事情。由此，本书不可避免地存在一些不足和遗漏。例如，对资本监管、会计信息规则以及政府行为的影响，本书的考察还缺乏系统性。对内部评级制度对信贷行为周期性效应的影响效果，研究方法还有待优化。关于政府干预对银行信贷行为影响的研究，选取的替代指标过于片面等。对于这些问题，希望作者做出进一步的思考与改进。

王冲

2019 年 1 月

前　言

　　信贷行为与经济周期波动的密切联系是 2008 年国际金融危机后各国政策制定者和经济学家重点关注和研究的领域。这主要是因为以银行信贷风险为代表的金融机构风险在时间维度上的转移和累积，以及滞后的金融监管理念对该问题的忽视被认为是此次危机爆发的一个主要诱因。在全球主要发达经济体和标准制定机构相继进行"逆周期"监管改革、推行《巴塞尔协议 Ⅲ》（以下简称"《Basel Ⅲ》"）的新时期，我国也积极参照新协议对金融监管规则进行调整。2012 年 6 月银监会正式发布被业界称为"中国版《Basel Ⅲ》"的《商业银行资本管理办法》，这标志着我国逆周期监管政策的落地。新监管规则的核心内容是将逆周期思想融入监管工具，以缓释银行等金融机构的顺周期性。然而，新监管规则自 2013 年正式实施以来收效并不理想。随着我国经济下行压力的增大，许多曾被经济高速增长所掩盖的问题逐渐凸显，从 2013 年地方政府债务长期超财政负荷运行后的集中到期、2014 年房地产市场泡沫的局部破灭，到 2015 年股票市场的暴涨暴跌等现象都表明我国金融系统性风险已经不容忽视，而银行信贷行为是系统性风险积聚的关键一环。

　　当前，主流研究观点对信贷行为顺周期性的认识是基于市场经济环境较发达，政府对经济干预程度较低，银行行为决策相对自主的发达国家提出的，因此，在市场机制的作用下银行信贷表现出顺周期性具有必然性。但是，对于正处于转型阶段的中国经济，银行信贷行为需要为宏观经济发展服务，高度的政府干预特征往往具有自发熨平顺周期性的功能，在此背景下，中国商业银行的信贷行为未必会表现出市场固有的顺周期性。与此同时，在我国商业银行特殊的类型划分下，信贷行为的周期性表现在不同类型银行间可能存在差异。鉴于此，在我国金融监管制度改革的关键时期，对商业银行信贷行为周期性特征进行总结和反思，准确测度各类型商业银行的周期性表现，探索信贷市场外生因素对信贷行为周期性的影响，既可以丰富经济周期和金融监管的相关理论，又对我国逆周期监管效率的提高具有重要现实意义。

本书在重点阐释信贷行为周期性的内涵、外延及其形成机理的基础上，分析了我国商业银行信贷市场的主要特征，检验了我国商业银行信贷行为的周期性表现，系统地分析和探索了监管规则、会计制度和政府干预等外生市场因素对信贷行为周期性的影响机理和具体效应，最后从"差异化"监管的视角提出了完善我国逆周期监管规则的政策建议。

本书共计八章，按照"总—分—总"的内容结构展开。第一章总论主要阐释了信贷行为周期性的相关经济学基础、信贷周期性效应的形成机理以及我国商业银行信贷行为周期性的特征和表现，具体包含第二章、第三章和第四章；分论从信贷市场外生因素的视角出发，系统地讨论了监管层面因素、会计信息层面因素以及政府干预层面因素对信贷行为周期性效应的影响，这部分内容分别对应的是第五章、第六章和第七章；第八章是本书的尾论，主要对全书研究结论和观点进行了总结，并提出了完善我国逆周期金融监管的政策建议，以及对未来研究的展望。各章主要内容和观点安排如下：

第一章　归纳概述本书的写作背景和意义、核心概念、国内外研究综述、研究方法、研究框架和基本内容以及本书的创新点和不足之处。

第二章　梳理并总结银行信贷行为周期性的相关基础理论。本章主要依据经济周期理论发展的历史逻辑对信贷行为周期性的三大相关理论进行梳理，这些理论包括传统经济周期理论、真实经济周期理论和金融经济周期理论。

第三章　分析信贷行为周期性的形成机理。从信贷市场内生和外生因素两个层面深入分析信贷行为周期性变化产生的原因和作用机理。论文认为信贷市场的内生缺陷是银行信贷行为周期性变化的根本原因，并且顺周期效应是内生缺陷存在时信贷行为变化的固有表现。但是在金融监管、会计规则以及政府干预等信贷市场外生因素的影响下，信贷行为的周期性表现可能发生改变。

第四章　实证检验我国商业银行信贷行为的周期性特征。本章利用商业银行的微观财务数据对我国商业银行信贷行为随经济周期波动而变化的特征进行了深入的统计描述和实证检验。结果表明，2003—2014年间我国商业银行信贷扩张行为总体上未表现出显著的周期性特征。同时，从银行分类角度和跨时间角度进一步展开分析，提出我国商业银行信贷行为周期性在不同类型银行间以及不同经济周期阶段存在差异的观点。

第五章　研究银行资本监管对信贷行为周期性的影响。本章围绕第一层面的金融监管因素——资本监管规则中的资本充足率要求和内部评级法对信贷扩张行为周期性效应的影响。研究表明，一方面，我国商业银行的资本充足率监管对信贷行为周期性的影响效果在不同类型银行间差异显著，其中大型国有商业银行的资本充足率要求会刺激信贷扩张与经济周期反方向变化；股份制和城市商业银行的资本充足率监管对信贷行为具有约束作用，表现为顺周期性，而农村商业银行的这一影响并不显著。另一方面，我国商业银行内部评级制度对银行信贷行为的影响是顺周期的。

第六章　研究会计信息规则对信贷行为周期性的影响。本章从商业银行财务的重要应计费用——贷款损失准备和会计计量采用的公允价值准则两方面因素分别考察会计信息规则对我国商业银行信贷扩张周期性变化的影响。本书认为，我国贷款损失准备计提对银行信贷扩张行为的影响是逆周期的，并且这种逆周期影响在经济下行时期更为明显。2007年至2014年间我国实施的公允价值计量准则对我国商业银行行为产生了显著顺周期影响。

第七章　研究政府干预对我国商业银行信贷行为周期性的影响。本章创新性地从政府干预程度变量——政府股权结构类型以及政府干预方向变量——货币政策两个角度探索了政府干预对信贷行为周期性的影响。本书认为，信贷行为的顺周期性在国家、国有企业或地方政府以及民营企业控制的商业银行中依次递增。其中，国家直接控股的商业银行信贷行为甚至表现出一定的逆周期特征。我国宏观调控的货币政策对信贷行为的调整是逆周期的，且作用强度按照国家、国有企业和民营企业控股的银行依次递减。这一结论进一步反映出证明实施"差异化"逆周期监管政策的重要性。

第八章　对全书研究进行总结并分别从与实证部分相对应的资本监管、会计信息规则以及政府干预三方面的内容，提出完善我国逆周期监管制度的相关政策建议。最后，结合本书的不足进行研究展望。

本书的创新点主要体现在：研究视角的创新、理论模型的创新以及实证方法的创新三个方面：

其一，研究视角方面的创新。（1）基于我国各类商业银行在业务经营特点、政府控制程度、市场导向程度以及救助资金获取的难易程度等方面的差异，创新性地从银行整体——银行分类视角对我国信贷行为的周期性变化特征展开深入探讨。（2）考虑到我国政府对银行系统高度控制和干预的特点，将政府股权结构和宏观货币政策两个因素纳入到信贷扩张行为的研究框架中，使本书的研究更具实践参考价值。

其二，理论模型的创新。（1）本书大量使用动态方程来进行模型设计以揭示被解释变量的动态变化过程，这更加符合经济周期波动下银行信贷行为的调整是一个动态变化过程的事实。（2）在对比研究不同银行类别或不同经济周期阶段信贷行为周期性特征的时候，通过引入交互项来对模型进行修正。

其三，实证分析和统计描述方法的创新。（1）本书在构建经典动态面板数据模型的基础上，主要通过系统广义矩估计（System Generalized Method of Moments，以下简称 SYS-GMM）方法对动态面板模型的参数进行回归估计，提高了估计效率。（2）本书创新性地将 2008 年危机后我国宏观经济调控政策大幅调整对银行信贷行为产生的冲击设定为一个自然实验环境，并通过划分实验组和对照组，运用倍差分析法（Difference-in-Difference，以下简称 DID）识别宏观政策调整对信贷行为周期性变化的效应。（3）本书在银行净利润对以公允价值计量资产价值变动敏感程度的分析过程中，运用气泡图来对三者间的关系进行生动形象的统计描述，简化了分析过程并使三个时间序列间的关系立体化。

李嵩然

2019 年 1 月

目　录

第一章　商业银行信贷行为特征与监管概述……………………………… 1

　　第一节　信贷行为周期性问题的理论背景与监管实践…………… 1

　　第二节　信贷行为周期性的相关概念界定及监管发展历史……… 6

　　第三节　商业银行信贷行为研究的经典文献回顾………………… 12

　　第四节　主要研究方法与内容安排………………………………… 30

　　第五节　创新说明与不足之处……………………………………… 36

第二章　商业银行信贷行为周期性的理论基础……………………… 39

　　第一节　传统经济周期理论………………………………………… 41

　　第二节　真实经济周期理论………………………………………… 44

　　第三节　金融经济周期理论………………………………………… 49

第三章　商业银行信贷行为周期性效应形成机理………………… 58

　　第一节　信贷市场内生因素导致的顺周期性　…………………… 58

　　第二节　信贷市场外生因素对信贷行为周期性的影响机理……… 63

第四章　我国商业银行信贷行为的周期性特征…………………… 74

　　第一节　我国商业银行的类型特征………………………………… 74

　　第二节　我国不同类型商业银行的信贷行为特征………………… 80

　　第三节　我国商业银行信贷行为周期性的实证分析……………… 87

第五章　商业银行资本监管、信贷行为与经济周期……………………… **98**

第一节　资本充足率监管与信贷行为的周期性…………… 100

第二节　内部评级法与信贷行为的周期性………………… 129

第三节　完善我国商业银行资本逆周期监管的政策建议……… 139

第六章　商业银行会计信息规则、信贷行为与经济周期………………… **142**

第一节　贷款损失准备对银行信贷行为周期性波动的影响…… 143

第二节　公允价值会计准则对信贷周期性行为的影响………… 163

第七章　商业银行政府干预、信贷行为与经济周期……………………… **185**

第一节　政府股权对商业银行信贷行为周期性变化的影响…… 185

第二节　宏观调控对商业银行信贷行为周期性的干预……… 193

第三节　政府干预对商业银行信贷行为周期性影响的实证

分析……………………………………………………… 197

第四节　宏观政府干预环境下我国商业银行逆周期政策的

调整建议………………………………………………… 212

第八章　研究结论与政策建议……………………………………………… **214**

第一节　主要研究结论…………………………………… 214

第二节　完善商业银行逆周期监管的政策建议…………… 218

第三节　进一步研究的说明……………………………… 220

参考文献……………………………………………………………………… 222

后　记………………………………………………………………………… 249

第一章　商业银行信贷行为特征与监管概述

第一节　信贷行为周期性问题的理论背景与监管实践

一、理论背景与全球监管实践

金融监管体制滞后于金融发展是 2008 年国际金融危机产生的重要原因。鉴于此，近年来国际社会不断对既有的金融监管体系进行探讨和反思，以寻找有效的变革方法。2009 年以来，美国、欧盟、英国等发达经济体纷纷进行变革，提出各自金融监管的改革方案。其中，加强与完善金融体系的宏观审慎监管，解决银行系统的顺周期问题是各国达成的基本共识以及后危机时代全球金融监管改革的核心内容，同时也是国际清算银行、货币基金组织以及巴塞尔银行监管委员会在金融监管理念层面上的重要调整方向。德·拉罗西埃（Jacques De Larosiere）报告（2009）[①]以及金融稳定论坛（Financial Stability Forum，以下简称 FSF，2009）[②]也强调了缓释顺周期性的必要性，逆周期监管思想应运而生。2010 年，二十国集团（Group of Twenty，以下简称 G20）在首尔峰会上正式通过构建全球宏观审慎政策框架的提案（《更加稳健的银行与银行体系的全

---

① J. De Larosiere, L. Balcerowicz, O. Issing, et al., *The high-level groupon financial supervision in the EU report*, Brussels, 2009. Available on the Website of the European Commission: http://ec.europa.eu/index_en.htm.

② Financial Stability Forum, Report of the financial stability forum on addressing procyclicality in the financial system, 2009.

球监管框架》与《流动性风险计量、标准和监管的国际框架》），鼓励各成员国在传统的微观审慎监管的基础上积极实践宏观审慎监管，实现两者的有机结合，此后宏观审慎监管理念开始在全球各大经济体的金融监管改革中逐步落实。同年12月，巴塞尔委员会颁布了针对危急中暴露的金融监管问题进行修订与完善的《Basel Ⅲ》主体文件[①]，并于2011年至2013年相继发布了其三个核心内容："资本充足率改革框架""全球系统性重要银行（Global Systemically Important Banks，以下简称G-SIBs）和国内系统性重要银行（Domestic Systemically Important Banks，以下简称D-SIBs）资本框架""流动性覆盖率改革框架"的相关具体执行文件（另外两个核心内容：杠杆率和稳定资金比例的调整框架目前尚在制定中），"逆周期资本监管"的概念被首次提出。2013年1月1日，巴塞尔成员国开始逐步实施《Basel Ⅲ》中的监管要求，至此，宏观审慎监管改革真正进入实践阶段。

宏观审慎监管主要围绕两个角度展开，其一是跨行业维度，即在某一时点上，单个金融机构的风险在整个金融系统中的分布及其对金融系统性风险的贡献程度，跨行业维度的宏观审慎监管要求监管当局对系统重要性的机构、金融网络结构以及风险传染性进行重点监管；其二是时间维度，指的是金融体系的风险是如何随着时间的推移而动态变化的，这与经济周期密切相关。而这种变化给经济运行带来的危害情况是：系统性风险在金融体系运行机制以及金融与实体经济的相互作用下被放大，经济运行随着时间的推移产生扩大或紧缩的效应，使经济产生更大幅的波动，即顺周期性；时间维度的宏观审慎监管要求监管当局要采取有效措施以平滑金融体系的顺周期性，实施逆周期金融监管。

现阶段，金融系统尤其是银行系统的顺周期性问题日益成为后危机

[①] Basel Committee on Banking Supervision, *Guidance for National Authorities Operating the Countercyclical Capital Buffer*, December, 2010: http://www.bis.org/publ/bcbs187.htm.

时代各国金融监管当局和国际金融组织关注的焦点，监测银行系统的周期性行为、缓释银行系统的顺周期性问题是理论界与实践界研究的重点，我国也不例外。一方面，我国作为 G20 的创始成员、巴塞尔委员会和金融稳定理事会的正式成员，有责任与义务积极投入到国际金融监管改革的研究与实践中；另一方面，此次危机中我国虽没有遭受重大损失，但经济也确实出现了近年持续增长后增速的首次下滑。与此同时，使我国免受重大危机损失的并不是有效的金融监管，而是发展滞后的金融市场。因此，改革我国的金融监管制度，维护金融稳定，为经济持续发展营造良好的金融环境十分必要。2010 年初，中国银监会工作会议提出了银行业科学监管的"四个结合"，其中一方面就是必须坚持宏观审慎监管与微观审慎监管的有机结合。2011 年 3 月"十二五"规划纲要明确指出"构建逆周期的金融宏观审慎监管制度框架，建立健全系统性风险防范体系"，标志着我国宏观审慎监管改革与宏观审慎框架建设的全面展开。2012 年银监会全面引入《Basel Ⅲ》新监管标准，并于同年 7 月发布《商业银行资本管理办法（试行）》以及一系列配套监管规则和指导意见，加入逆周期监管思想的新资本监管法规体系正式建立。2013 年，银监会借鉴巴塞尔委员会制定的《各国实施逆周期资本监管指导原则》中的指标来重新度量我国银行业系统性风险，取得了比传统指标更好的结果。2015 年，《中共中央关于制定国民经济和社会发展第十三个五年规划的建议》中进一步明确指出，"十三五"期间要加强金融宏观审慎管理制度建设，改革并完善适应现代金融市场发展的金融监管框架，实现金融风险监管的全覆盖。可见，我国银行业监管正在不断融入宏观审慎监管的新理念，在传统微观审慎监管的基础上引入逆周期监管机制和政策，试图以更严格的监管来降低和控制系统性风险，在此背景下，探讨我国银行系统信贷行为的周期性特征，理清经济系统中可能影响信贷行为调整的因素和具体影响机理和效果，提高逆周期监管政策的针对性和监管效率是我国政府当局迫切需要解决的问题，也正是本书研究的核心内容。

二、研究意义

构建内含银行业、证券业以及保险业的逆周期金融监管体系是后危机时期维护宏观金融稳健和监管改革的重要任务。在全球金融监管思路进行重大调整的新时期，我国监管当局应积极借鉴国际经验并增加与国际金融监管机构的协调与合作，尽快构建和完善适合我国逆周期监管机制。尤其是我国正处于由三类金融机构分业监管向银保监会协调监管的转变阶段，深入研究不同金融机构的逆监管制度的设计和协调问题日益重要。当前，我国理论和实务界有关银行系统相关顺周期问题的研究尚处于起步阶段，对"银行行为的顺周期影响因素""可能的缓释措施"以及"这些作用因素和机制在我国不同银行类型间真实的作用效果如何"等问题的探讨尚未形成统一的理论或政策框架，逆周期监管的推行分散且缓慢。鉴于此，从不同银行分类视角对我国商业银行信贷扩张行为的周期性特征和影响因素进行系统研究，具有较强的理论和实践价值：

首先，银行业作为整个金融业的基础以及实体经济与金融市场的联结者，银行金融机构的稳健程度与家庭、企业等市场参与者的资金安全和经济福利紧密相连，同时也是实现国民经济的平稳发展和改善金融环境的重要环节。而金融的脆弱性决定了银行系统的脆弱性，银行自身业务经营的内部环境和监管者制定的监管规则与政策的外部环境所带来的顺周期性行为构成了银行脆弱性的重要一环，对系统性风险和银行危机乃至金融危机起着推波助澜的作用，可以说银行系统的稳健运行对整个金融市场的稳定有着深远影响。从经济发展的角度来说，我国银行系统自改革开放以来伴随经济的持续增长，率先得以快速发展，银行数量和规模不断扩张，银行体系日益健全，其对经济增长的贡献以及在全球金融系统中的参与程度也在提升，高效的风险制约机制和稳健的银行系统有利于降低家庭和企业收入与投资的风险，激发他们生产和创新的积极性，从而在长期内保证我国经济的平稳和持续发展。由此，对我国不同类型商业银行顺周期风险进行对比研究具有很强的政策含义和重要的现实意义，也有助于提高银行风险管理水平和金融逆周期监管制度的有效性。

其次，从政策应用的角度来看，一方面，对我国商业银行信贷行为的周期性波动问题研究必须着眼于寻找影响信贷行为周期性波动的因素以及这些因素在各类型银行间作用的具体效果。另一方面，能为《Basel Ⅲ》的中国化以及银行业风险管理水平的提高提供参考。此次金融危机后，国际金融组织陆续开展了一系列针对危机中暴露问题的监管改革，作为全球银行业监管标杆的巴塞尔资本协议也遭遇严重质疑，这使得以加强全球银行业资本要求为目标的新协议《Basel Ⅲ》应运而生。自 2014 年起，主要发达国家已经陆续开始实施《Basel Ⅲ》，我国作为 G20 的成员国，迫切需要提高银行业风险管理水平，实施巴塞尔新资本协议。纵观我国银行业的发展历程，虽然从未出现过严重的系统性风险和银行业危机，但这并不是因为我国拥有稳定的金融市场和较低的金融风险，而是因为我国银行乃至金融市场整体发育的滞后以及政府给银行业提供的隐性担保造成的。事实上，近年来随着我国银行业的高速发展，银行经营市场化程度的不断提升以及混业经营程度的不断加深，使我国银行系统的风险正在跨行业和时间两个维度上大量积聚。跨行业维度的风险要求我国监管当局参照巴塞尔委员会识别系统重要性金融机构标准和监管要求对我国金融系统重要性金融机构进行判断，并提高对其的监管强度和损失吸收能力。而从跨时间维度出发，研究银行风险的周期性行为，由于周期性行为影响来源的多样性使得逆周期监管政策的落实具有较高的不确定性。据此，探索不同类型商业银行信贷行为的周期效应，以及回答如何进行差异化逆周期监管的问题，能够为逆周期监管政策的制定以及实现《Basel Ⅲ》的中国化提供理论和现实依据。

最后，从研究的理论价值角度来看，对该问题的研究能够促进金融监管理论与宏观调控体系的进一步完善。金融监管是应对金融危机的产物，纵观金融市场的发展历程，金融监管理论的进步总是在对不断爆发的危机进行反思的过程中产生。专门应对金融体系顺周期效应和系统性风险的宏观审慎监管亦是如此，"逆风向"调节的监管思想作为宏观审慎监管的核心组成部分旨在提高监管对风险的时变敏感性，这是此次危机给予我们的重要经验教训。从时间维度将银行系统的周期性行为纳入监管范畴，可以缓解银行信贷过度变化和短期行为带来的危害，避免银行过度承担风险的行为，降低危机发生的频率和破坏力，弥补传统微观审慎监管的不足。由此可见，逆周期金融监管思想是对原有金融监管理论的有益补充，它与货币政策、财政政策以及产业政策等一起共同为我国的宏观经济的稳健运行保驾护航，更新了我国宏观调控的基本框架。

第二节　信贷行为周期性的相关概念界定及监管发展历史

一、信贷行为的周期性

商业银行信贷行为（Bank's lending behavior）是指商业银行基于自身经营偏好，遵循并兼顾收益性、流动性和安全性三大经营原则，来对自身的信贷资产进行不同的配置组合的行为。文中出现的信贷行为如果未做特殊说明，均指的是商业银行的信贷行为。宏观经济周期（Business Cycle）是指宏观经济活动沿着经济发展的总趋势所经历的有规律的扩张和收缩，它也指包括商业银行信贷行为在内的一切经济活动所产生的收缩和扩张的交替变化。

周期性一般是指金融部门与实体经济部门间相互作用的一种动态反馈机制，具体包括金融部门与实体经济部门间的正向反馈和逆向反馈，与这两种机制对应的分别是顺周期性和逆周期性。一般而言，在经济金融体系中，宏观和微观的正向反馈很多，而反向反馈却不多，金融系统总体上亦呈现顺周期特征（周小川，2009）[①]。金融系统的顺周期性是指来自实体经济的外部冲击如何通过金融系统的内部运行机制被放大，并

---

① 周小川：《关于改变宏观和微观顺周期性的进一步探讨》，《中国金融》2009 年第 8 期。

最终通过金融与实体经济的相互作用关系被反馈回实体经济中去，进一步加剧宏观经济波动，实现风险从"实体——金融系统——实体"循环传递的作用机制。经典的研究已经表明，顺周期性是金融体系的固有特性，这是由金融市场的内生因素决定的，根据 FSF[①] 的定义，顺周期性（Procyclicality）是指在时间维度上，由实体经济与金融体系相互正态反馈（Positive Feedbck Mechanism）所形成的，对繁荣和萧条的经济周期进行放大的机制，顺周期性会加剧经济的周期性波动，并增强或导致金融系统的不稳定。在经济上行时期，金融系统运行良好，商业银行易低估违约风险，趋于逐利性考量放松贷款条件，增大信贷总量，使本就繁荣的实体经济更加高涨；而在经济下行时期，下滑的经济走势使得商业银行的违约率和损失预期同时上升，从而促使银行紧缩信贷，这就致使本就萧条的实体经济难以获得资金支持，实体经济更加低迷，造成实体经济更大幅度波动。这就是顺周期性对金融经济体系周期性波动的"推波助澜"效应，从而增大危机发生的可能性或者增加危机的破坏程度。

与金融系统周期性的内涵相似，商业银行信贷行为的周期性作为一种微观产品周期，是指外部经济冲击通过微观银行信贷渠道的内部调整作用被放大或者缓释，并最终通过银行信贷行为与其他将金融和实体部门的相互作用反馈回宏观经济中去，产生加剧（顺周期）或减弱（逆周期）经济周期性波动的作用，这种作用的效果及对宏观经济的影响就是顺周期性效应或逆周期效应，这两种效应体现了宏观经济周期对信贷运行周期的塑造作用。具体来看，一方面，信贷市场的内生缺陷决定的，信贷行为与经济周期性波动的同方向变化是经济体系的固有特征，即顺周期效应内含于经济系统。并且，顺周期性对经济运行具有破坏作用，它是2008 年国际金融危机的主要成因之一。另一方面，宏观经济周期波动在

---

① FSF (Financial Stability Forum), *Report of the Financial Stability Forum on Addressing Procyclicality in the Financial System*, 2009.

信贷市场机制作用下被缓释，则强调的是信贷行为的逆周期性，逆周期性一定程度上可以起到稳定金融体系运行的作用。

尽管顺周期性是信贷行为变化的根本特点，但是银行信贷行为是否表现出顺周期效应还要受到信贷市场外生因素的干预和调节，这些外生因素包括：现行银行金融监管制度、银行内部经营管理机制以及宏观调控政策等。鉴于此，正确判断我国商业银行系统信贷行为的周期性特征，应当是完善和实施金融监管改革，提高银行稳健性的基本前提。

二、逆周期金融监管

作为对不断爆发的经济危机进行反思的产物，早在 20 世纪 70 年代"宏观审慎监管"的概念就被国际清算银行使用，80 年代美国爆发的储贷危机使人们开始认识到传统的以维护单个金融机构稳定的微观审慎监管制度已不足维持整个金融体系的稳定，但由于金融市场发育程度远不及今、金融创新有限以及危机波及面较窄等原因，该思想未能受到重视。直到 1997 年的亚洲金融危机和 2008 年的国际金融危机之后，各国才深刻意识到微观审慎监管的巨大漏洞与局限。根据金融稳定理事会（Financial Stability Board，以下简称 FSB）、世界货币基金组织（International Monetary Fund，以下简称 IMF）和国际清算银行（Bank for International Settlements，以下简称 BIS）2011 年 [①] 的定义："宏观审慎监管是指在分析金融系统与实体经济联系的基础上，运用审慎监管工具减少系统性风险"，其具体的概念和调控范畴如图 1-1 所示。一般意义上的货币政策是指一国央行为实现一定的经济目标而综合运用货币政策工具对货币供应量和利率进行调节，从而实现对宏观经济影响的政策和措施的总称。宏观调控是指政府当局综合运用各种政策工具对国民经济进行

---

① FSB, IMF and BIS, *Micro-prudential Tools and Frameworks*, Speech at the 45th SEACEN Governors' Conference, February, 2011.

调节与控制以实现既定经济目标的重要职能；而金融监管则是指金融监管当局对金融机构、金融业务以及金融交易主体所实施的监督和管理的总称，金融监管作为宏观调控的重要组成部分，在维护宏观经济平稳运行和防范金融风险方面发挥着不可替代的作用。国际清算银行总经理海密·卡罗阿纳（Jaime Caruana）[①]进一步区分了这一概念，他认为宏观审慎的概念并不包含一切对金融稳定和系统性风险有影响的工具，并且宏观审慎监管政策应当是与货币政策、财政政策以及其他政策存在互补关系的。

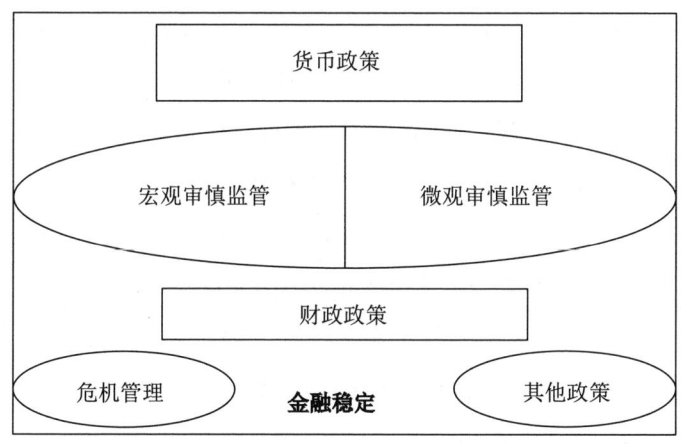

图1-1　引入宏观审慎监管的金融稳定框架
资料来源：FSB、IMF和BIS（2011）。

逆周期的金融监管理念是后危机时期宏观审慎监管改革的核心内容之一。克劳迪奥·博里（Claudio Borio）2009年提出宏观审慎监管可以划分为两个维度，其一，是关注某一时点上单个金融机构风险状况的跨行业维度监管；另一个是关注金融系统顺周期性问题和逆周期政策工具

---

　　① 海密·卡罗阿纳（Jaime Caruana）于2011年6月11日在SAARC Finance Governors' Symposium 2011会议上报告的 *Monetary policy in a world with macroprudential policy* 中提到。

的跨时间维度的监管，即逆周期监管应是宏观审慎监管的核心内容之一。具体而言，逆周期监管是金融危机后监管制度为应对金融体系顺周期效应而进行的制度变革，其主要目的是平滑不可避免的经济周期性波动，注重金融体系内生性风险随时间的动态变化，具体可以从在监管规则、会计准则、杠杆率和薪酬制度等金融制度安排中植入逆周期因素等措施来实现，逆经济风向的金融监管机制是银行监管的重要发展方向。

三、巴塞尔资本协议的历史演进

巴塞尔资本协议（Basel Accords）是由巴塞尔银行监管委员会（Basel Committee on Banking Supervision）提出的一系列银行监管规则和建议，包括 1988 年、2004 年以及 2010 年先后颁布的三个版本，时至今日世界已有 100 多个国家的银行系统执行和参考使用巴塞尔协议的监管思路。

第一版巴塞尔资本协议是巴塞尔银行监管委员会成员——十国集团（Group 10，以下简称 G10）的中央银行于 1988 年 7 月在瑞士提出的银行业资本充足率相关要求，如《关于统一国际银行的资本计算和资本标准的报告》和《有效银行监管核心原则》等，这些监管原则和协议统称为《Basel I》。其目的是提升国际银行间竞争的公平性、降低市场风险和系统风险发生的可能性以及维持整个银行系统的稳健性。该协议产生背景是德国赫斯塔特银行和美国富兰克林国民银行两大国际性银行的倒闭事件，由此引发了对拥有广泛国际业务的银行在国际统一监管标准方面存在真空问题的反思，进而提出了以资本充足率为核心的监管规则。值得注意的是巴塞尔委员会并不具有法定跨国监管的权力，其制定的指导原则如《Basel I》在法律上也没有强制效力，仅十国集团自身监管部门一致同意在规定时间内实施协定的内容，世界其他国家结合本国实际情况逐步参考实施，其实施进度在全球参差不齐。具体来看，《Basel I》的内容主要分为四个方面：一是对银行资本进行了分类，根据资本的风险和质量将资本区分为一级（核心）资本和二级（附属）资本两大类；二是设定了资产的风险权重比例（Risk-weighting of Assets），依据资产的风险大小巴塞尔委员会相应地设定了四个档位的风险权重：0%（如现金和金银资产等）、20%（如 AAA 评级的住房抵押贷款证券等）、50%（如政府债券、住房贷款等）和100%（如公司债）；三是设定了商业银行资本充足率监管标准及计算标准，根据《Basel I》的规定，所有经营国际业务的商业银行最低资本限额为银行风险资产的8%①；此外，该协议还要求将一些表外业务纳入银行资产负债表进行监管。

经过约16年的运行与发展，巴塞尔委员会在第一版协议的基础上进行修订，于2004年6月发布了新巴塞尔资本协议（Basel New Capital Accord，以下简称《Basel II》），与《Basel I》相比较，该版本主要包括三个方面的新内容：第一，构建了银行监督审查程序以及市场制约和自律机制，二者与最低资本要求共同组成了新巴塞尔协议的三大支柱，减少了对资本充足率支柱数量上的过分依赖；第二，改变了银行资产风险权重的确定方法，引入信贷评级法度量风险程度，使风险度量在时间维度上可变，同时还规定了信用风险的计算标准；第三，操作风险首次被纳入资本充足率计算框架内，完善了风险管理的覆盖面。

2008年国际金融危机的影响引发金融监管当局对现行商业银行经营与管理规则的深刻反思，作为金融危机补救措施的《Basel III》于2010年应运而生。新的协议对包括三大支柱和流动性监管等内容进行了大幅修改：（1）对第一支柱的监管细则的修改。直接提高了银行的资本监管要求，其中核心资本充足率由2%增加到4.5%，并计划在2019年应最终达到6%，而总资本充足率维持8%不变，同时还增加了缓冲资本的计提要求，强调提高吸收银行资本损失的能力；对资本风险的覆盖范围进

---

① 根据协议规定，如果一家银行持有两大类风险资产：对公司的贷款类（L^F）和对其他银行的贷款类（L^B），那么该家银行的资本要求 K 应当满足 $K>W\times0.08$，不等式中 W 代表风险加权资产，W 的计算满足等式：$W=W^{if}\times L^F+W^{ib}\times L^B$，其中 W^{if} 和 W^{if} 分别代表对公司类贷款和对其他银行类贷款的固定风险权重，即巴塞尔委员会设定的四档权重。

行了扩充，增加了对交易账户、交易对手信用风险以及资产证券化等风险的监管等；值得注意的是，《Basel Ⅲ》要求开始监控银行的杠杆率以实现控制商业银行资产业务相对规模的目标，限制表内资产的过度膨胀，同时还与资本充足率监管的顺周期性形成互补；（2）对第二支柱机构监管增加了相应的补充条款，对第三支柱市场约束增加了信息披露的相关要求；（3）新版本的巴塞尔资本协议特别强调对商业银行的流动性监管。构建了包括流动性覆盖率（Liquidity Coverage Ratio，以下简称 LCR）和净稳定资金比率（Net Stable Funding Ratio，以下简称 NSFR）在内的系列流动性监管指标，健全流动性风险。巴塞尔委员会指出各成员国应当于2013 年开始逐步实施《Basel Ⅲ》，最晚在 2019 年 1 月 1 日完成全部规则改革，而对于非成员国，建议应当结合各国银行业运行状况、监管机构特征和当地法律体系等实际情况将《Basel Ⅲ》的监管思路融入或体现在各国监管规则的改革实践中。

第三节　商业银行信贷行为研究的经典文献回顾

有关金融系统周期性行为的研究是传统经济周期理论在 20 世纪 80 年代衍生出的新分支，即认为金融经济活动在内部和外部环境的共同作用下，通过金融系统传导而形成的持续性波动和周期性变化。而金融系统的顺周期性又可以分为金融系统的周期性行为以及金融机构的周期性行为，其中对金融机构周期性行为的研究仅仅停留在理论探讨层面，并未受到重视。此次危机后，以银行金融机构顺周期性行为为代表的金融机构顺周期性问题开始成为金融监管和银行机构研究的热点。目前，学术界关于银行系统周期性行为的研究已经有了初步成果，围绕本书研究的重点，本节从国内和国外角度来对已有研究成果进行分类别回顾与归纳。

国外学者对信贷行为顺周期性的研究大致可以归纳为如下四类：一是有关银行信贷行为顺周期性来源及表现形式的研究，主要包括银行业顺周期性的来源和表现形式、银行顺周期性的非对称性以及银行顺周期性与银行危机等问题的研究；二是顺周期效应对银行业务经营影响的相关研究；三是银行信贷行为周期性效应缓释问题的相关研究；四是有关商业银行国有化的逆周期效应研究。国内学者对该问题的重视程度也不容忽视，已有的研究主要包括四个方面的内容：其一，是基于资本监管视角的银行业周期性效应研究；其二，是基于会计学视角的银行业周期性效应研究；其三，是其他视角有关我国银行业周期性效应研究；其四，是关于我国商业银行信贷行为周期性效应测度的研究。

一、外国学者研究的经典文献回顾

（一）有关银行信贷行为顺周期性来源及表现形式的研究

这类文献主要致力于探讨银行信贷行为周期性波动的具体表现和产生原因。一般来说，银行系统顺周期效应的最主要表现形式是在对银行部门面临风险的高估或低估，这主要表现为在经济上行时期银行业扩张得更加迅速，而在经济下行时期收缩的更加剧烈，加剧了经济的不稳定，使得银行系统从有效的资源配置机制转变为加剧经济周期性波动的不稳定机制（皮特·克莱门特，2010）。[①] 已有文献从理论和实证角度将这一行为的产生原因主要归纳为以下三个方面：

首先，部分研究认为银行信贷行为顺周期性来源于金融市场的非完全有效，即金融市场的固有缺陷。根据欧洲中央银行（European Central Bank，以下简称 ECB）于 2005 年提出的有效市场假说理论，市场参与者可以获取到所有市场信息并对之做出理性判断，区分冲击的短期性与长期性。在完全有效市场中，由于银行可以观察和预测到经济的实际走向，因此银行活动是具有逆周期性质的。而非完全有效的市场则是造成银行

---

① P. Clement, The Term "Macroprudential": Origins and Evolution, *BIS Quarterly Review*, 2010(March), pp. 59–67.

系统顺周期性的重要市场因素，这主要是由两个方面决定的，第一，银行业务参与者双方信息的不对称性以及由此造成的逆向选择导致顺周期性的产生（伊恩·德鲁蒙，2009[①]）；第二，银行委托—代理经营机制下银行经营者与股东间的利益冲突也是造成银行顺周期性的重要原因（大卫·范胡思，2007[②]；莱文和莱维娜，2009[③]）；第三，投资者非理性选择和羊群效应（Herding Behavior）的存在使得投资者在经济上行或者下行时期做出趋同选择，合成和放大银行业的顺周期效应（拉古拉姆·拉扬，1994[④]；克劳迪奥·博里等，2001[⑤]；阿查利亚和尤鲁梅兹，2008[⑥]）。

　　其次，还有学者认为来自银行运营环境中的外部监管政策是银行信贷行为顺周期效应产生的另一个重要原因。持这一观点的学者包括阿尼·卡什布和杰里米·斯坦（Anil Kashyap 和 Jeremy Stein，2004）、恩利亚等（Andrea Enria 等，2004）、范胡思（2008）以及约克皮和米尔恩（Terhi Jokipii 和 Alistair Milne，2009）等，他们的研究诸如巴塞尔资本协议 I、巴塞尔资本协议 II、会计准则、机构信用评级规则以及银行机构间使用相似的风险管理机制，不但未能降低顺周期风险，反而强化了顺周期效应。杰拉德·卡佩罗（Gerard Caprio，2010）和哈杜维利斯（Gikas Hardouvelis，2010）进一步说明：银行业顺周期性的产生源于各种经济政策、金融经济环境以及银行的监管框架。具体来看这些研究可以分为四个方面：

---

① I. Drumond, Bank Capital Requirements, Business Cycle Fluctuations and the Basel Accords: A Synthesis, *Journal of Economic Surveys*, 2009, 23(5), pp. 798–830.

② D. Vanhoose, Theories of Bank Behavior under Capital Regulation, *Journal of Banking & Finance*, 2007, 31(12), pp. 3680–3697.

③ L. Laeven, R. Levine, Bank Regulation, Governance and Risk-taking, *Journal of Financial Economics*, 2009, 93(2), pp. 259–275.

④ G. Rajan, Why Bank Credit Policies Fluctuate: A Theory and Some Evidence, *Quarterly Journal of Economics*, 1994, 49(2), pp. 399–441.

⑤ C. Borio, C. Furfine, P. Lowe, Procyclicality of the Financial System and Financial Stability: Issues and Policy Options, *BIS Working Paper Series No. 1*, 2001.

⑥ V. Acharya, T. Yorulmazer, Information Contagion and Bank Herding, *Journal of Money, Credit and Banking*, 2008, 40(1), pp.215–231.

第一，有关资本监管政策的研究。这一领域开拓性研究的学者是尤格·布鲁姆和马丁·赫威格（Jurg Blum 和 Martin Hellwig，1995），他们首次运用数理模型发现了银行资本和贷款之间存在刚性联系，这种联系会放大宏观经济波动，导致银行在经济运行良好时增加贷款投放，在经济不景气时减少放贷，资本监管通过银行信贷对宏观经济波动进行了放大和增强，加剧了经济震荡。查米和柯西马诺（Ralph Chami 和 Thomas Cosimano，2001）在布鲁姆与赫威格研究的基础上进行改善，构建了一个以利润最大化为目标的资本监管动态调整模型，该模型考虑了银行资本对监管的反应，预期受到资本监管约束的银行会持有超过监管要求的缓冲资本，用于缓解未来资本约束时贷款的扩张。田中（Misa Tanaka，2002）提出，信用风险的增加会提高银行面临监管惩罚的概率，从而限制银行的放贷能力。因此，如果信用风险随着经济周期变化，那么新资本协议可能会加剧宏观经济的波动。博里（2003）指出新资本协议中的最低资本要求会强化银行信贷的顺周期性行为。热切罗（Lea Zicchino，2006）发现，在资本约束条件下，银行将在经济景气时期增加贷款供应，在经济衰退期间可能会被迫减少贷款供给。因此新资本协议可能会导致银行为满足严格的资本要求，在面对不良宏观经济冲击时更大幅度地减少信贷规模。此外，热切罗还建议银行机构在经济扩张时期建立资本缓冲。瑞普洛和苏亚雷斯（Rafael Repullo 和 Javier Suarez，2008）通过构建动态均衡模型考察银行与企业在借贷上的关系，结果表明，经济衰退时期银行倾向于向企业定量配给贷款，导致银行信贷供给显著降低，在经济扩张期保留的缓冲资本并不足以缓解经济衰退时信贷的大幅收缩。安杰利尼等（Paolo Angelini 等，2010）创新性地把风险敏感资本的监管要求引入计量模型，结论是银行的借贷行为与实体经济活动受到不同资本监管规则的影响显著。阿根诺等（Prerre Agenor 等，2012）对巴塞尔资本协议规定的最低资本监管要求的顺周期性进行了研究，得到结论：面对不利的供给冲击，银行资本渠道会通过监督的激励效应缓解还款概率的下降，银行资本渠道有利于降低资本监管的顺周期性。刘和塞伊索（Guangling Liu 和 Nkhahle Seeiso，2012）采用经典的金融加速器模型（Bernanke，Gertler and Gilchrist，以下简称BGG）研究了资本监管对银行周期波动的影响，结果表明在巴塞尔银行监管与信贷市场摩擦存在的条件下，流动性溢价效应（Liquidity Premium Effect）会通过外部进入信贷渠道进一步放大金融加速效应，从而增加资本监管的顺周期性。

　　第二，信用评级制度与银行信贷行为顺周期性关系的研究。该研究观点主要认为银行顺周期性的强弱受到外部评级制度的影响，具体的研究包括：阿马托和弗范安（Jeffery Amato 和 Craig Furfine，2003）以及冈特·罗夫勒（Gunter Loffler，2013）通过实证分析得到外部评级法与经济周期呈现正相关关系的结论，并且提出评级下调的频率在经济下行周期比上行周期高，这很好地解释了次贷危机以及早前的一些金融危机[①]爆发的原因。帕内塔等（Fabio Panetta 等，2009）研究发现外部评级法具有不连续性，这样会导致银行机构风险暴露水平的剧烈变动，给商业银行带来巨大资金压力，使得银行对所处的经济环境产生过度反应，即悬崖效应（Cliff Effects）。与此同时，外部评级等级的个数也会影响顺周期性效应的强弱，如果评级等级的个数越多，那么评级变动也就更为频繁，顺周期效应就更强。此外，安德里奇等（Jochen Andritzky 等，2009）认为现行信用评级制度是一种后瞻性评级，通过两方面加重顺周期性：一方面，经济下行时期企业信用评级的下调会使投资者减少投资，银行通过企业渠道的资金来源将会减少；另一方面，此时银行的资本要求将会提高，从而进一步减少银行的可投放资金。

　　第三，银行资本缓冲的周期性研究。逆周期资本缓冲的顺周期性问题是近期学术界讨论的热点，尤其是逆周期监管实施后学术界对这一问题开始重点关注。资本缓冲具有顺周期性的最早发现者卡什布和斯坦

---

①　这些金融危机包括如1994年墨西哥金融危机、1997年亚洲金融危机等。

（2004）提出银行监管应当建立以降低经济周期波动幅度为目的的银行资本监管框架，平稳经济运行。德里曼等（Mathias Drehmann 等，2010）的研究发现，用于衡量资本缓冲量的指标——信贷与 GDP 比例缺口，不能在缓冲资本释放阶段起到提示释放程度的作用，致使资本缓冲具有顺周期性。瑞普洛和苏芮那（Rafael Repullo 和 Jesus Saurina，2011）通过实证分析发现，由于信贷数量变化总是滞后于经济周期变化，使得资本缓冲工具在繁荣时期降低资本要求使经济更加繁荣，萧条时期提高资本要求会加剧萧条程度。因而《Basel Ⅲ》中的资本缓冲要求具有显著的顺周期性。

　　第四，公允价值会计准则引致的顺周期性研究。巴斯（Mary Barth，2004）和恩利亚等（2004）等的研究发现，公允价值会计准则由于其自身对价值计量上的估计误差会对财务报表的波动产生推波助澜的作用，在逐日盯市的记账准则下市场的价格变化被立即确认，市场冲击通过财务报表传递到银行系统，银行依据财务信息做出相应的行为决策，无疑会进一步放大市场冲击。普朗坦等（Guillaume Plantin 等，2008）的研究发现，基于公允价值会计准则的要求在流动性不足的市场上卖出资产，会使得资产所有者公司计入过多的未实现损失，而资产购买者一方为了减少计入的未实现损失会选择提前出售持有资产，这会增加整个市场的资产出售交易，加剧市场价格波动，增加系统性风险。艾伦等（Franklin Allen 等，2009）学者的研究均认为公允价值在经济繁荣时容易造成泡沫，在经济萧条时容易造成资产价格的非理性下跌，具有鲜明的顺周期特性，加剧了宏观经济的波动。比迪和廖（Anne Beatty 和 Scott Liao，2011）、巴特等（Gauri Bhat 等，2014）、卜士曼和威廉姆斯（Bushman 和 Williams，2015）等学者认为，在公允价值会计准则下，经济繁荣时期贷款损失准备的计提会被不同程度的延迟，这使得贷款损失叠加到未来，这实际上增加了未来经济下行时期损失准备金对延迟确认的损失以及未预期损失的补偿能力，加重顺周期性。

再次，还有学者认为银行信贷行为的顺周期性还与利率、银行内部风险管理机制以及杠杆率等因素相关。一方面，部分学者的研究表明经济政策尤其是货币政策对银行的顺周期性存在显著影响。博里和朱（Claudio Borio 和 Haibin Zhu，2008）认为，货币政策的变化可以通过影响银行的资产负债表的健康程度来对信贷供给产生影响。或者说，银行利率的变化能够引起金融资产价格的变化，从而使银行的交易账簿获利或者损失，而这些都会通过影响银行的资本充足率来对银行借贷规模产生影响。ECB（2009）的研究进一步指出，货币政策通过信贷的需求和供给或者贷款利率的升高或降低来强化银行体系的顺周期性。奥顿巴斯等（Yener Altunbas 等，2010）以及德里斯等（Manthos Delis 等，2012）提出，过去几十年里全球普遍设定的短期借贷低利率政策增加了银行业的风险水平，利率政策的调整会通过影响银行的风险承受水平来影响银行周期性。另一方面，以艾德里安和布鲁纳米尔（Tobias Adrian 和 Markus Brunnermeier，2008）、哈杜维利斯（2010）以及范胡思（2011）等为代表的学者认为，银行机构采用的风险管理机制，尤其是风险计价模型（Value at Risk，以下简称 VaR）是造成银行顺周期性的原因之一，这是由于现行风险管理体制会在经济高速波动时期降低投资者的风险厌恶偏好，而在经济相对平稳时期增加风险厌恶偏好，从而增大银行的周期性波动幅度。此外，还有一些学者如泰勒和古德哈特（Ashley Taylor 和 Charles Goodhart，2004）以及罗沙（Rochat，2008）等通过研究提出《Basel II》的内部评级法中计算资本要求所需的违约概率、违约损失率等均是导致银行顺周期性的原因。巴廖尼等（Angelo Baglioni 等，2013）对欧盟银行的实证研究结果表明，银行杠杆率会导致银行经营的顺周期性，起到金融加速器的作用，并且投资银行的这种顺周期效应相对于普通商业银行更为显著。

（二）顺周期效应对银行业务经营影响的相关研究

银行业的顺周期性问题不一定会给经济运行带来负面影响，当且仅当这种周期性行为只单独作为实体经济运行过程中经济周期发展和变化的结果。然而，当银行业的顺周期性是由金融体系自身造成的时候，往往都会对银行业带来负面作用（朗道，2009[①]）。已有研究对这种负面影响展开了系列研究，本书将其归纳为以下三个方面：其一，银行系统的顺周期性会降低银行功能的有效性。一方面，以希梅内斯和苏芮那（Gabriel Jiménez 和 Jesus Saurina，2012）为代表的学者认为，银行系统的顺周期性会扭曲有效的金融资源配置，从而降低银行职能的效率。另一方面，以艾伦·博杰和格雷戈里·由戴尔（Allen Berger 和 Gregory Udell，2003）以及克雷纳和洛佩斯（John Krainer 和 Jose Lopez，2009）为代表的学者则将其解释为顺周期性会对利益相关者（尤其是监管者）在银行治理方面的能力产生影响，这主要是因为银行问题资产的确认总是存在较大的滞后性。其二，银行系统的顺周期性会降低银行的盈利水平。比克和麦兹马克（Jocob Bikker 和 Paul Metzemakers，2005）提出银行系统的顺周期性通过银行资产质量以及向私人部门供给贷款获取的利息收入，最终影响盈利水平。比克和胡海霞（Jocob Bikker 和 Haixia Hu，2001）研究发现一国 GDP 水平与银行盈利能力之间存在正相关关系，在此基础上，安森斯哥鲁等（Panayiotis Athanasoglou 等，2008）结合瑞士银行与宏观经济数据进行实证分析得到结论，银行顺周期性对瑞士银行的盈利水平有影响作用。其三，银行系统的顺周期性会影响贷款的需求与供给结构。博林（Mitchell Berlin，2009）指出在顺周期效应作用下的经济下行时期，贷款供给的下降速度大于需求下降的速度，这是因为拥有正净现值公司的投资贷款申请会随着风险溢价的显著增加而被拒绝，这是银行在经济下滑时期规避风险意愿上升的直接体现。希梅内斯等（2010）、阿尔贝塔齐和马尔凯蒂（Ugo Albertazzi 和 Domenico Marchetti，2010）分别对西班

[①]　J. Landau, *Bubbles and Macroprudential Supervision: The Future of Financial Regulation*, Paris, Banque de France and Toulouse School of Economics, January 28th, 2009.

牙和意大利银行系统进行实证分析，结果支持该结论。

（三）有关银行信贷行为周期性效应缓释的相关研究

缓释银行业的顺周期性是危机后各国监管当局监管改革的主要内容之一，同时也是学术界争论的热点。卡什布和斯坦（2004）率先研究了资本监管的逆周期调整思路，主张建立通过对资本要求计算的参数如违约概率、违约损失率或风险暴露等进行逆周期调整，或者通过资本要求的计量结果直接进行逆周期调整。苏芮那和特鲁查斯（Jesus Saurina 和 Carlos Trucharte，2007）在前者的基础上，提出了资本要求计算参数的逆周期调整方法，并用此方法对西班牙的信贷数据进行了验证，结果表明该逆周期调整方法对资本监管顺周期性缓释效果显著。高迪与豪威尔斯（Micheal Gordy 和 Bradley Howells，2006）提出了全球系统性风险因子（Global System Factor）这一指标进行逆周期资本监管，实证分析的结果表明，该参数的逆周期调整结果取决于信贷组合与该风险因子的相关程度。瑞普洛等（2010）认为缓释顺周期性的最好办法是通过使用整个经济周期的默认概率来平滑巴塞尔协议使用公式的输入数据或者是采用基于 GDP 增长率得到的乘数来平滑计算公式得到的结果。Basel 委员会（2010）报告建议对银行的杠杆率进行监管，通过去杠杆化来缓释顺周期性。林承勋等（Cheng Hoon Lim 等，2011）通过对不同国家数据的研究发现使用如贷款与价值比率（Loan to Value，以下简称 LTV）、贷款与收入比率（Debt to Income，以下简称 DTI）、信贷扩张上限限制、储备金要求以及动态拨备规则等监管工具可以缓释银行系统的顺周期性。希梅内斯等（2010）利用西班牙数据进行实证研究，发现以动态拨备规则为主的宏观审慎监管政策在调节信贷供给周期时比较有效，尤其是在经济萧条背景下，动态拨备规则有助于平滑信贷供给的持续下降，增加实体经济的信贷可获得性。艾亚尔等（Shekhar Aiyar 等，2013）通过对英国数据的实证分析得到结论：仅依靠资本充足率的提高无法起到缓释顺周期性的作用，甚至可能对银行的信贷业务造成伤害。

（四）有关银行国有化的逆周期效应研究

2007 年次贷危机引发的国际金融危机给全球银行业带来了沉重打击，银行系统作为此次危机的"重灾区"，许多国家的银行相继陷入破产危机，为了救助濒临破产的私有银行，发达国家在危机爆发后的救助阶段掀起了一阵商业银行国有化浪潮，这使学术界不得不重新审视银行中的国有股权对银行行为的影响。由此，对不同银行类型及其信贷的周期性行为的研究成为近年来顺周期性研究领域的新热点。现阶段，已有文献对该问题的研究主要集中在区分银行中国有成分与私有成分对顺周期效应的不同影响。

早在 20 世纪 80 年代，伴随全球金融私有化浪潮而来的银行私有化是"自由化后的银行部门拥有更高的经营效率和竞争力"这一理论观点的具体实践。大量关于国有银行与私有银行对银行经营影响的相关研究表明，国有银行由于对资源配置的扭曲作用往往给银行经营带来负面影响，降低经营效率以及由此产生政府贷款等问题（克鲁格，1974[①]；施莱弗和维西里，1994[②]；拉波塔等，2002[③]）。然而，美国和英国等发达经济体中一些私有化程度极高的大型银行在本次国际金融危机中的相继倒闭使这一观点受到前所未有的挑战，学术界开始重新重视这一问题，近期从德哈斯等（Ralph De Haas 等，2012）、艾伦等（2013）以及布雷和斯克雷克（Michael Brei 和 Alfredo Schclarek，2013）等学者的研究中可以得到：国有银行在整个银行体系中有着重要的逆周期性质，能够增加银行系统抵御系统性风险的能力，并且帮助实体经济从金融动荡中复苏。但是这些研究并不能否认国有成分对银行经营效率的降低作用，鉴于此有必要重新对银行国有成分的成本与收益进行评估，这类研究主要可以划分为

① A. Krueger, The Political Economy of the Rent-Seeking Society, *American Economic Review*, 1974, 64(64), pp. 291–303.

② A. Shleifer, R. Vishny, Politicians and Firms, *Quarterly Journal of Economics*, 1994, 109(4), pp. 995–1025.

③ R. LaPorta, F. Lopez-Silanes, A. Shleifer, *Journal of Finance*, 2002, 57(1), pp. 265–301.

理论研究和实证研究两个方面：

在理论研究方面，研究成果相对较少，具有代表性的包括：安德里亚诺娃等（Svetlana Andrianova 等，2008）构建的区分国有和私有性质的地方银行模型，结果证明国有银行或者国有股份银行在银行系统中有着重要作用，但是这种作用的大小取决于该国家的机构管理水平。同时安德里亚诺娃还指出在投机的私人银行与降低的机构质量并存的情况下，银行国有成分的缺失会造成金融脱媒的快速发展。另外，安德里斯和比利恩（Natalia Andries 和 Steve Billon，2010）构建另一个理论模型来研究当一个国家在经济走低时银行风险暴露大小的问题，结果表明由于国有银行在经济下滑时期能够受到政府担保和资金支持等更好的保护，因此能够在一定程度上抵御经济下行对借贷总量的下拉力量，缓释顺周期压力。布雷和斯克雷克（2015）进一步构建理论模型探究未预期到的经济冲击情景下国有银行与私有银行信贷的变化情况。得到结论，在危机时期国有银行为实体经济提供的贷款多于私人银行，私人银行在危机时期更倾向于立刻减少信贷供给、增加手持流动性，因此，国有银行相较于私人银行具有一定的逆周期性质，有利于金融稳定。

在实证研究方面，米科和帕尼萨（Alejandro Micco 和 Ugo Panizza，2006）、博泰等（Ata Can Bertay 等，2013）结合银行财务报表信息对银行借贷的周期性进行了实证研究。得到的结论是国有银行的顺周期性显著小于私有银行。卡尔和佩里亚（Robert Cull 和 Maria Peria，2013）进一步指出，在经济下行时期国有银行的借贷受到来自经济波动的影响远比私有银行要小，而在经济繁荣时期私有银行信贷扩张远超过国有银行，国有银行具有主动平稳经济周期性波动的功能。布雷和斯克雷克（2013）采用50个国家15年的银行面板数据进行实证研究，得到结论国有银行的业务经营具有逆周期性质，在危机时期这种逆周期性更为显著。此外，林宇鹏等（Yupeng Lin 等，2012）、达维多夫（Denis Davydov，2018）、恩多和奥斯迪瑞姆（Zeynep Onder 和 Suheyla Ozyldirim，2013）、科勒曼和菲勒（Nicholas Colema 和 Leo Feler，2015）等分别结合巴西、日本、俄罗斯以及土耳其银行业数据进行实证分析，结果均支持以上结论。

二、我国学者研究的经典文献回顾

上述文献就国外学者对银行信贷行为周期性问题的相关研究进行了总结和回顾。在国内学者的研究文献中，对银行信贷周期性问题的研究也同样受到重视，尤其是随着宏观审慎监管改革的深入以及逆周期监管工具在金融监管领域的实践，我国银行机构间由于经营目标、业务优势、自身信用等级差、政府管制与隐形担保程度以及银行内部治理机制等方面存在的差异，所以顺周期效应的大小和风险暴露程度也会存在区别；同时，我国银行业的整体经营环境和政策干预有着显著的不同于西方发达国家的特征，这些都会影响信贷行为的周期性，因此对该问题的研究有利于指导和完善逆周期监管政策在我国的具体实施。

（一）基于资本监管视角的银行业周期性效应研究

近年来随着全球银行间联系的日渐紧密，银行跨国业务不断增加，要求全球银行监管规则统一的呼声日渐增高，在这样的背景下巴塞尔资本协议的地位得到不断提升，并逐渐成为世界主要国家对其银行进行金融监管规则制定的最重要参考和依据。但是巴塞尔资本协议中的一些监管规则在发挥风险防范监管意图的同时还产生了放大经济周期波动的影响效果，即顺周期效应，这一问题在2008年危机爆发后凸显并受到广泛关注和反思，我国学者对此也展开了热烈讨论：

首先，部分学者基于国外学者的研究对资本充足率监管可能导致的顺周期性进行了再思考和再检验。温信祥（2006）较早关注到这一问题，并采用案例分析法对美国和日本进行验证，同时还结合我国数据分析资本充足率约束对信贷行为的影响，但是结果并未发现资本监管对信贷行为的显著影响，温信祥认为这可能与资本充足率约束实施时间尚短且监管过渡时期该政策并未得到严格实施有关。罗平（2009）结合金融稳定委员会发布的"金融体系顺周期性报告"着重分析了资本监管引发的顺周期性，并提出在资本充足率的计算过程中充分考虑经济的综合景气指标以及制定逆周期的监管政策来减缓顺周期效应。高国华和潘英丽（2010）结合我国商业银行面板数据对资本充足率要求和经济周期间的动态关系进行实证分析，结果证明资本充足率约束对银行行为具有顺周期效应，并且该效应在经济下降时期相对于上升时期更为显著。李文泓和罗猛（2010）通过对 16 家上市银行 1998—2008 年数据的实证分析得出我国商业银行的资本充足率监管具有一定的顺周期性，但是由于受到样本数据年限较短的限制以及转型时期我国特殊的经济增长特点等因素的干扰，实证结果可能存在偏差。近期，徐海涛和林学冠（2015）的研究也支持资本监管会导致顺周期效应的结论，但是认为这种顺周期性在不同经济周期阶段中不对称。宋科（2015）通过案例分析法提出根植于金融与实体经济之间，如资本监管这样的制度性正反馈机制与经济周期波动存在显著的相关性，同时这种机制还是诱发金融不稳定的重要因素。

与此同时，我国学者对资本监管中确认信用风险所用的内部评级法导致的顺周期性进行了初探，王胜邦和陈颖（2008）从分析内部评级法中风险参数的顺周期特征出发，剖析了商业银行资本顺周期性形成的根源及其对宏观经济的负面影响，提出了风险参数估计的平滑机制及顺周期性的其他缓解机制。巴曙松（2011）指出新巴塞尔资本协议的一个重要创新就是提出了用信用评级法来度量金融机构的信用风险，但是信用评级法存在的缺陷就是会带来顺周期性。李向前（2013）通过理论和实证分析得到内部评级制度对我国银行行为具有顺周期效应。赵宏（2014）对资本监管风险确定的内部评级机制引发的顺周期性归结为银行风险评估技术的缺陷和问题，并认为采用动态贷款损失准备计提机制是缓释这种效应的有效措施。

（二）基于会计学视角的银行业周期性效应研究

国内学者还从银行使用的会计相关规则视角对顺周期性的产生进行了讨论，这些研究主要包括：徐晟（2009）从动态减值准备的角度出发对公允价值计量方法对银行周期性行为的影响进行了分析，认为以资产的市场价格计量的会计规则在危机发生时期会产生放大经济波动的效应，并提出采用动态减值准备来降低顺周期效应和增加会计信息透明性的建议。黄世忠（2010）论述了公允价值会计计量引发的顺周期效应作用机理和传导机制。刘红忠等（2011）通过研究得出公允价值会计准则对财务报表和经济波动具有放大作用。潘希宏等（2013）认为，在市场经济运行活跃时交易价格高会使得相关产品的价值被过高地估计，而市场萎靡时交易价格低会使得相关产品的价值被过低地估计。梅波（2014）对金融危机期间公允价值会计准则与经济波动关系的研究发现，危机时期股票价格与银行公允价值同步性较高，而在危机后的衰退阶段同步性较弱，公允价值计量引发的顺周期性与不同时期股票价格对风险的敏感程度密切相关。从资产负债表分析入手，黄静如和黄世忠（2013）以及南召凤（2015）提出公允价值会计准则会使银行的资产负债表稳定性减弱，但是公允价值计量并不是银行顺周期性产生的主要因素，公允价值不是银行顺周期性的必然原因。项后军和陈简豪（2016）对我国商业银行公允价值的周期性问题进行了讨论，并结合我国上市银行经验数据进行实证检验，结果发现公允价值会计计量不会放大银行的顺周期性，即认为公允价值会计计量不是我国银行行为顺周期变化的主要原因，但是这种关系可能会随着未来公允价值会计计量应用范围的扩大而发生改变。

同时，还有少数学者对银行的贷款损失准备制度进行了探究，但是研究结论不尽相同。大部分学者认为贷款损失准备计提对银行行为具有顺周期效应，主要的研究包括：王小枫和熊海芳（2011）、袁鲲和王娇（2014）、陈旭东等（2014）以及周晔等（2015）；另外少数学者近年来的研究发现贷款损失准备计提使银行行为的调整不是严格的顺周期性：许友传等（2011）的研究认为我国贷款损失准备制度对银行行为具有逆周期影响效应。进一步的，李嵩然和马德功（2015）通过对银行分类样本的研究发现贷款损失准备计提对银行信贷行为的调整在股份制和城市商业银行是顺周期性的，而在大型国有银行和农村商业银行表现为逆周期特征。

（三）其他视角下有关我国银行业周期性效应的研究

除了上述从资本监管和会计学视角对银行业周期性效应的研究之外，还有一些学者从外部信用评级机构、货币政策、资本缓冲计提机制等其他视角入手对有关银行业的周期性问题进行的探究。

首先，我国学者对外部信用评级机构引发的顺周期性问题也展开了相关研究，周小川（2009）指出，全球金融体系在投资决策和风险管理时高度依赖的外部信用评级制度也具有显著的顺周期性特征。信用评级行业仅有的几家大型机构，几乎提供了全部重要的评级服务，使得三大信用评级机构的具体评级相关性较高，叠加在一起产生了强大的周期性力量。夏凡和姚志勇（2013）通过模型分析发现"评级高估"和"评级低估"都可能在均衡路径上出现，同时信用评级具有"顺周期"特性：评级高估更有可能发生在经济繁荣时期，而评级低估则更有可能出现在经济萧条时期。

其次，还有部分研究开始关注货币政策与银行信贷行为的关系。陈旭东等（2014）的研究表明我国货币政策对信贷行为的调节十分有效并且认为在经济下行时期货币政策的逆周期调控显著改变了信贷行为的顺周期性。熊启跃和张依茹（2012）以及许友传（2012）对我国全国性商业银行和地区性以及外资商业银行信贷行为的研究发现，中央银行的货币政策调控能够对我国银行信贷行为调整产生重大影响，全国性商业银行会主动调适中央银行的货币政策调整或者货币政策暗示，地方性和外资商业银行信贷行为的调整则更具有被动性。黄宪等（2012）认为巴塞尔资本协议中的资本监管要求能够显著地改变银行信贷资金的流量和流向，同时通过随机前沿分析法实证检验得到结论，资本监管对银行信贷行为的干预会显著降低货币政策的执行效率，建议货币政策调控需要考虑资本监管的影响。

再次，我国学者的前期相关研究曾提出通过计提资本缓冲来缓释银行顺周期性的建议，如李文泓和罗猛（2011）以及杨柳等（2012）认为，"信贷余额/GDP"的资本缓冲指标在我国具有较好的适用性，计提逆周期资本缓冲有利于提升银行抵御顺周期风险的能力。辜子寅（2014）还通过构建资本缓冲决定模型对我国上市银行的资本缓冲表现进行检验，认为我国上市银行的资本缓冲具有逆周期效应。但是，随着2013年《Basel Ⅲ》及其资本缓冲调节机制在我国逐步实施，我国学者进一步地结合我国银行系统资本缓冲运行的实际状况开展了初步研究：如刘明康（2011）、李文泓（2011）、刘灿辉等（2012）、陈忠阳和刘志洋（2014）以及邹传伟（2014）等通过研究也得到相似结论，认为资本缓冲具有顺周期性，建议我国为资本缓冲的计提设定一定的灵活调整空间。

此外，还有一些其他视角的研究，如陈元（2010）创新性地从开发性金融①视角探讨了对银行行为顺周期性缓释的措施，认为开发性金融所具有的平抑经济周期性波动的功能应当受到重视。而谭燕芝和丁浩（2012）通过对1995—2010年我国17家银行经验数据的实证考察，探讨了银行所有权和经济周期对我国银行盈利水平的干预，结果发现我国银行盈利水平受经济周期波动影响显著，并且这种影响在股份制商业银行中显著大于大型国有银行，但这种差距处于不断缩小的态势中。

（四）关于我国商业银行信贷行为周期性效应测度的研究

基于国外学者的研究经验，国内多数学者的研究均认为银行信贷行为具有顺周期性的特点。我国学者在我国银行数据基础上对这个问题进行研究，如刘志洋（2013）通过局部均衡分析法对我国14家上市银行的信贷与宏观经济因素间的交互关系进行分析，发现中国银行信贷具有显著的顺周期特征。类似的，还有王晓明（2010）、周莉萍（2013）、金雯雯和杜亚斌（2013）以及方先明和权威（2017）等学者的研究认为信贷

---

① 开发性金融是适应制度落后和市场失灵，为维护国家金融安全、增强经济竞争力而出现的一种金融形式。具体的从各国的实践看，开发性金融通常为政府所拥有，赋权经营，具有国家信用，用建设制度和开发市场的方法实现政府的发展目标，承担着支持经济发展、投融资体制改革及相关金融市场建设的重要任务

行为是顺周期变化的。

　　但是，近期的一些研究提出了一些不同结论，即认为我国商业银行的信贷行为并不是完全顺周期变化的，有些时候也表现出逆周期性。相关的研究包括：陈昆亭等（2011）通过对我国信贷余额的季度数据进行周期滤波分析，得到结论：我国银行的信贷变化不符合传统的信贷约束模型应该引发的放大经济波动的效应，认为我国信贷行为变化在某些阶段具有与经济周期波动反向变化的特点。张宗新和徐冰玉（2011）的研究也发现我国银行系统的信贷行为并不具有明显的顺周期性。金雯雯和杜亚斌（2013）运用时变参数（Time Varying Parameter，以下简称TVP-VAR）模型测度我国信贷周期性的研究结果支持上述结论，认为我国银行信贷的顺周期性存在时变性，且在不同期限结构的贷款中也存在差异，一般而言中长期贷款的顺周期性相对更加显著。进一步地，刘辛元（2015）基于上述研究采用固定效应模型并基于我国16家上市银行1998—2013年的面板数据对信贷行为的周期性进行检验，结果发现我国上市银行的信贷表现并不是完全的顺周期性，刘辛元将我国信贷行为变化的周期特征概括为"阶段顺周期性"和"阶段逆周期性"，并指出我国政府对银行业务的高度干预是顺周期性被削弱甚至消失的重要原因。项后军等（2015）也提出银行行为的周期性问题是一个与多方面因素以及宏观经济波动相关的复杂问题，并通过实证分析发现银行的周期性在不同银行间存在差异：即国有大型商业银行的顺周期行为并不十分明显，而相对较小规模的商业银行的顺周期性却较强。

三、经典文献的研究结论与启示

　　纵观上述的研究文献回顾，学术界对银行信贷行为周期性及其相关问题进行了大量研究，并且已经取得了丰硕的前期成果积累，尤其是在银行系统顺周期的来源与表现、顺周期性对经济的影响以及顺周期性的测度等方面进行了深入探讨，并在以逆周期的监管工具来缓释顺周期性、进行逆周期金融监管改革等方面取得了初步共识。但是，现有文献研究仍然在如下四个方面存在不足：

第一，缺乏对信贷行为周期性效应的"横向"对比研究。国内学者对信贷行为周期性问题的研究在商业银行整体信贷增速变化与经济周期关系方面关注较多，而对信贷行为周期性分别在不同类型商业银行间的横向对比问题关注较少。具体来说，这里的横向的银行类型指的是某一固定时期内信贷行为周期性表现在不同类型商业银行中的差异。国外既有的研究涵盖了按照银行所有权类型将商业银行划分为国有和私有银行进行差异研究，相较而言，国内尚缺乏针对我国独特银行分类标准的横向差异研究。

第二，缺乏对信贷行为周期性在时间维度上的差异化研究。相较于国外学者的研究，国内学者也较少关注信贷扩张行为周期性效应在不同经济周期阶段的时间纵向维度上的差异。这里的时间纵向维度的差异是指信贷行为周期性在不同经济周期阶段中表现的差异，信贷扩张行为在经济上行时期的周期性是否和经济下行时期中表现一致，对于逆周期监管政策的执行和效果发挥具有重要实践指导价值。

第三，缺乏对信贷行为周期性效应的形成机理进行根本原因和影响原因的层次划分。虽然国内外学者从多种因素的角度出发研究和探讨了信贷行为周期性的形成机理，但是，由于这些研究并没有区分形成机理的层次差异，即对哪些因素是银行周期性效应产生的根本原因，哪些是对周期性表现产生影响的外生因素导致的周期性效应等，缺乏细致地分析这些因素的系统性研究。因此，既有的研究都将根本原因和外生影响因素放到同一个层次进行分析，这样可能会导致对某个信贷行为周期性效应解释的混乱。理论上，金融系统中的银行信贷行为存在固有的顺周期性，这是由周期性产生的根本原因引起的，这无法对信贷行为有时表现出的逆周期性或者无显著周期性特征进行解释。因此，理清信贷行为顺周期性产生的根本原因和外生影响因素，通过我国信贷行为周期性行为对其产生的本质进行更全面的分析，这也是本书研究中的一个重要改进。

第四，忽视了对我国商业银行中政府干预因素的影响分析。作为商业银行经营环境中的重要因素，政府干预因素深刻地影响银行信贷行为决策。国际金融危机后，影响国有股权因素对银行经营行为的研究是后危机时期国外学者密切关注的一个热点领域。国外已有的研究基本是按照银行所有权类型将商业银行划分为国有和私有银行，来分别考察信贷行为的周期性是否在不同股权性质银行中存在差异。现阶段，我国对该问题进行研究还少有涉及。在我国政府高度干预银行业的背景下，逆周期的政府宏观调控和银行中的政府股权都可能对信贷行为的周期性效应产生影响。本书将政府干预因素纳入考虑范围，从理论和实证分析出发，进一步解释我国信贷行为的周期性特征及其对宏观经济的影响。

第四节　主要研究方法与内容安排

一、主要研究方法

本书以科学发展观为指导，采用历史与逻辑相统一、理论分析与实证分析相结合、规范分析与实践经验相结合的研究方法对我国商业银行系统信贷行为的周期性变化特征、产生机理、影响因素等问题进行全方位、多层次、多视角的研究，并对不同类型商业银行信贷行为周期性变化的差异进行了比较分析：

第一，历史与逻辑相统一的方法。本书依据金融监管和经济周期的基础理论，科学描述了商业银行信贷行为周期性变化产生的根本原因及其变化特征，从历史的角度对已有文献和理论进行梳理，把握银行顺周期行为相关问题的研究进展，以便本书在前人的基础上展开深入研究。同时本书使用逻辑的方法，依据经典理论对我国商业银行来自内部和外部的不同顺周期性形成机理进行分析和归纳，揭示我国商业银行信贷行为顺周期性的来源与特征，为逆周期监管政策的完善与宏观审慎监管框架的构建提供理论和科学依据，总的来说，历史与逻辑方法的结合运用有助于论文研究目标的实现。

第二，理论分析与实证分析[①]相结合的方法。理论分析法是指以某种价值判断为基础，对某种经济现象的内在运行规律进行探究，回答"应该是什么"的方法；而实证分析则是通过事实和经验数据的分析得出相关结论和事实规律的研究方法，它往往作为理论分析的下一步来验证理论推导的正确性。本书以理论和实证分析为主，一方面，对我国商业银行信贷行为总体周期性特征进行分析，对信贷行为周期性波动因素进行探讨，通过使用数理分析工具构建银行信贷行为与经济周期的关系模型及其影响因素模型，提出相关的研究假设，主要体现在第三章第二部分、第四章第一部分、第五章第一部分第六章的第二部分内容里面。另一方面，在上述理论模型基础上我们选取 2003 年到 2014 年我国商业银行的年度非平衡面板数据，综合运用了相关性分析法、普通最小二乘法（Ordinary Least Square，以下简称 OLS）、System–GMM 模型以及 DID 估计法等计量分析方法对我国不同类型商业银行信贷行为的周期性表现进行了检验，并探讨了三个层次的影响因素对不同类型银行信贷行为变化的干预效果及其显著程度。

第三，比较分析法。比较分析法是指通过事物间的相互比较来发现事物本质规律的一种方法。本书大量运用对比分析法，通过比较不同类型商业银行信贷行为周期性变化的异同以及各层次影响因素在不同商业银行中作用效果的差异，总结出我国商业银行信贷行为变化的整体规律，从而为我国逆周期监管制度的设计和实施提供对比参考和实践支撑。

二、内容安排

基于上述对当前金融体系顺周期性与逆周期监管改革的背景和国内外学者对银行信贷领域相关研究现状的梳理，本书将通过理论和实证分

---

① 实证分析法是指对经验和数据进行挖掘分析，探寻数据背后隐藏的客观规律是什么的方法。

析对我国商业银行信贷行为的周期性特征以及四个层面影响因素对其影响效应进行分析。本书依据提出问题、分析问题和解决问题的研究逻辑（如图1-2所示）将具体的内容结构设计如下：

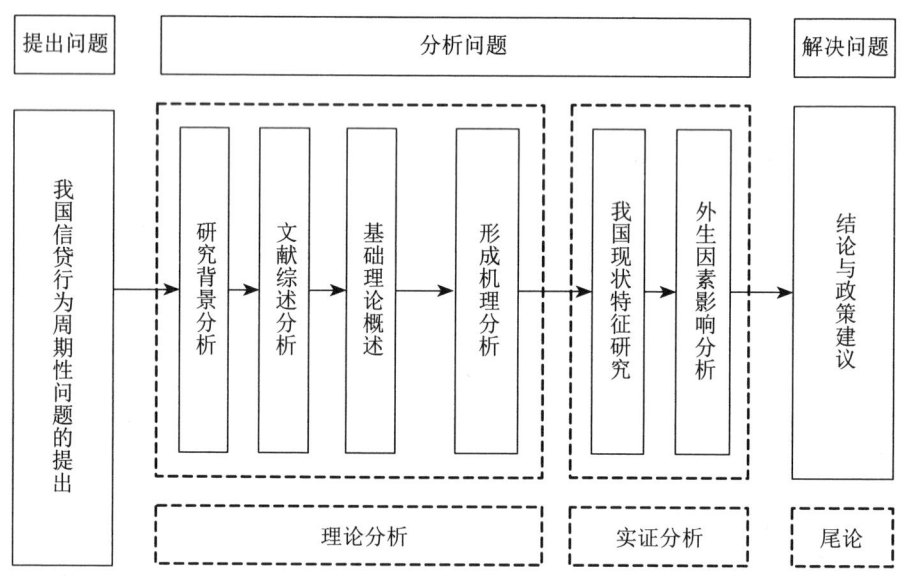

图1-2　本书研究的逻辑思路

　　第一章，绪论部分。本章首先介绍了论文的选题背景和意义。其次，梳理与本书研究密切相关的核心概念。在此基础上，对国内外学者的相关研究文献进行梳理和归纳，掌握该领域研究已经取得的成果和存在的不足。然后，简要地描述了本研究运用的主要方法、研究框架和基本内容。最后，简要地对本书的创新点和不足之处进行归纳概述，以寻求未来进一步研究的方向。

　　第二章，梳理并总结银行信贷行为周期性的相关基础理论。作为本书后续内容的理论基础，本章主要依据经济周期理论发展的历史逻辑对信贷行为周期性的相关理论进行梳理，这些理论主要包括三大类型的经济周期理论，即传统经济周期理论、真实经济周期理论和金融经济周期理论。具体来看，传统经济周期理论倾向于从经济系统外的因素分析经济周期的形成。真实经济周期理论是专门探究实体经济波动原因的理论。

而尚在发展阶段的金融经济周期主要反映金融经济波动。

第三章，分析信贷行为周期性的形成机理。本章从理论分析出发对银行信贷行为周期性的产生机理进行分析，并从区分信贷扩张行为周期性变化产生的内生根本原因和外生影响因素两个层面对这一问题进行论述。文中内生的形成机理根本原因主要是分析和归纳金融信贷市场存在的内生缺陷如何引起银行信贷行为周期性的，而外生影响因素则是探讨信贷市场外部的金融监管、会计规则、银行经营机制以及宏观经济环境四个层面的因素如何影响和干预银行信贷行为的周期性变化规律。本章的内容为后续研究的开展提供了清晰的研究逻辑。

第四章，实证检验我国商业银行信贷行为的周期性特征。本章我们利用商业银行的微观财务数据对我国商业银行信贷行为随经济周期波动而变化的特征进行了深入的统计描述和实证检验。这部分研究的主要目的是对我国商业银行信贷行为周期性特征的演变和现状有一个较为全面的把握和判断。首先，分别从信贷总量和增量与经济周期变化趋势的角度统计描述信贷行为的周期性变化。其次，再通过构建银行信贷扩张与经济周期变化关系的动态面板数据（Dynamic Panel Date，以下简称 DPD）模型，实证分析我国信贷行为的周期性表现，并得到我国商业银行信贷行为周期性在不同类型银行间以及不同经济周期阶段中的特点。

第五章，研究银行资本监管对信贷行为周期性的影响。本章主要针对我国商业银行资本监管的两个主要规则——资本充足率监管和内部评级法，及其对信贷扩张行为周期性调整的影响机制进行深入的探讨。一方面，通过理论模型构建和数据实证检验相结合的方式对资本充足率监管约束的影响进行分析。这里我们主要借鉴 1995 年布鲁姆与赫威格的理论模型对资本充足率监管下银行信贷行为的周期性特征进行理论推导。同时还运用 OLS 和 GMM 估计方法对我国商业银行面板数据进行检验分析，以测度我国商业银行信贷行为周期性受资本充足率约束的影响。另一方面，针对巴塞尔协议倡导的银行信用风险测量工具——内部评级机制及其对信贷行为周期性的影响进行经验数据统计分析，理清内部评级法作用下信贷扩张行为的特点。

第六章，研究会计信息计提规则对信贷行为周期性的影响。本章从商业银行财务的重要应计费用——贷款损失准备和公允价值计量会计准则这两方面的因素来考察会计信息规则对我国商业银行信贷扩张周期性变化的影响。本章首先通过构建贷款损失准备计提决定模型来实证分析我国商业银行贷款损失准备的计提特征。接下来，再通过动态面板模型来模拟贷款损失准备制度对信贷行为变化的影响，并结合我国实际数据进行回归分析，理清贷款损失准备计提的周期性效应。本章同时还对财务报表中使用的公允价值会计准则与信贷行为的关系进行了研究，从直接和间接两个角度对我国公允价值计量方法引发的顺周期性进行系统分析。在此基础上，引入反映银行损益受公允价值变动影响程度的敏感系数概念，来验证我国商业银行财务报表中资产负债信息受公允价值的影响。

第七章，研究我国特殊的宏观经济环境因素对银行信贷行为周期性的影响。银行系统运行中高度的政府干预、以及具有行政命令色彩的"高效"宏观调控政策是我国银行系统显著区别于西方发达国家银行系统运行的特殊宏观经济背景。因此，本章选取能够反映这两大宏观经济特征的替代变量——银行中的政府股权结构以及宏观调控的货币政策来对我国特殊经济环境下信贷行为周期性特征的动态变化进行理论和实证分析。实证分析部分主要基于我国107家商业银行样本，运用SYS–GMM对我国商业银行信贷扩张行为周期性与政府股权结构以及货币政策的关系模型进行估计，最后还采用DID模型来模拟2008年的宏观调控政策对信贷行为的冲击效应。

第八章，全文研究结论的总结、相关政策建议及对今后研究的展望。基于上述的理论和实证分析结果，对我国商业银行信贷行为周期性变化的特征、影响因素、影响效果及其在不同商业银行间的表现进行总结。在此基础上，提出适用于我国商业银行实情的完善逆周期监管制度的政策建议，最后还指明了本书研究的不足和未来需要进一步研究的方向。

三、本书研究的基本逻辑

本书遵循图 1-2 的研究思路进行研究，具体内容框架和技术路线可以形象地用图 1-3 表示：

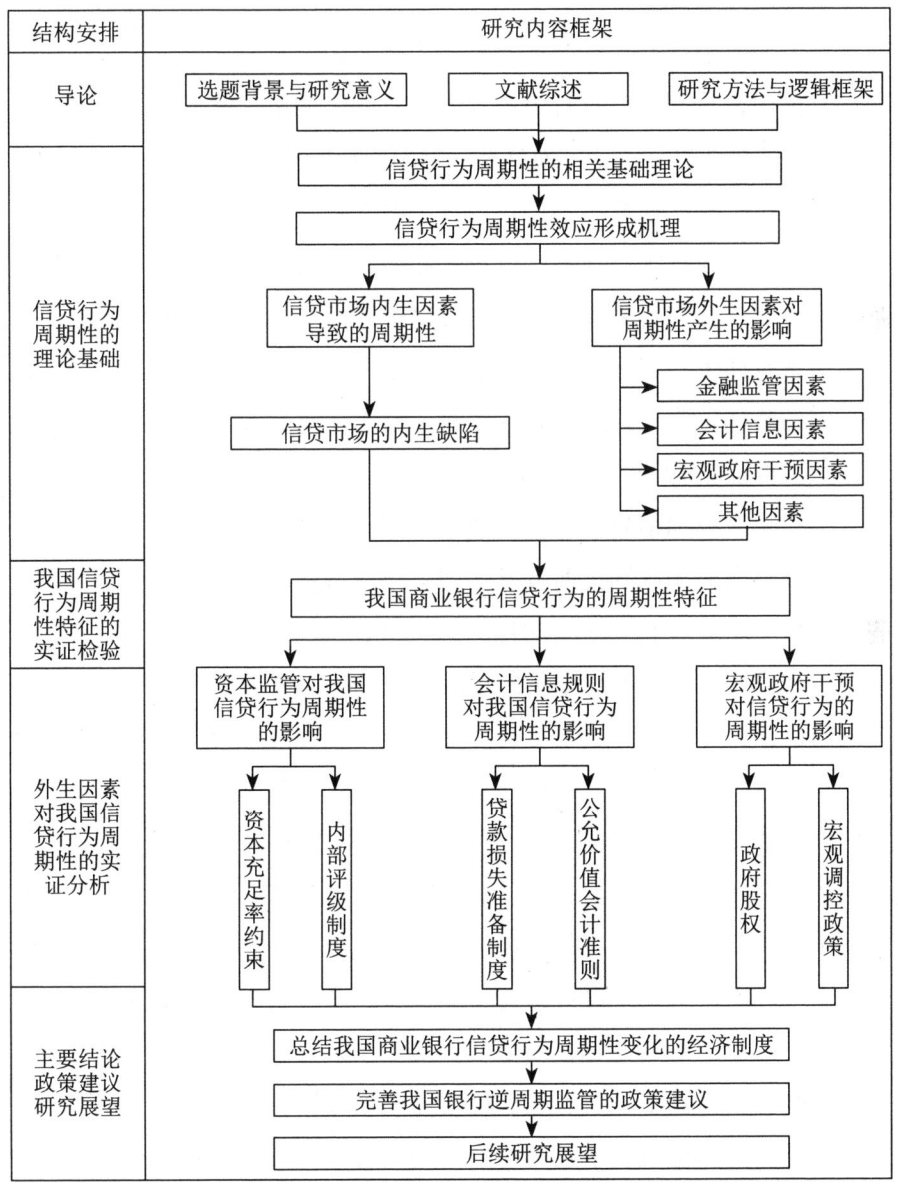

图 1-3　本书研究的内容框架和研究逻辑

第五节　创新说明与不足之处

一、主要创新点

本书以我国商业银行信贷行为与宏观经济周期波动间的关联为切入点，从金融监管层面、银行内部经营机制层面以及外部宏观经济环境层面的具体因素分别对信贷行为周期性变化的影响机理和效果进行了系统的研究，主要在以下三个方面具有一定的创新性：

其一，研究视角方面的创新。（1）由于我国各类商业银行在业务经营特点、政府控制程度强弱、市场化导向程度以及救助资金获取的难易程度等方面均存在显著差异，故而可以推测信贷行为的顺周期效应在不同类型银行间未必表现一致。鉴于此，本书参照中国人民银行对我国银行系统的整体分类，采用政策性银行、五大国有商业银行、股份制银行以及城市商业银行和农村商业银行为样本，创新性地从银行整体——银行分类视角对我国信贷行为的周期性变化特征展开深入探讨。（2）我国银行系统具有显著区别于西方发达国家银行系统的特点，即政府对银行系统的高度控制和干预。在 2014 年以前我国基本不存在真正意义上的私人银行或民营银行，各类银行的最终控制权大都掌握在各级政府或者不同规模的国有企业手中，银行行为受政府干预程度较高。因此，本书另一个视角创新就体现在，将政府宏观调控和政府控制程度两个因素纳入到信贷扩张行为的研究框架中，使本书的研究更具实践参考价值。

其二，理论模型的创新。（1）本书在构建各层次干预因素下信贷行为的决定模型时，为了更好地揭示被解释变量的动态变化过程，大量使用动态方程来进行模型设计，这更加符合经济周期波动下银行信贷行为的调整是一个动态变化过程的事实。（2）在第三章中对银行信贷行为周期性特征分类检验中，引入能够反映商业银行类别对信贷行为顺周期性贡献程度的类别虚拟变量及其与经济周期替代变量的交叉项来探明信贷周期性效应在不同类型银行间的区别，为后续逆周期监管政策的修订与完善提供理论参考。（3）为了进一步考察信贷行为在不同经济周期阶段中的具体变化特点，本书还通过设定不同的经济周期虚拟变量及其相关的交互项来对理论模型进行修订。

其三，实证分析和统计描述方法的创新。（1）本书在构建经典动态面板数据模型的基础上，主要通过系统广义矩估计（SYS-GMM）方法对动态面板模型的参数进行回归估计，从而更好地解决了在包含以被解释变量滞后项作为解释变量的动态面板数据模型中存在的随机效应（Random Effects，以下简称 RE）无法确定和固定效应（Fixed Effects，以下简称 FE）不一致带来的动态面板偏差，进而导致的诸如弱工具变量以及无法估计不随时间变化的变量系数等问题，大幅提高估计效率。（2）本书还将 DID 估计法应用到了"对比评估 2008 年前后宏观调控政策对不同股权类型商业银行信贷行为周期性变化趋势的影响"这个问题中，创新性地将 2008 年危机后我国宏观经济调控政策大幅调整对银行信贷行为产生的冲击设定为一个自然实验环境，并通过划分实验组和对照组，以识别宏观政策调整的效应。（3）此外，在银行净利润对以公允价值计量资产价值变动敏感程度的分析过程中，运用气泡图对三者间的关系进行生动形象的统计描述，简化分析过程使三个时间序列间的关系立体化。

其四，观测样本数量的创新。本书在对商业银行信贷行为周期性特征检验、资本充足率监管、贷款损失准备计提以及宏观调控干预下政府股权结构特征与商业银行信贷行为关系等问题的实证研究中，选取的观测样本包括我国 107 家各类型商业银行在 2003—2014 年期间的面板数据，样本规模相较于大多数研究仅仅选取的不足 20 家上市银行数据有很大的扩充，这提高了实证结果的准确性和稳定性。

二、研究的不足之处

本研究也存在一些不足，主要有几个地方有待改进：第一，本书对影响信贷行为周期性变化的三个层面因素的讨论方式相对独立，通过分别设定相应的实证模型分别考察单个层面的因素对信贷扩张行为的影响，现阶段尚未能将三个层面的因素纳入综合考虑的范畴。第二，在对内部评级制度影响效果的研究时由于缺乏违约概率参数等相关内部评级输入参数的数据，因而只能通过理论和逻辑推理的方式对内部评级制度对信贷行为顺周期影响的作用原理进行分析，并粗略地选取了贷款利率指标来替代违约概率指标对影响效果进行简单的统计分析。第三，在对银行内部经营管理机制顺周期效应的分析过程中，尚未找到合适的理论模型能够验证现有薪酬激励机制和 VaR 模型是否对我国信贷扩张产生了顺周期影响。第四，用货币政策来替代宏观调控政策无法全面体现政府宏观调控的意志，在今后的研究中还应当将其他宏观调控政策如财政政策和汇率政策等纳入指标综合考虑的框架。此外，银行观测样本的时间区间是 2003—2014 年，观测时间长度尚不足以形成一个完整的经济周期，因此估计结果可能会产生一定的偏差。

第二章　商业银行信贷行为周期性的理论基础

对银行信贷周期性行为的分析，追根述源，离不开对经济周期问题的探讨。所谓经济周期（Business Cycle）是指经济运行中经济扩张和紧缩呈现交替波动且循环往复的一种周期性现象，它往往通过国民总产出、社会失业率以及社会总收入等指标的波动来体现，因此也叫作商业周期或商业循环。而随着世界经济联系的不断加深以及国际经济合作的加强，经济系统内部与外部系统间相互影响和扩散，使得世界主要国家的经济活动从复苏、繁荣到衰退和萧条总体上呈现一致的周期性波动，这些周而复始的波动最终形成持续时间不同但总体趋势相似的世界性经济周期运动（宋玉华，2007）。有关经济周期的研究在 19 世纪以前十分有限，很多西方经济学家否认经济出现全面危机和社会产能过剩的可能。但是进入 19 世纪后，主要资本主义国家经济繁荣与经济萧条循环交替的现象频现，学术界开始对经济周期问题重视并展开深入研究，这一时期出现了许多有关经济周期的理论解释。由于经济周期现象的形成几乎涉及所有的经济基本面，难以用特定的一种或多种因素来解释这一复杂问题。时至今日，经济学家们也无法用一种理论来解释所有的经济周期现象，因此，理论界在对这一问题探索的过程中主要通过探究一个或多个影响因素在经济周期形成和变化过程中的作用，忽略次要因素来得出假设和论断，并形成了多种经济周期理论。在这些理论的研究和演变过程中，戈特弗里德·哈伯勒（Gottfried Haberler）和梅纳德·凯恩斯（Maynard Keynes）两位学者对经济周期理论的研究为经济周期理论体系的形成起到了推动作用，其中哈伯勒在其著

作《繁荣与萧条》中对 20 世纪 30 年代以前的全部经济周期理论进行系统
归纳和总结，而与此同时，凯恩斯在《就业、利息和货币通论》一书中提
出了以"有效需求理论"为核心的经济周期理论，宏观经济学至此建立，
这也成为划分经济周期理论研究的分界线，即哈伯勒总结的 20 世纪 30 年
代以前提出的理论统称为传统经济周期理论，此后的理论则为现代经济周
期理论。对于我国银行业周期性特征的探讨，其前提假设是基于经济周期
存在而展开的，具体而言，通过探索和分析引起或加剧经济周期性波动的
影响因素来更好地探究经济周期的运行规律。鉴于此，有必要结合主流经
济周期理论来分析经济周期在产生、传播和放大过程中银行业可能起的作
用。经济周期理论的主要结构框架如图 2-1 所示。

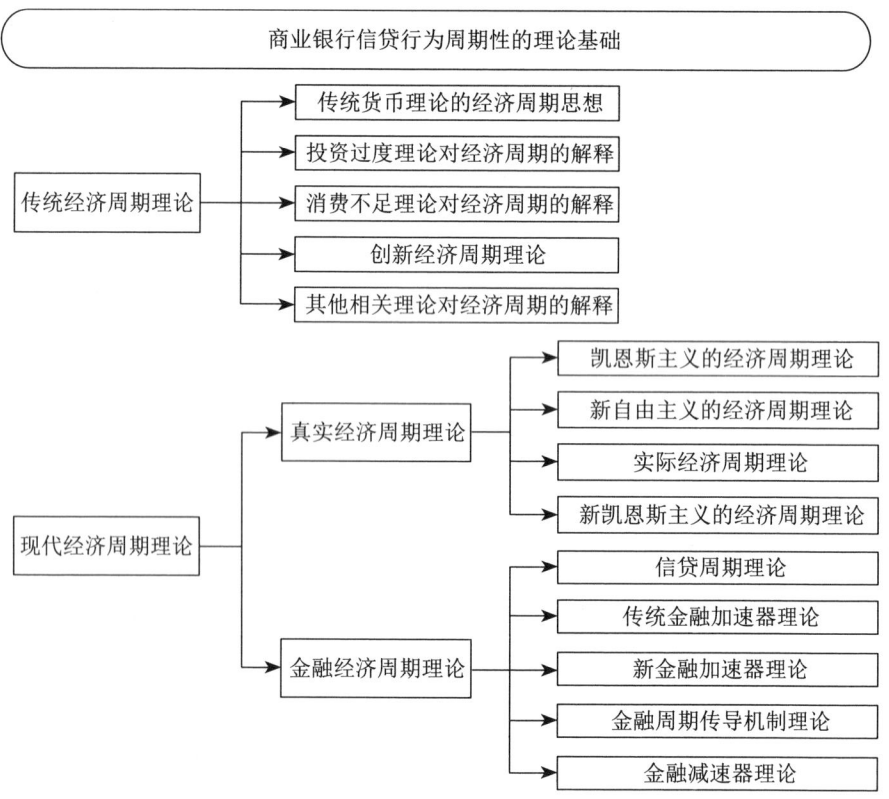

图 2-1　金融周期理论的结构框架

第一节　传统经济周期理论

《繁荣与萧条》一书中将经济周期理论划分为五种类别，分别是：货币理论、投资过度论、消费不足论、心理理论以及农作物收获论，这些理论共同构成了传统经济周期理论。

一、纯货币理论的经济周期思想

英国经济学家劳夫·霍特里（Ralph Hawtrey）的"纯货币理论"[①]。该了理论将经济周期归纳为一种纯货币现象，经济周期波动的根源是银行系统信贷的交替扩大和紧缩。具体是指在商人资本主要来源于银行信用的发达市场中，银行扩张信贷，降低利率时企业就会增加借贷，扩大对商品的需求，从而引起生产扩张和社会收入增加，在商品需求增加和生产规模扩大的循环交替过程中，经济运行逐渐走向繁荣阶段。然而，银行的信用创造能力并不能无限制扩张，当银行系统停止信用扩张，信贷开始收缩时，商人会预判无法获得资金而减少商品订单，厂商产能过剩，物价下跌，经济开始进入衰退甚至萧条阶段。霍特里认为萧条时期银行还可以利用回笼的资金重新投放市场，刺激经济，因此纯货币理论信奉货币是导致经期普遍繁荣和萧条的最重要因素。

二、投资过度理论的解释

英国经济学家弗里德里希·哈耶克（Friedrich Hayek）和亚瑟·施皮托夫（Arthur Spiethoff）等学者的投资过度理论核心论点，资本品生产受经济周期波动的影响远大于消费品工业生产，在经济繁荣时期，资

---

① 英国经济学家劳夫·霍特里（Ralph Hawtrey）在他 1913—1933 年的系列著作中提出该观点，后被统称为纯货币理论。

本品生产扩张快于消费品生产，长此以往造成生产结构严重失调，从而导致社会资金供给不足和经济由繁荣走向萧条，即经济衰退并非仅仅根源于银行信贷不足，投资波动引致的消费者收入波动才是经济周期形成的原因。该理论在就引起投资的原因是否为货币投资上又具体划分为两个分支观点，其一是哈耶克等人（1929）[1] 提出的"货币投资过度理论"，该分支认为过度投资来源于银行信贷活动的调整；另一派是施皮托夫（1902）[2] 等学者所持的"非货币投资过度理论"，认为过度投资是由新发明和新市场等非货币因素引起的。

三、消费不足理论的解释

托马斯·马尔萨斯（Thomas Malthus）和让·西斯蒙第（Jean Charles Leonard de Sismondi）等学者的"消费不足理论"[3]。消费不足理论仅能解释经济周期中的萧条和危机时期，并不能解释完整的经济周期。该理论的基本观点是：一方面在市场经济环境下，企业的规模化生产终将导致小生产者逐渐被挤出市场，收入丧失，同时厂商规模经营后的低价销售战略势必会压缩厂商生产成本，降低工人工资，最终致使社会的消费能力弱化，逐渐出现消费不足，从而经济趋于萧条。另一方面，随着社会生产力的不断发展，先进生产工具和生产工艺的出现使得产量和生产效率出现迅速增长，但是由于购买力未能同步增长或者整个社会的过度储蓄导致消费能力相对不足，从而导致经济衰退甚至危机。

---

[1] Friedrich A. Von Hayek, *Monetary Theory and the Trade Cycle*, Augustus m Kelley Publications, 1929.

[2] A. Spiethoff, *Vorbemerkungen zu einer Theorie der Überproduktion*, Schmollers Jahrbuch für Gesetzgebung, Verwaltung und Volkswirtschaft im Deutschen Reiche, 1902, 26, pp. 721–759.

[3] 主要代表人物是英国经济学家托马斯·马尔萨斯（Thomas Malthus）在 1820 年出版的《政治经济学原理》和法国经济学家让·西斯蒙第（Jean Charles Leonard de Sismondi）在 1819 年发表的《政治经济学新原理》。

四、创新经济周期理论

约瑟夫·熊彼特（Joseph Schumpeter）的"创新周期理论"[1]。该理论将经济波动和商业周期的动因归结为技术创新，其基本论点是创新会带来企业生产要素和生产条件的重组，其中创新成功的企业获得超额利润，因为有利可图，其他有条件的企业和社会资本纷纷进驻该领域，社会投资迅速扩张，经济走向高涨。然而，随着厂商和资本的持续进入，该领域由创新获得的超额利润逐渐消失，生产成本上升，信贷趋于紧缩，投资撤出，经济进入萧条周期。

五、其他相关理论的解释

此外，还有阿瑟·庇古（Arthur Pigou）的"心理理论"[2]以及威廉·杰文斯（William Jevons）[3]等所主张的"农业收获理论"等。其中心理理论提出，人的心理表现为预期，而预期往往难以确定，当社会投资者预期乐观时经济将会趋于扩张，而悲观的预期会促使经济走向萧条，正是投资者心理预期的波动变化促成了经济周期的形成。农业收获理论的核心论断是认为农业收成的好坏程度受太阳黑子运动的影响颇深，而农业产出情况又会对工业、服务业乃至整个社会经济带来影响，其最显著特点是通过从宇宙运动、气候变化等外生因素出发，去寻找经济周期波动的原因。

总体来说，这一时期的经济周期理论研究多数倾向于从经济系统外的因素影响出发分析经济周期的形成。尽管"投资过度理论"和"消费

---

　　[1]　德国经济学家、奥地利学派代表约瑟夫·熊彼特（Joseph Schumpeter）1939 年的《景气循环论》。

　　[2]　心理理论是由英国经济学家、剑桥学派代表学者阿瑟·庇古（Arthur Pigou）于 1927 年在《工业波动》一书中提出的。

　　[3]　英国经济学家威廉·杰文斯（William Jevons）于 1894 年《货币与金融研究》一书中第 194—205 页对太阳周期和玉米价格的分析中提出。

不足理论"是从经济系统基本面的角度出发探讨经济周期问题，但是前者无法有效解释繁荣和萧条周期交替，而后者只能合理解释经济周期中的衰退和萧条阶段，并不是完整的经济周期理论。

第二节　真实经济周期理论

凯恩斯主义的诞生将经济周期理论的研究推向了现代经济周期理论新阶段。这一时期的经济周期理论主要是从研究实体经济波动和研究金融经济波动两个角度出发的，两类观点的核心区别就在于是否把金融现象作为影响经济周期性波动的原因。据此，把探究实体经济波动的理论统称为真实经济周期理论，而把研究金融经济波动的理论称为金融经济周期理论。本小节着重对真实经济周期理论的发展、构成和核心思想进行分析，金融经济周期理论将在下节进行探讨。真实经济周期理论主要包括：凯恩斯主义经济周期理论、新自由主义经济周期理论、实际经济周期理论以及新凯恩斯主义经济周期理论。

一、凯恩斯主义经济周期理论

20世纪30年代资本主义国家的大萧条动摇了古典经济学"自由放任"主义的根基，同时为主张"政府干预"的凯恩斯主义的兴起提供时代背景。凯恩斯主义经济周期理论以国民收入决定理论为中心，提出在边际消费倾向规律、边际效率递减规律和流动性偏好规律三大规律的共同作用下，社会对生产资料和消费品的有效需求不足，从而生产过剩和大规模失业危机必然会出现。凯恩斯主义尤其强调资本边际效率波动的影响作用，认为经济周期波动主要是由资本边际效率的周期性变动造成的，其他重要经济基本面只是让这种波动变得更为复杂。实际上，凯恩斯的经济周期思想只对经济周期波动这一现象进行诠释，对这种周期的生成机制尚缺乏深入的论证。因此，凯恩斯的经济周期思想还被称为经济周期波动理论。[1]凯恩斯主义的集大成者保罗·萨缪尔森（Paul Samuelson）在凯恩斯的国民收入决定模型中引入投资理论，将乘数原理和加速原理结合起来，动态地分析了经济周期的波动。在不考虑对外经济活动的封闭三部门经济中，萨缪尔森的乘数加速数模型可由下面三个关系式联立得到：

$$Y_t = C_t + I_t + G_t \qquad (2\text{-}1)$$

$$C_t = a + b \cdot Y_{t-1} \ (a > 0, 0 < b < 1) \qquad (2\text{-}2)$$

$$I_t = v \times (C_{t-1} + C_{t-2}) = v \cdot b \times (Y_{t-1} + Y_{t-2}) \qquad (2\text{-}3)$$

其中 Y_t 是 t 时期的国民总收入，C_t 和 I_t 分别表示 t 时期的消费和投资，a 是自发消费常数，b 是引致消费比率，v（$v>0$）是加速数，而政府支出为常数 G_0。综合上述三式可得乘数—加速数共同决定的经济周期模型，如 2-4 式所示：

$$Y_t = a + (b + b \cdot v) \times Y_{t-1} + v \cdot b \times Y_{t-2} + G_0 \qquad (2\text{-}4)$$

由此可知，t 时期的国民总收入水平是由加速数 v、乘数 $K(k=1/(1-b))$、自发消费 a 和政府支出水平 G_0 以及前期国民收入水平 Y_{t-1} 和 Y_{t-2} 共同决定的。萨缪尔森的经济周期模型以投资波动为核心，认为经济周期的上涨阶段根源于投资的正向变动带来的国民收入的成倍增长，而国民收入的增长又通过加速数的作用带来投资的进一步追加，这样经过乘数和加速数的反复作用，经济实现累积性的扩张，但是当经济攀升至顶点到达繁荣时期后，经济增长会受到生产资料和劳动力供给的限制，国民收入增速出现下滑，投资需求降低，此时同样在乘数—加速数的往复作用下，经济系统会产生反方向的累积性紧缩效应，经济走向衰退和萧条，直至积累的存货和资本存量下降到必须进行对固定资产和存货进行再投资时，经济开始新一轮的复苏。该理论较好地解释了经济运行中复苏、高涨、

---

[1]　梅纳德·凯恩斯在 1936 年发表的《就业、利息和货币通论》的二十二章——"略论经济周期"中表达了他的经济周期思想。

萧条和危机四个阶段的产生机理，同时表明经济周期产生的关键因素是
内生变量，但是也离不开外生变量收入的作用。[①]

二、新自由主义经济周期理论

20 世纪 60 年代末期以来，长期奉行凯恩斯主义扩大有效需求政策的
资本主义国家出现了严重的通货膨胀与失业率同时并存的现象，即所谓的
"滞胀"局面，凯恩斯主义的主流经济学地位被动摇，主张自由经营思潮
的学派逐渐崭露头角，其中，以米尔顿·弗里德曼（Milton Friedman）的
货币学派以及以罗伯特·卢卡斯（Robert Lucas）等为代表的理性预期学
派影响最大。弗里德曼强调货币数量的变动是经济周期波动和金融危机产
生的根本原因。进而提出货币主义经济周期理论，其具体的作用机理是：
货币供给量的增加会致使利率下降，从而刺激人们的消费需求以及社会的
投资规模，厂商生产规模扩大，就业率增加，社会总需求增加，经济逐渐
进入繁荣时期，但是产量增加到一定程度受资源和技术等实际因素的限制
无法继续增加，而货币总量仍然持续增加，此时物价水平将会上升，厂商
生产成本和失业率继而上升，经济逐渐衰退。货币主义经济周期理论认为
只要货币总量偏离社会经济稳定发展的实际所需数量，经济波动就不可避
免。[②]70 年代末卢卡斯等理性预期思想倡导者则认为经济的周期性波动根
源于人们未能正确地预期经济走势或者随机外部冲击使经济严重偏离预期
走势。理性预期学派的经济周期理论着重强调在市场信息不完全的情况下，
经济主体很容易基于短期的价格变化作为其产量和收入预期调整的参考，
导致产出和劳动力供给远离平衡点的偏离，从而引起经济波动。随着时间
推移经济主体对信息进一步掌握后，将会重新调整其预期，产量和就业情

[①] 保罗·萨缪尔森（Paul Samuelson）和威廉·诺德豪斯（Wlliam D. Nordhaus）于 1948 年
在《经济学》一书中提出了乘数——加速数经济周期模型。

[②] 米尔顿·弗里德曼（Milton Friedman）和经济史论家 Anna Schwartz 于 1971 年出版的 *A Monetary History of the United States, 1867–1960* 一书中表达了其经济周期观点。

况随之改变，经济又开始朝反方向波动，整个经济周期就是在这样繁荣与
萧条循环交替的过程。[①]

三、实际经济周期理论

　　理性预期思潮将经济主体对未来的预期作为经济决策改变的主要因
素思潮的兴起，弱化了需求冲击对产出的影响作用，由此经济供给层面
的冲击变得日益重要。与此同时，20 世纪 80 年代石油危机的爆发促使经
济学界开始重视供给面经济冲击对产出水平的影响作用，由此理性预期
学派的经济周期理论逐渐演化为实际经济周期理论（Real Business Cycle，
以下简称 RBC）以爱德华·普雷斯科特（Edward Prescott）和芬恩·基德
兰德（Finn Kydland）为代表的实际经济周期学者尝试从供给冲击的角度
来解释经济的周期性波动。该理论的核心论断是认为技术变迁中的大量
随机变量是导致要素生产率变化的根源，技术冲击通过脉冲机制的传播
引起产量的周期性波动。[②]普雷斯科特和基德兰德综合考虑生产函数、资
本形成机制以及经济主体效用提出了实际经济周期模型，简单归纳为以
下三个方程：

$$U_t = C_t^p \cdot L_t^{1-p} \tag{2-5}$$

$$Y_t = A_t \times [K_{t-1}^n \cdot E_t^{1-n}] \tag{2-6}$$

$$K_{t+1} = (1-\varphi) \times K_t + I_t \tag{2-7}$$

　　方程 2-5 是用道格拉斯效用函数来估算的经济主体效用最大化的偏
好选择。其中 U_t、C_t 和 L_t 分别表示总效用、消费和闲暇。该模型包含经
济主体理性且决策随经济环境状况改变的假设。

---

　　①　理性预期注意的货币周期理论是罗伯特·卢卡斯（Robert Lucas）在其 1972 年的文章
"Expectations and the Neutrality of Money" 中提出的，并于 1979 年在 "An Equilibrium Model of
the Business Cycle" 一文中进行了补充和完善。

　　②　美国经济学家爱德华·普雷斯科特（Edward Prescott）和挪威经济学家芬恩·基德兰
德（Finn Kydland）于 1982 年合作在 *Econometrica* 杂志发表的文章 "Time to Build and Aggregate
Fluctuations" 中提出该理论，这篇文章被认为是实际经济周期理论的开山之作。

方程 2-6 是用道格拉斯生产函数来表示的厂商生产函数。其中 Y_t 表示总产出，K_{t-1} 和 E_t 分别代表 $t-1$ 期的资本存量和第 t 期的劳动时间，A_t 为经济系统中的冲击，在实际经济周期模型中外生的技术变化冲击是经济波动的唯一原因，而内生变量投资、消费与货币量变动都是这种冲击的结果，而非冲击来源。

方程 2-7 描述了未来资本形成过程。其中 K_{t+1} 和 K_t 分别是 $t+1$ 和 t 时期的资本总量，φ 是资本的折旧率，I_t 表示 t 时期的社会净投资。方程表明下一期资本存量形成取决于本期资本存量和净投资额，而本期投资额的形成存在一定的滞后期，需要一定的"建设时间"，而"建设时间"的存在为冲击的跨期传播提供了可能。上述模型在技术冲击对产量影响的分布已知时，可以通过对经济主体在劳动、消费和投资上的不同选择来分析经济周期的波动情况。

四、新凯恩斯主义经济周期理论

凯恩斯主义的经济主张陷入危机以后，与同时期货币学派选择对凯恩斯学派的对立立场不同，埃德蒙德·费尔普斯（Edmund Phelps）和约翰·泰勒等学者选择在凯恩斯原有经济理论的基础上批判地继承和发展，从而形成了新凯恩斯主义经济周期理论。该理论在传统凯恩斯思想的基础上引入了理性预期、经济主体利润最大化和效用最大化假设来展开分析，形成了两种思路来解释经济周期理论：其一是把经济周期波动归结为价格和名义工资的刚性，认为社会总需求减少不会带来价格和工资水平的变动，最后厂商只能通过降低产量和增加非自愿失业来达到成本降低的目的，经济走向衰退，这一观点的支持者主要有格里高利·曼昆（Gregory Mankiw）和保罗·罗默（Paul Romer）等[1]；其二则是认为工资和

---

[1] 这一思想最早分别在以下两个文献中提出。其一是高利·曼昆（Gregory Mankiw）的 *Small Menu Costs and Large Business Cycles: A Macroeconomic Model of Monopoly*，其二是保罗·罗默（Paul Romer）的 *Increasing Returns and Long-Run Growth*。

价格黏性是经济周期波动的最重要原因，持该观点的新凯恩斯主义学者主要以斯蒂格利茨为代表，认为价格和工资具有较大可伸缩性，即价格黏性，然而由于经济系统中信息不完全性的存在，总需求变动只能引起价格和工资的缓慢小幅变动，调整幅度不能和总需求变动所要求的均衡值相适应，因此非自愿失业和经济波动仍然会发生，从而带来劳动力市场和商品市场失衡，引发经济波动。

第三节　金融经济周期理论

所谓金融周期指的是由金融因素引起并且通过金融体系进行传导的经济周期性波动，即金融变量所引起的实质性的、持续的、与经济长期均衡水平密切相关的经济波动，其实质是反映经济波动与金融因素间的联系。真实经济周期理论向金融周期理论的转变是经济发展到一定阶段的必然结果：首先，由于传统的经济周期理论都不认可金融因素对实体经济的作用，即认为货币和证券"中性"，而主要侧重于研究实体经济波动的周期理论。然而，自20世纪70年代中期开始，金融市场发生的一系列重大变化对金融系统的运行带来的巨大影响，这些变化主要包括：金融自由化（Financial Liberalization）、金融交易技术革新（Technological Innovation）以及金融产品创新（Financial Innovation）三个方面，它们从整体上提高了资产证券化程度，增大了银行金融机构竞争，促进信用等级制度和远程金融的发展以及放大了家庭金融风险暴露等。在这样的背景下，发达国家纷纷从金融开放的机会中寻找新的经济增长点，金融创新空前活跃，金融交易规模也迅速扩大，金融机构市场化程度加深，全球金融市场进入高速发展时代。当然，这也极大地加深了经济系统的虚拟化程度，金融经济不再局限于仅为实体经济提供金融服务，还逐渐从实体经济的附属地位上独立并发展壮大起来，反过来对实体经济运行产生重大影响。其次，20世纪后期全球频发的金融危机（如：拉美债务危机与墨西哥、东南亚、巴西金融危机等），也从实务视角证实了金融因素对经济波动的显著影响，虚拟经济对实体经济具有强大的破坏能力。与此同时，随着中央银行货币政策调控政策在国家宏观调控过程中重要性的日益提升，金融因素自然而然地成为经济系统中的固有风险。近年来，金融系统已经逐渐成为全球经济的主要传导途径，随着金融全球化步伐的加快，金融周期对经济波动的放大效应对金融稳定的冲击日益增大，鉴于此，研究金融活动对实体经济的影响以及金融周期的生成原因和传导机制对了解经济周期和国家宏观调控至关重要。目前，金融经济周期理论体系总体上尚未形成一个公认的分析框架，理论较为松散，较有代表性的理论主要包括信贷周期理论和金融加速器理论以及减速器理论，而后两者往往还被称为金融周期的传导机制理论。

一、信贷周期理论

所谓信贷周期是指银行的行为集合所引起的交替的信贷收缩和信贷膨胀。托马斯·图克（Thomas Tooke）[①] 作为信贷周期理论的奠基者，于1844 年提出的"将从货币数量入手来解释货币价格"改为从名义收入着手为经济周期理论开创了信贷研究视角。欧文·费雪（Irving Fisher）于 1933 年通过债务—通缩模型表达其信贷周期观点：经济扩张阶段生产者几乎都会高估市场对产品的需求从而导致繁荣时期社会的"过度负债"，经济的虚假繁荣诱使更多资金追逐市场的进一步繁荣，导致经济结构变得十分脆弱，资金一旦出现紧张市场会加速崩溃，费雪将这一切归结为信息不对称和金融市场缺陷。而 1873 年沃尔特·白芝浩（Walter Bagehot）开创性地将信贷因素引入经济周期模型的研究成为信贷周期理论快速发展的推动力量。其他信贷周期理论学者（艾伦·博

---

① T. Tooke, *An Inquiry into the Currency Principle*, Leopold Classic Library, 1844.

杰和格雷戈里·由戴尔，1998[①]；苏亚雷斯和索丝曼，1999[②]）还提出道德风险在社会经济活动中无可避免，其风险程度受市场价格水平影响显著，即价格波动会引发企业与投资者间道德风险大小的变化，委托—代理成本相应出现周期性变动，经济波动程度被放大。与此同时，这些学者还特别强调，繁荣时期的"过度负债"以及萧条时期的"债务清算"和"困境抛售"对信贷周期的形成意义重大：当银行体系扩张信贷社会资金充裕时，实体经济必将走向扩张，商品价格和利率随之上涨，持续的扩张会造成经济主体对市场需求和价格的不断高估，社会更加容易获得资金，整个社会负债水平逐渐超出其均衡状态所需，经济"泡沫"程度加深，使到达繁荣的经济体变得"脆弱"，一旦资金供给断裂，繁荣假象会迅速破灭，经济下滑，萧条随之而来。陷入困境的企业无力偿还贷款很可能被银行提前进行"债务清算"，在社会整体流动性匮乏、企业难以获得其他资金供给的情况下，可以用来变现的企业资产就会被低价抛售用以偿债，即"困境抛售"，随着萧条的不断蔓延，一段时期内市场上低价生产资料供给会快速增加，直到供给在某个价格水平达到新的均衡，供需进入良性发展阶段，社会经济缓慢复苏，开始进入新一轮的经济周期。归纳起来，信贷周期理论是基于不完全市场和信息不对称假设，其核心观点是：在不完全市场中，由于信息不对称，金融主体普遍存在道德风险和逆向选择的倾向，这种金融市场的内在作用机制和缺陷将会对金融冲击产生放大效应，从而对实体经济投融资条件和水平产生影响，最终加剧经济的周期性波动。该理论在接受凯恩斯经济周期理论和货币主义经济周期思想的基础上，

---

① A. Berger, G. Udell, The Economics of Small Business Finance: The Roles of Private Equity and Debt Markets in the Financial Growth Cycle, *Finance & Economics Discussion*, 1998, 22(6), pp. 613–673.

② Suarez, O. Sussman, Financial Distress and the Business Cycle, *Oxford Review of Economic Policy*, 1999, 15(3), pp. 39–51.

着重分析金融对经济体系冲击的放大效应，指出由于金融摩擦本身不可避免，因此，即使忽略金融市场的外部因素冲击，经济波动仍然会发生。

二、传统金融加速器理论

金融部门能够放大经济周期波动思想的提出，即顺周期性概念的早期雏形，最早可以追溯到 1933 年费雪的研究。但是以费雪为代表的早期研究都认为这种放大机制是一种非对称的作用过程，这是因为，金融摩擦的客观存在会对经济主体的外部融资产生限制作用，并且该限制会在经济衰退时期显著加强；然而在经济扩张阶段却没有相对应的限制减弱，而金融加速器（Financial Accelerator，以下简称 FA）理论则认为该放大机制是一个对称作用过程。所谓金融加速器是指金融冲击被放大的机制，具体而言，金融加速器理论认为由于金融市场缺陷带来的金融摩擦不可避免，即使微小的金融冲击也会被市场机制无限放大，从而引发经济的巨幅波动，积极冲击被放大后会将经济形势快速推向繁荣，而消极的冲击将成倍放大对经济的衰退影响。[①] 当前理论界对金融加速器作用原理的解释主要分为三种类别：第一类解释主要是基于抵押资产[②] 价值变化的顺周期性来论述的：即抵押资产价格的上升值使得借款人（企业或家庭）更加容易获得银行贷款，而资产价格下跌则会让其难以获得贷款，在资产价格与经济周期走势同方向变化，以及贷款获得的难易程度会通过市场机制反馈到社会投资和消费中去的背景下，这一作用过程显然是顺周

---

　　① 值得注意的是，金融加速器理论与凯恩斯主义的乘数——加速数模型区别显著：金融加速器理论认为企业当前的投资决策取决于当期的盈利情况，而乘数——加速数模型主张企业当期的投资规模和方向应由预测利润决定，而预测是基于企业的历史数据得出的，因此投资决策主要受历史盈利情况影响。

　　② 这里的"抵押资产"包括动产（机器设备和运输工具等）和不动产（房屋和土地等）抵押。

期性的（亚科维洛，2005[①]；亚科维洛和奈里，2008[②] 等）。第二类解释则侧重于强调企业资产负债表的内生变化会放大经济周期的波动，产生顺周期效应（卡斯特默和菲尔斯特，1997[③]；伯南克等，1999[④]）。最后一类研究则直接从银行金融机构对实际经济波动的贡献视角来解释顺周期性的产生（克里斯蒂诺等，2007[⑤]；古德弗兰德和麦考伦，2007[⑥]；嘉瑞里等，2008[⑦]）。第一类解释就是传统金融加速器理论的主要观点，而后两种解释则更多体现新金融加速器理论的核心观点，下一小节将对其进行详细论述。

三、新金融加速器理论

20 世纪 80 年代以来，全球频发的经济危机引起学者们对 FA 理论的再思考，他们发现金融加速器机制不仅对普通企业和家庭借款人产生作用，而且还在金融机构中作用显著，尤其是在银行金融机构中，理论界将这一类关于金融机构对冲击放大效应的研究统称为新金融加速器（New Financial Accelerator，以下简称 NFA）理论。NFA 思想的提出最早可以溯源至 1978 年查尔斯·金德尔伯格（Charles Kindleberger）对金融危机产生原因的分析，后来该思想在以本·伯南克和马克·格特勒（Mark

①　M. Iacoviello, House Prices, Borrowing Constraints, and Monetary Policy in the Business Cycle, *American Economic Review*, 2005, 95(3), pp. 739–764.

②　M. Iacoviello, S. Neri, Housing Market Spillovers: Evidence from an Estimated DSGE Model, *American Economic Journal Macroeconomics*, 2010, volume 2(2), pp. 125–164.

③　C. T. Carlstrom, T. S. Fuerst Agency Costs, Net Worth, and Business Fluctuations: A Computable General Equilibrium Analysis, *American Economic Review*, 1997, 87(5), pp. 893–910.

④　B. Bernanke, M. Gertler, S. Gilchrist, "The Financial Accelerator in A Quantitative Business Cycle Framework" in Handbook of *Macroeconomics*, Elsevier, 1999, Volume 1, Part C, pp. 1341–1393.

⑤　L. Christiano, R. Motto, M. Rostagno, Financial Factors in Business Cycles, *European Central Bank and North-western University Mimeo*, 2007.

⑥　M. Goodfriend, B. T. Mccalluma, Banking and Interest Rates in Monetary Policy Analysis: A Quantitative Exploration, *Journal of Monetary Economics*, 2007, 9, pp. 56–71.

⑦　A. Gerali, S. Neri, L. Sessa, et al, Credit and Banking in a DSGE Model, *Bank of Italy Meeting Papers*, 2008, 42(Supplement S1), pp. 107–141.

Gertler）等学者为代表的系列研究中得到快速发展[1]，形成了初步的理论思想框架。NFA 理论作为 FA 理论进一步发展的产物，与 FA 理论相互补充共同构成金融加速器作用的支撑理论，其具体的作用原理可以借用一个例子来说明[2]：假设某银行现有 100 单位的资产，名义负债总额为 90 单位，因而该银行的股东权益为 10 个单位，那么可得其杠杆率（Leverage）[3] 为 10。如果现在该银行收到一个外部冲击导致其资产价值减少 5%，那么该银行现在的资产总值为 95 个单位，而净资产减少到 5 个单位，即期杠杆率增加到 19——几乎变为冲击发生前银行杠杆率的 2 倍，假设该银行所遵循的监管规则要求杠杆率不得超过 10，为了重新回归符合监管标准的杠杆率，银行只能通过增发股票或者出售资产两种途径来实现。但是，在冲击带来的损失数额过大的情况下银行则更倾向于选择变卖资产来降低杠杆率，这是因为增加净资产的方式往往成本较高且收效缓慢，尤其是在经济下行阶段，由于市场摩擦增大，出售资产会是银行的首要选择（BCBS，2004；卡什布等，2008）[4]。这里值得注意的是，假如市场价格不变，银行将杠杆率重新调整回 10 倍会使资产负债表规模缩减近 50%，此种情况下，与经济衰退同时发生的资产出售浪潮会给已经处于贬值状态的资产价值带来更大的下行压力，引发更危险的经济周期性波动。

---

① 本·伯南克和马克·格特勒的金融加速器思想主要体现在以下两篇文献中：其一是 Ben Bernanke, Mark Gertler, Agency Costs, Net Worth, and Business Fluctuations: A Computable General Equilibrium Analysis, *The American Economic Review*, 1997, 87(5), pp. 893–910 以及 Ben Bernanke, Mark Gertler, Simon Gilchrist, The Financial Accelerator in a Quantitative Business Cycle Framework, *NBER Working Paper No. 6455*, 1998.

② T. Adrian, S. Shin, Liquidity and Leverage, *Journal of Financial Intermediation*, 2010, 19(3), pp. 418–437.

③ 银行的杠杆率是指银行资产负债表中总资产与权益资本（净资本）的比率，即净资本的放大倍数。

④ 详见 Basel Committee on Banking Supervision (BCBS) (2004) 第 757 页。卡什布等学者的研究将增加净资产来降低杠杆率办法收效缓慢的原因总结为两个方面：其一是发行股票会增加公司的负债总额，从而产生企业债务人受益而债权人利益受损的外部性；其二是因为股票发行可能蕴含未来经济下行的信息暗示，这一点在新巴塞尔资本协议中也有提及——在萧条中银行出售资产的压力要比其他时期更大。

归纳起来，NFA 诱发的周期性波动主要来源于外部冲击所引起的系列连锁反应，并在冲击与资产市场经济活动的相互作用下被不断放大。这里的传导要素是杠杆率——在银行杠杆比率较高时，原始冲击与随之发生的资产减值导致大规模的资产清算，最终造成经济大幅震动。理论上，这一经济周期发生机制应该是对称的，即积极的冲击可能引起资产价格的大幅上涨以及金融机构资产负债表的扩张，从而带来经济周期的正向波动。但是具体 NFA 的最终作用效果还受其他众多经济基本面的影响，因此需要结合具体情况分析。

四、金融周期传导机制理论

在金融周期的传导机制方面，加速器理论还提出了银行信贷传导渠道理论（Bank Lending Channel Theory）以及"企业资产负债表传导渠道理论"（Balance Sheet Channel Theory）。其一，银行信贷传导渠道是指银行作为金融系统重要的融资渠道将流动性需求较高的家庭存款转化为流动性较差的企业贷款，调节整个社会资金配置的机制，信贷渠道是储蓄向投资转化过程中银行中介职能的具体体现。根据信贷渠道理论的观点，经济主体在不完全金融市场中会面临昂贵的直接融资成本，此时经济主体一般会选择借助银行进行间接融资。当货币供给、技术革新或者消费偏好等经济冲击发生时，如果是正向冲击，基于对风险的乐观估计，银行的授信额度自然增加，这将对企业投资支出增加产生扩大效用；与此同时，从经济周期角度分析，经济扩张时期，企业与银行间的委托—代理成本相对较低，同时银行从社会集聚的闲散资金供给也较多。综上，银行信贷传导渠道对经济周期波动的影响显而易见。其二，资产负债表传导渠道是指，金融系统中内生或外生冲击都会对企业的资产负债表产生影响，改变实体经济的融资成本，从广义信贷的角度调节社会资金配置。根据资产负债表传导渠道理论的观点，金融市场中的信息不对称、道德风险、逆向选择以及担保不足等问题的存在是经济周期产生的根源。

具体来说市场中的正向冲击通过增加企业受益和净资产价值、降低融资成本等方面来优化企业的融资条件和资产负债表,这样一方面增加了内源融资的供给,另一方面企业也更容易获得外援融资,并且这种积极冲击对融资条件的改善作用随着金融摩擦的降低会放大正向冲击,使经济走向繁荣。负向冲击则通过恶化资产负债表情况带来截然相反的影响,金融摩擦起到放大负面冲击的作用。

五、金融减速器理论

所谓金融减速器(Financial Decelerator)理论是指金融市场的要素冲击在市场机制的作用下仅仅导致市场均衡价格以更小的幅度变动,即金融市场具有缓解冲击和金融周期波动的特点。其核心理论基础是在不完全金融市场中债务人通过策略性违约和逆向选择行为来降低市场冲击(外生或内生)带来的经济波动。该理论的主要倡导者罗内尔·埃卢尔(Ronel Elul),埃卢尔在2006年的研究中以房地产贷款为例对金融减速器理论的作用机理做如下描述:在房价相对较高的经济环境中,经济主体向银行贷款购买房产履约还款占据市场主导地位,此时市场机制发挥金融加速器的作用,即当市场价格下跌时银行设定的违约限制会变得更加严格,同时随着房产抵押价格的下降银行未来债权清算的总价值也减少,价格下跌冲击被放大。然而,当价格下跌到低于未偿还的银行债务总额时,选择让银行对抵押品进行清算的成本低于继续偿还银行债务的成本,那么一些经济主体就会选择主动违约。银行此时如果选择抵押品清算,那么房价下跌的损失就会转嫁到银行,并且银行将失去未来房价回升抵补现在损失的权利,如果银行选择不清算抵押房产,那么价格下跌风险就从房价转移到银行,银行经营风险增大,但是如果未来房价上涨,这部分坏账还有被经济主体恢复偿还的贷款冲销的机会。由此,银行决策取决于对贷款预期收益和预期损失的比较,如果收益大于损失,银行选择继续放贷则能避免价格下跌带来的市场急速抛售房产而带来的经济巨幅波动，从而产生缓解金融周期波动的效果。

随着金融业的快速发展，虚拟经济已经从仅仅作为实体经济的附属和服务产业中独立出来，在市场经济体系中发挥日益重要的作用，金融经济周期理论作为新晋短期经济波动机制理论主要在以下几个方面贡献突出：首先，该理论将金融因素作为经济周期的主要影响要素引入研究，着重探讨经济周期的来源和传导机制。相比于传统经济周期理论，金融经济周期理论十分重视金融要素的作用，将虚拟经济和实体经济看作同等重要经济体系构成展开研究。其次，其研究假设更加符合宏观经济实际，将经济周期性波动的原因主要归结为不完全金融市场、金融摩擦和金融契约缺陷等因素对冲击的放大效应，以及虚拟经济波动对实体经济的影响和蔓延。最后，金融经济周期理论还认为这种"市场冲击"可以来自于金融市场外部也可以是内部冲击，并且论证了即使完全忽略外部冲击，金融市场的内部波动也会在金融摩擦机制下被放大、扩散。但是，由于该理论提出时间较短，尚未形成系统的理论框架和统一的理论基础，因此该理论还需要在更深入的研究和长时间的验证中不断发展和完善。

第三章　商业银行信贷行为
周期性效应形成机理

第一节　信贷市场内生因素导致的顺周期性

　　所谓商业银行信贷行为的周期性效应是指：由金融市场内生缺陷导致的，并在宏观调控、金融监管等信贷市场外生机制综合作用下，产生的银行信贷扩张或收缩行为对实体经济冲击的"放大作用"或"减弱作用"。这里的"放大作用"是指：随经济周期同方向变化、对经济宏观波动产生"推波助澜"效果的顺周期性；"减弱作用"是指同经济周期反方向变化、缓释或熨平经济波动的逆周期性。其中银行系统的顺周期性是现行银行运行环境下最常见的冲击传导效应，同时也是加剧经济波动的主要诱因之一。商业银行信贷行为的周期性变化是许多因素共同作用的结果，这些因素主要包括：金融市场的固有缺陷、商业银行遵循的外部监管规则和会计信息规则、银行内部经营行为以及国家宏观经济政策和政府对银行系统的干预和控制等宏观经济环境方面的因素等。在这些因素中，只有金融市场内在的固有缺陷以及由此产生的金融加速器和减速器效应才是商业银行信贷周期性行为产生的根本原因。

　　根据有效市场理论，市场参与者在有效市场中能够获得全部市场信息并且能够对之做出理性判断，从而区分短期冲击和长期冲击，即在市场完全有效的环境中，银行信贷行为应该表现出理性变化特征，能够识别经济周期所处的真实阶段，并且在经济周期抵达最高（最低）峰时通过调高（调低）贷款利率来减少（增加）市场的信贷供给。但是，由于现实中市场绝非完全有效，主要发达国家的经验表明，银行信贷行为普遍具有顺周期特征，即在经济扩张时期信贷总量快速增加，而在衰退时期伴随贷款供给的显著下降。这主要是因为现实信贷市场的不完全有效造成的，具体表现为：借贷双方信息的不对称、市场羊群行为的广泛存在、制度记忆假说的解释以及由借贷双方对风险认知错误产生的灾难近视和认知失调等现象，可以由"有效市场理论"的衍生理论假设来分别进行解释。图 3-1 描绘了商业银行信贷行为周期性的形成机理。

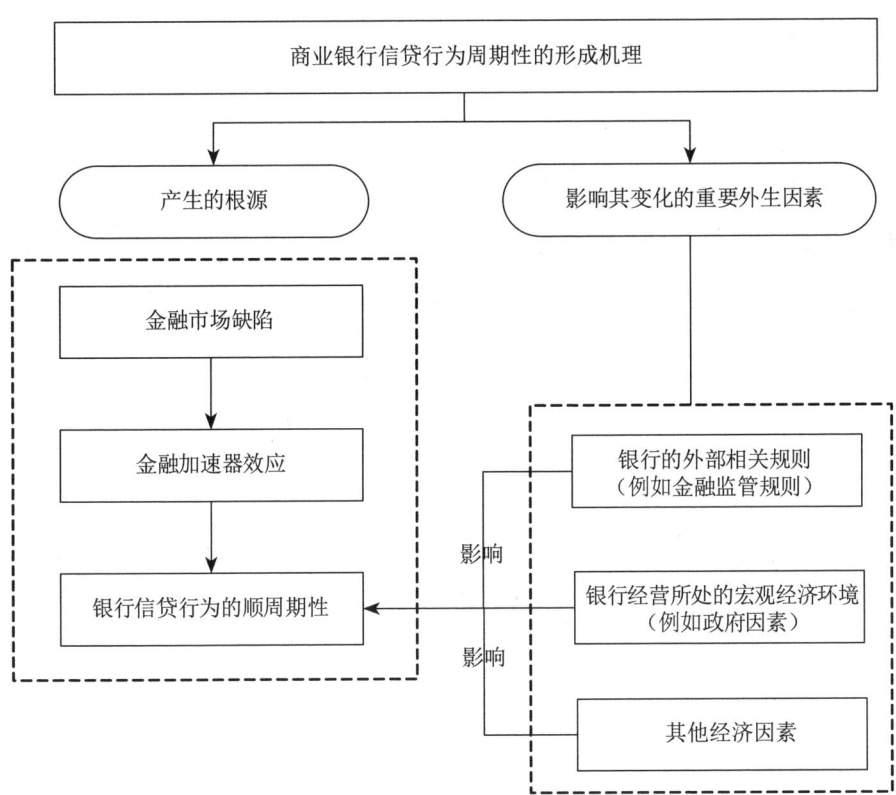

图 3-1 信贷行为周期性的形成机理

一、借贷双方信息不对称

信息不对称理论解释了信贷市场中借贷双方信息不对称的现象及其对银行行为所带来的影响。一方面，信息不对称理论[①]基于信贷双方中借款方（企业或个人）相对于贷款方（银行）往往对投资项目或抵押品拥有更多的信息，使得银行对市场风险的估量出现偏差，再加之逆向选择存在的可能性，最终对银行信贷行为产生影响：在上行时期银行更愿意提供贷款，在下行时期提供贷款意愿下降。另一方面，借贷双方的信息不对称还通过影响银行的准备金提取来最终干预银行信贷行为。这主要是因为信息不对称的市场中，对借款人信用风险的高估会使银行增加提取准备金比率，而准备金的调高会降低银行利润和股利，并被认为是银行财务状况负面信息的传递，进而加重经济下滑。类似的，对风险的低估会间接推动经济进一步高涨。

二、羊群行为广泛存在

羊群行为是市场中信息和技术不对称的具体表现之一，能够诱发市场流动性的急剧变化，并导致市场价格的剧烈波动。根据羊群行为理论（Herding Behavior Theory），商业银行经营者以及市场投资者倾向于采取相同的行为策略或者对于特定的资产产生相同的偏好，在经济扩张时期同业银行会同时放松贷款标准增加放贷，而在经济情况开始恶化后又抬高贷款门槛，紧缩信贷供给，从而加剧金融体系的波动。产生羊群行为的原因可以简要归纳为四个方面：首先，银行管理者出于机会主义认为如果很多银行同时采取相同策略，那么即使这种决策有误也不会受到监管机构的处罚，危及经营者的个人利益[②]。其次，一旦市场出现较严重的

[①]　欧洲中央银行（ECB）2005年的研究认为借贷双方信息不对称是引发银行信贷周期性效应的主要原因。

[②]　G. Rajan, Why Bank Credit Policies Fluctuate: A Theory And Some Evidence, *Quarterly Journal of Economics*, 1994, 49(2), pp. 399–441.

危机，银行的相似行为决策会使危机波及整个银行业，甚至危害整体金融市场的稳定，银行预期行业趋同决策有助于获得政府的扶持和帮助。再次，银行管理者的薪酬机制往往会以整个行业的总体表现为重要参考，羊群行为决策有时是银行经营者出于自身利益权衡后作出的选择（博里等，2001）。最后，为了使竞争银行借贷成本变化带来的影响最小化，银行经营者更愿意选择相似经营决策（阿查利亚和尤鲁梅兹，2008），具体以银行信贷行为为例（见表 3-1），一方面，当竞争银行关于贷款优势的积极信息传递出来后，将对采取不同贷款决策的银行带来成本增加的压力，而决策相同的银行会因为相同的优势从中获益；另一方面，如果竞争对手释放的是消极信息，那么相同决策银行的贷款成本会随之增加，但是，这种上升是银行群体整体的上升，产生的负面影响远比积极信息的影响要小。因此，跟随竞争者的行为决策是使竞争对手成本变化对本行冲击最小化的最佳选择。

表 3-1　不同行为决策下银行借贷成本的变化

		银行借贷成本	
		采取不同行为决策	采取相同行为决策
银行竞争	贷款优势信息	增加	降低
	贷款不利消息	降低	增加

三、制度记忆假说的解释

所谓制度记忆（Institutional Memory）是指某个机构或群体中的成员在工作经验和过往经历中所形成的一系列事实、概念、经验和技能的集合。这种制度记忆由于超越了单个成员本身，故而其延续要求机构成员间不断相互传输这些记忆和认知。2003 年艾伦·博杰和格雷戈里·由戴尔通过对银行业信贷行为的研究提出了"制度记忆假说"，发现银行业的制度记忆会随着时间推移过程中有经验员工的离职、公司股东的变更以及外部监管约束的下降而淡化，主要表现为：由人员变更带来的对贷款风险判断能力的下降，低风险的优质贷款和高风险的低质量贷款区别难度变大，股东和监管约束能力在复苏阶段下调后，贷款标准被逐渐放宽，从而增加不合规贷款的供给，这种现象在经济危机过后的复苏期和繁荣期尤其明显。

四、对风险的错误认知

对风险的错误认知很大程度上来源于市场的非理性行为，这种对风险的认知错觉对银行行为的干预作用主要可以用灾难近视假说和市场认知失调假说来解释。首先，灾难近视（Disaster Myopia）是指银行管理层或者借款人采取的决策往往是短视的（Guttentag 和 Herring，1997），这是因为银行或借款者在经济萧条冲击过后都倾向于淡化甚至逐渐忘记危机带来的影响①，并且总是低估极端负面的经济冲击发生的可能性，在进行信贷决策时一般只着眼于短期风险的考察，认为萧条时期结束后出现的经济增长态势会长期持续下去，从而以此作为放贷依据，进而出现信贷供给随经济周期上行而扩张的走势。市场认知失调（Cognitive Dissonance）是指银行机构或者借款者往往倾向于依据自己主观对市场信息的认知来调整信贷决策，而这种主观认知总是从对信息有偏好的取舍中得出的，因而产生对市场信息的误解、遗漏乃至拒绝的认知失调现象。这种信息认知偏差可能导致顺周期风险：当一国经济处于快速扩张阶段时，市场参与者关于信贷违约行为的记忆逐渐趋淡，同时新的利好消息被认为是经济进入长期可持续发展和低风险状态的信号，此时与经济周期走势同步的信贷行为将成为银行和借款者的长期行为趋势。然而，当经济进入下行阶段后，这种态势将会迅速逆转，市场的实际违约率和其他负面信息又将干预市场参与者的主观认知，形成新的认知失调。

---

① 银行倾向于"淡忘"过去危机冲击的原因在于：有经验员工的逐渐离职、危机后银行对贷款条件的逐渐放宽以及股东或监管层对银行管控能力的逐渐下降。

第二节　信贷市场外生因素对信贷行为周期性的影响机理

银行信贷行为的周期性表现受到多种因素的干预和影响。尽管信贷市场内生缺陷会导致信贷扩张行为的顺周期变化，但是在实际经济运行中信贷行为的周期性究竟如何表现还受到许多信贷市场外生因素的影响，本书将这些外生因素归纳为四个层面：一是金融监管层面的影响；二是会计信息规则层面的影响；三是宏观政府干预层面相关因素的影响；四是其他因素的影响。具体如图 3-2 所示：

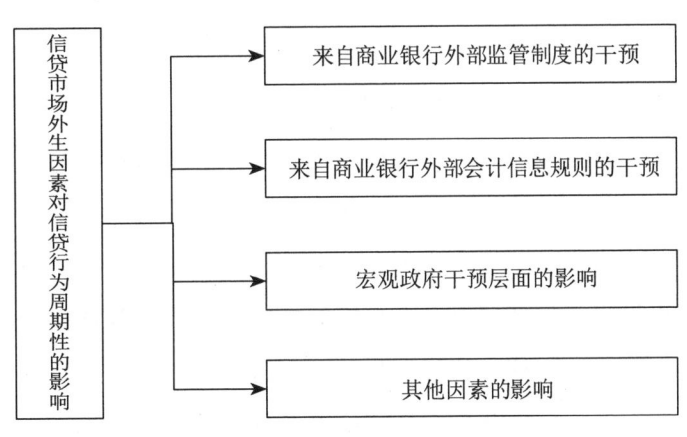

图 3-2　商业银行在不同时间的投资选择

商业银行的外部监管制度、会计信息规则、宏观政府干预层面以及其他相关因素都可以通过各自的传导渠道来影响信贷扩张行为在不同宏观经济周期中的变化，并最终再反馈回宏观经济周期中去，最终产生信贷行为与经济周期波动同方向或反方向变化的效果，间接改变经济周期波动的幅度。

一、金融监管层面因素的影响

商业银行金融监管是指包括银行市场准入制度、资本监管制度、内部控制制度、业务经营范围控制和市场退出等多个方面的管理体系。各国金融系统的监管规则在监管标准、内容侧重以及监管方式方面都不尽相同，且监管的具体内容内涵广泛，其中以巴塞尔资本协议为主导的资本监管是最主要的监管内容。近年来，随着各国商业银行之间业务往来的日益密切、经济全球化速度的加快，巴塞尔协议在各国银行系统的使用日渐普遍，尤其是在 20 世纪 80 年代末，G10 成员国率先在考虑风险资产管理的基础上，引入银行资本管理以来，资本监管已经发展成为银行监管中的最主要环节，随着银行业在全球的快速发展，逐渐形成了以巴塞尔资本协议为核心的银行监管理念。但是资本监管在提高商业银行的风险敏感程度和对风险计量水平的同时还产生了加剧或缓释经济周期波动程度的作用，其中加剧经济周期波动的顺周期效应在对金融危机的反思中被认为是危机的一个重要诱因。

理论上，如果在完全有效的市场中由于商业银行自身对资本调整拥有完全的自由，资本监管不会引起银行拒绝净现值为正的贷款项目，即资本监管不会对银行信贷行为周期性效应产生影响。然而，现实中不完全资本的市场里，加速器机制会将银行资本变动通过放贷行为的变化传递到实体经济中去，这一传递过程的结果包括引起银行信贷行为与经济周期走势同向和反向变化两个方面，其具体的传递机理是：（1）金融监管引起信贷行为与经济周期同方向变化：在经济扩张时期，社会总产出和投资增加，金融监管指标的约束条件会相应放松，银行借款人的抵押资产价值增加，违约风险下降，这一时期银行的信贷扩张速度增加，从而使社会的投资和总产出进一步增加，反之在经济周期的收缩阶段，作用路径与此类似，只是方向相反。（2）金融监管导致信贷行为与经济周期反方向变化：在经济上行时期，社会总产出和总投资规模增加，金融监管指标的逆周期约束条件会相应提高指标要求，监管要求与信贷业务规模相匹配同步提升，为满足监管要求商业银行不得不以牺牲部分流动性为代价进行信贷扩张，但是信贷规模达到一定程度后降低流动性的成本超过银行信贷扩张的收益时，信贷规模就会开始收缩，从而产生对社会投资的限制，社会总产出降低，信贷行为与经济周期表现出反方向变化的特征。经济周期的收缩阶段下行时期的作用机理与此类似。

本书主要选取巴塞尔资本协议的主要构成——资本充足率监管和内部评级法的监管影响展开深入分析，对二者影响机理的具体探讨将在第四章中进行。

二、会计信息层面因素的影响

在对金融体系顺周期性反思和治理的过程中，金融机构所使用的会计信息规则被认为是一个重要因素。"银行会计信息账面价值与风险的相互关系""会计规则对银行收益和监管资本上报额度管理的影响"，以及"银行会计记账规则对银行行为决策的影响"等问题受到理论和实践界的广泛关注。

（一）贷款损失准备计提制度的影响

贷款损失准备计提对商业银行信贷波动的影响可能是顺周期性的也可能是逆周期性的，这与银行所采用的计提规则密切相关。一般而言，后瞻性 (Backward-looking) 贷款损失准备计提是根据历史或即期信息来判断预期损失，这容易造成银行在经济繁荣时期"少计提"增加银行可贷资金以及在萧条时期"多计提"，从而进一步收紧银根，即基于后瞻性计提规则的贷款损失准备对银行信贷行为具有顺周期效应。相反，基于前瞻性规则（Forward-looking）计提贷款损失准备对银行信贷则具有逆周期特性，这是因为，前瞻性规则要求银行基于预期信息评估贷款风险，在经济上行时期就提前计提足够准备以抵御可能发生的损失风险。然而，会计准则的使用往往导致后瞻性贷款损失准备计提，这是因为当前所普遍实施的会计准则更倾向基于已经发生的事件进行计提[1]。目前，国际财务报告准则（International Financial Reporting Standards，以下简称 IFRS）

---

① C. Borio, P. Lowe, To Provision or Not to Provision. *BIS Working Papers*, 2001.

正在使用的"已发生损失模型（Incurred Loss Model）"要求在记账前损失已经实际发生，这一规则不允许考虑损失趋势所暗示的未来预期损失 [①]。

危机后的2011年，为了应对贷款损失计提对金融系统的顺周期影响。银监会颁发了《中国银行业实施新监管标准指导意见》，明确要求建立贷款拨备率和拨备覆盖率相结合的监管标准。新监管标准原则上按贷款拨备率 [②] 和拨备覆盖率 [③] 两者较大值的方法确定银行业金融机构贷款损失准备监管要求。这一制度创新有利于提高我国银行业资产质量的稳健性。这主要是因为，拨备率能够有效弥补拨备覆盖率的顺周期效应，发挥互补优势。但是这一逆周期监管工具能否发挥预期的监管效果还需要在更长的时期进行验证。

（二）公允价值会计

商业银行贷款人（贷款去向）和存款人（贷款来源）间信息的不对称是引发银行问题的重要原因 [④]，并且这种银行信息不透明性很大程度上是银行"精心设计"以降低银行信贷对信息敏感性，使得作为银行独有的"货币性证券"价值稳定且流通更为有效 [⑤]，财务会计记账作为减少信息不对称的有效措施应运而生。在过去十几年中，金融创新的发展使商业银行功能在传统金融中介单一业务的基础上向多样化经营转变。其中，最为显著的转变体现在商业银行将其最重要的信贷业务分离为发放贷款与将这些债权出售给外部投资者两个方面。从银行资金来源视角来看，这样的转变使商业资金来源变得多样化、降低了传统存款负债业务的份额而相应地增加了银行资产业务的比重，同时银行对公司和个人的

[①]　R. M. Bushman, C. D. Williams, Accounting Discretion, Loan Loss Provisioning, and Discipline of Banks' Risk-taking, *Journal of Accounting and Economics*, 2012, 54(1), pp. 1–18.

[②]　根据规定：贷款损失准备占贷款的比例不低于2.5%。

[③]　贷款损失准备占不良贷款的比例不低于150%。

[④]　弗雷西斯和罗切特（Xavier Freixas 和 Jean Charles Rochet）：《银行微观经济学》，麻省理工学院出版社2008年版，第63页。

[⑤]　T. Dang, G. Gorton, B. Holmstrom, et al., Bank as Secret Keepers, *American Economic Review*, 2017, 107(4), pp. 1005–1029.

金融服务业务也显著增加。这一变化增大了市场波动对银行利润的干预程度，提高了对银行经营绩效评估所需的会计信息要求，从而推动了国际会计准则由依照资产买入价格或初始价格记账的传统历史成本计价法（Historical Cost Accounting，以下简称 HAC）向按照资产或负债的市场价值记账的公允价值计价法（Fair Value Accounting，以下简称 FVA）转变。相较于历史成本记账法，在公允价值会计记账规则下由市场风险波动给商业银行造成的损益和信用等级改变能够及时、真实地被反映，从而提高会计信息的准确性和与市场的相关性，使会计信息能够辅助投资决策同时优化企业的财务管理。

　　然而，在实践中人们逐渐发现公允价值会计制度记账在发挥"盯市"特征优势的同时，也不自觉地将实体经济宏观经济波动的影响带入财务记账。由于会计记账规则会使得会计数据随市场价格波动，时常出现账面价格与实际价值不一致，从而影响以会计信息为经营决策重要参考依据的银行等金融系统的投资决策、薪酬激励制度以及投资者行为，最终再反馈回实体经济中，放大波动幅度，这种由公允价值会计准则导致会计账面价值与经济波动同步变化并对宏观经济波动幅度产生放大效应的特性就是公允价值计量的顺周期性。具体来说，公允价值会计规则对银行信贷行为周期性的影响表现为，当市场处于繁荣周期时资产的市场价值高于实际价值，银行以公允价值计量的财务账面价值也因此升高，从而促使银行依据财务报表数据进行的信贷行为决策易低估风险，出现繁荣时期信贷扩张速度变快的现象；萧条时期公允价值也会产生类似的加速信贷收缩的影响。

　　在对 2008 年国际金融危机爆发原因的探索中，公允价值会计计量的顺周期效应遭到学者和监管者的诟病，后危机时代，各国金融监管机构均致力于提高银行系统稳健性，实现金融稳定目标，对公允价值计量顺周期性的改善也是目标之一，我国政府也对此高度重视，如"十二五"规划明确提出构建逆周期的金融宏观审慎管理制度框架，"十三五"规划

进一步要求加强该制度框架的建设。改良后的巴塞尔资本协议(《Basel
Ⅲ》),实际是针对资本监管引发的顺周期效应的改善措施,而目前对公
允价值会计计量的改革和完善措施还没有一个明确办法,鉴于此,深入
探究公允价值会计准则对我国银行系统和信贷行为决策的影响,对于提
高金融稳定、防范危机发生具有重要价值。

三、宏观政府干预层面因素的影响

商业银行运营所处的宏观经济环境对银行行为决策也发挥着重要的
调节和干预作用。一般来说,宏观经济因素是指包括国际利率、汇率、
需求和国内宏观经济政策、消费和投资需求等在内的外部因素的总称。
本书主要从我国与西方发达国家银行运行所处的宏观经济环境差异性的
角度展开讨论。对于我国商业银行机构而言,其与主要发达经济体商业
银行的最显著差异在于银行行为决策时的政府干预程度。在市场经济较
为发达的西方国家,政府机构较少参与商业银行的经营决策,银行行为
的选择更多是基于自主性的市场因素得出。我国由计划经济转为社会主
义市场经济后,金融自由化程度极大地提升,商业银行系统也相继进行
股份制改革以调整银行的股权成分,增加银行经营决策的市场导向性。
然而,处于转型关键时期的特殊背景下,我国经济发展的历史残留问题
仍然大量存在,经济成分组成相较于发达国家更为复杂,这些都使得我
国银行系统具有许多不同于主流发达国家的特征,体现在商业银行中的
最显著表现就是银行行为中大量政府干预因素的存在。对政府干预的理
解可以从以下几个角度展开:

首先,从银行分类的角度来看,我国商业银行的类型不同于主流发
达国家简单地以"国有"和"私有"的"二分法"来划分商业银行,而
是采用独特的——银行股份性质特征将商业银行划分为国有商业银行、
股份制商业银行、城市以及农村商业银行。其次,我国直到 2014 年才开
始试点成立民营银行,也就是说在 2014 年以前根本不存在真正意义上的

私有银行，这也是国外商业银行类型划分使用的"二分法"在我国不适用的一个重要原因。事实上，我国绝大多数商业银行的控制权直接（各级政府拥有）或者间接（由国有企业拥有）地掌握在政府手中，政府对银行的干预程度较大，并且在不同类型银行间干预程度的差异性也较大。

考虑到我国商业银行系统的这些特殊性，本书认为我国银行经营所处的宏观经济环境中，政府干预因素应当是影响银行信贷决策的一个重要因素，其对信贷扩张行为周期性变化的影响机理主要包括以下四个方面：

其一，商业银行中的政府股权，尤其是当政府股权占据绝对优势时，商业银行由中央或者地方国家控股的情况下，中央各级政府虽然对银行行使所有权，但是实际是将经营权下放给行政任命的经理人，在缺乏有效的监督管理机制的情况下，经理人的行为决策是否符合商业银行的经营原则难以被约束。并且，这些银行的激励机制设定更多的与经理人的政治前途相关，市场化导向较弱。因此，信贷市场自发的顺周期效应可能会由于商业银行未按照市场机制运行而产生偏差。

其二，我国商业银行经营目标的确定方面，政府高度干预的银行往往具有多重目标性。除了一般的盈利目标外，还包括承担一些政治目标、宏观调控目标以及社会责任目标，例如：盈利能力极低的政策性贷款业务、为保持一定的经济增长速度而在经济衰退时期投入的大量信贷资金以及维持金融稳定等。受政治相关目标的影响，商业银行经营不再视盈利水平高低为决策的唯一标准，市场对信贷扩张行为的调节部分失灵。这与民营银行以信贷市场供求为导向，并以利润最大化为目标的行为决策模式形成鲜明对比，从而可能出现信贷扩张行为逆周期变化的特点。

其三，在银行治理结构方面，对于政府股权占据优势，政府干预程度较高的商业银行，其决策管理者的确定与政府部门类似，往往采用行政任命的方式；或者以董事会推举为主，地方政府直接任命为辅的方式进行。因此，银行管理者与政府建立"天然"的联系，政府的意志会相对民营银行更容易和高效地传递到银行的经营决策中去，抵消市场自发的调节效果。

其四，商业银行中的政府股权还因为拥有"政府隐性担保"的功能，使得外部银行监管指标的信号提示功能极大地减弱，这一点现象尤其是在政府股权份额较大且股权集中度较高的商业银行中更为明显。具体的表现包括："大而不能倒"的普遍预期使得投资者忽视银行风险，以及政府在危机时期的频繁注资对资本监管压力的削弱等方面。总体来说，政府的隐性担保使政府干预程度较高的商业银行信贷行为所受的资本约束弱于其他银行。以上这些特点都会对商业银行信贷行为的周期性表现产生与经济周期反方向的影响。

鉴于上述分析，本书认为宏观政府干预对我国商业银行信贷扩张行为具有与经济周期相反方向的影响作用，即逆周期影响。

四、其他因素的影响

除了上述影响因素外，还有其他一些导致商业银行信贷行为周期性变化的因素，如：风险计量模型缺陷、银行薪酬激励机制和经营目标的短视以及银行系统内的相互传染性等。本书主要对商业银行广泛使用的风险计量模型和薪酬激励制度的影响进行分析。

（一）风险计量模型缺陷的影响

风险计量模型存在内生缺陷会助涨银行行为的顺周期性。自20世纪80年代运用于市场风险度量以来，风险价值模型因其实用性和易操作性被全球广泛运用于商品价格、外汇、股票等风险的度量。所谓风险价值模型（Value at Risk，VaR）是指银行用于计量市场风险资本的数学模型，具体而言，该模型考察的是在置信水平和持有时间给定的市场中，单个金融工具或多个金融工具的投资组合所可能遭受的最大损失，其计量的商业银行市场风险[①]范围包括：交易账户的利率风险和股票风险，交易账户和银行账户的汇率风险和商品风险。VaR 模型在银行领域内的使用兴起始于 1996 年《Basel I》的市场风险补充规定，该规定指出：允许商业银行运用自行开发并且经过监管部门审查的内部模型来度量市场风险大小，VaR 模型在这份"补充规定"中受到巴塞尔委员会的推荐。时至今日，VaR 模型已经发展成为世界范围内最常用的银行风险计量工具，但是随着金融市场的不断完善发展以及金融创新的不断推进，金融市场交易变得日益复杂，商业银行交易账户风险日益凸显，银行内部风险管理面对日趋严重的挑战，尤其是此次金融危机后，银行内部风险管理遭到诟病，该模型的风险测算结果被认为在经济繁荣时期偏低，而在衰退时期又高于风险实际值的顺周期特性，即具有在经济上行时期扩张资产负债表，增加杠杆率，而在下行时期反向运行的缺陷[②]，是导致银行不稳定的因素之一。VaR 模型计量风险的顺周期性主要来源于模型的内生缺陷和运行中存在的问题，本书主要归纳为如下几个方面：

其一，VaR 模型的广泛同质化运用。银行经营者会根据 VaR 模型的估计结果调整其资产负债情况，但是整个银行业系统中采用的计量模型和既定参数严重趋同，致使银行金融机构整体交易决策高度同质，即当模型捕捉到损失风险增加时，会使运用同质模型的银行同时做出收缩流动性以减小风险敞口，而当风险价值模型预测结果显示损失发生概率下降时，金融机构在同质模型的影响下又会做出集体增加流动性供给的决策，从而引发流动性在整个银行系统中快速消失和集聚，加剧金融市场波动，趋同的风险管理方式是银行羊群行为产生的合理解释之一（哈杜

①　我国于 2006 年 12 月 11 日全面取消了外资金融机构在中国经营人民币业务的限制，整个金融市场市场开始全面对外资金融机构开放。由利率、汇率、股票和商品价格引致的市场风险成为银行等金融机构的主要风险之一

②　F. Panetta, P. Angelini, G. Grande, et al., The Recent Behavior of Financial Market Volatility, *BIS Working Papers No. 29*, 2006.

维利斯，2010）。

其二，传统 VaR 模型的正态分布假说偏离风险实际情况。构成 VaR 模型的三要素——置信水平、持有期间以及收益的概率密度函数（也叫收益率分布），对于具体银行置信水平和持有期往往既定，因而，模型估计值的大小直接与收益率分布相关联。然而，风险价值模型要求的收益率服从严格正态分布的假设在现实中难以满足，从而造成 VaR 模型风险损失估算偏差。绝大多数学者的实证研究表明收益率分布一般表现成为尖峰、厚尾以及波动聚集的特征（如麦克等，1997[①]；朱国庆等，2001；魏宇、黄登仕，2004；边宽江等，2009），从而使模型难以有效地捕捉尾部风险和集聚效应造成风险低估，2008 年国际金融危机爆发前银行业就存在这样的风险低估。

其三，对置信区间外极端损失的预测能力缺失。由于 VaR 模型估计结果预测的仅仅是置信度内可能发生的最大损失，而不能排除该置信区间外损失发生的可能性，假设某银行采用的市场风险置信度为 99%，那么运用 VaR 模型估算的只是 99% 置信度下的损失风险，并未涵盖另外 1% 的损失可能，如果在 1% 概率下风险损失总量巨大，即使发生的概率极低，但是一旦发生将会给银行系统乃至整个金融行业造成灾难性打击，即缺乏对极端风险损失的预测能力。同时，由于在现实运营过程中，VaR 模型的置信区间参数往往是既定的，并且各个银行对该参数的调整周期一般较长，因而增加了极端风险发生的可能性。

其四，VaR 模型依赖历史数据进行预测且观察期偏短。VaR 模型测算值很大程度依赖与历史数据的质量和数量：一方面，由于历史数据的观测期数量十分有限，基于历史数据的预测值不可能超过给定置信度下的最大值，更无法为突发事件提供预测值，如金融危机；另一方面，金

---

① S. Mike, K. Lam, W. K. Li, An Empirical Study of Volatility in Seven Southeast Asian Stock Markets Using ARV Models, *Journal of Business Finance & Accounting*, 1997, 24(2), pp. 261–275.

融机构选择的观测周期普遍较短，市场风险的预测值无可避免地延续观测期走势，而无法反映扩张时期风险的聚集与衰退时期市场风险的释放，尤其是当经济观测期正好处于"波峰"或"波谷"时，就会对银行下期风险预测产生极强干预作用，过低或过高评估预期损失，进一步推高虚假繁荣或恶化和拖长萧条，产生顺周期效应（隆金和索尔尼克，2001[①]）。

（二）银行薪酬激励机制的短视

银行薪酬激励机制过于注重短期效益会加剧信贷行为的顺周期性。委托代理问题产生于股东（委托人）和公司管理层（代理人）之间经营目标间的分歧：传统的理论观点认为公司股东主要关注股票价值或资本收益的最大化，而经营管理者由于同时具有天然的风险厌恶和追逐高额货币收入的特性，因而外部的薪酬激励机制（Executive Remuneration Schemes）使他们愿意采取具备一定风险但是有利可图的经营策略，如奖金、期权以及限制性股票等都是常用的薪酬激励形式。这种委托—代理经营目标的差异为企业薪酬安排埋下了隐患，近年来学者们通过对金融危机成因的反思，认为经营管理者使金融机构承担了超过股东利益最大化目标下要求的合理风险。造成这一问题的原因在于现行的薪酬制度设计偏向于将管理人员收入直接与当期经营业绩挂钩，薪水构成中固定收入比重不断降低，银行业绩工资却逐步走高，这样的制度设计过于强调考核期内银行管理者的利润最大化，而忽视经营行为对银行长期风险承担的影响，导致银行的过度风险承担的短期行为，即在经济上行时期增加贷款等流动性发放，而在经济下行时期紧缩信贷。这样的薪酬激励制度会导致银行经营的顺周期问题（博德刘和恩格特，2009[②]）。

①　F. Longin, Bruno Solnik. Extreme Correlation of International Equity Markets, *Journal of Finance*, 2001, 56(2), pp. 649–676.

②　E. Bordeleau, W. Engert, Procyclicality and Compensation, *Financial System Review*, 2009(6), pp. 59–63.

第四章　我国商业银行信贷行为的周期性特征

第一节　我国商业银行的类型特征

一、我国银行业的分类

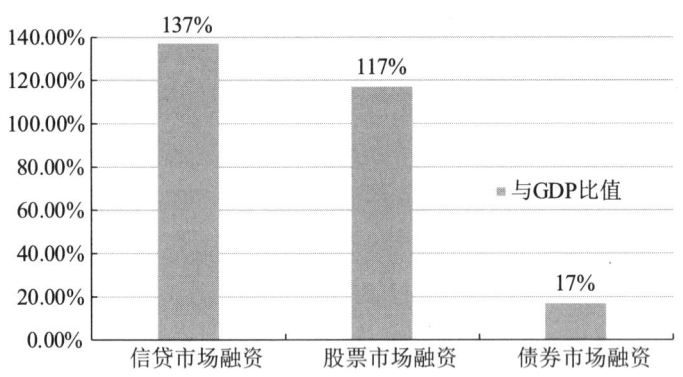

图4-1　贷款、股票和证券融资规模（2014年12月）

资料来源：中国银行保险监督管理委员会和中国证券监督管理会。①

银行业是我国金融行业的主体产业。从金融业整体融资构成来看，我国银行业贷款余额总量与GDP的比值在2014年达到136.9%，上海和深圳证券交易所2014年总市值为GDP的117.3%，而债券市场融资总量占GDP比值只有17.3%，如图4-1所示，由此可知，银行贷款仍然是我国资本市场融资的主要方式，银行业运行的稳健与否直接关系到我国金融行业乃至宏

---

①　图中信贷市场融资总量用2014年各项贷款余额表示；股票市场融资总量采用2014年股票市场成交金额来表示；债券市场融资总量用2014年我国债券发行量表示。

观经济的稳定性。银行业监督管理委员会的数据显示，截至 2014 年底我国银行业资产总量增加到 172.3 万亿元人民币，与上年相比增幅为 13.9%。目前，我国银行业金融机构共有法人机构 4091 家，具体包括 3 家政策性银行、5 家大型商业银行、12 家股份制商业银行、133 家城市商业银行、665 家农村商业银行、89 家农村合作银行、1596 家农村信用社、1 家邮政储蓄银行、4 家金融资产管理公司、41 家外资法人金融机构等，图 4-3 所示为银监会对我国银行业机构组成具体划分和梳理统计。其中五大国有商业银行、股份制商业银行、城市商业银行以及农村商业银行这四类银行的资产总额近十年来在所有银行业金融机构中占比的平均值分别为 50.7%、13.6%、7.4%和 3.0%，几乎占据了我国整个银行业市场份额的四分之三，如图 4-2 所示。鉴于此，以这四类银行为样本来研究我国商业银行信贷的周期性行为具有较好的代表性；同时，研究这四类商业银行的周期性特征对我国逆周期监管政策的制定与实施乃至维持整个银行业的稳健运行具有重要参考价值。下面分别对这四种银行的产生背景与历史沿革做一个简要回顾。

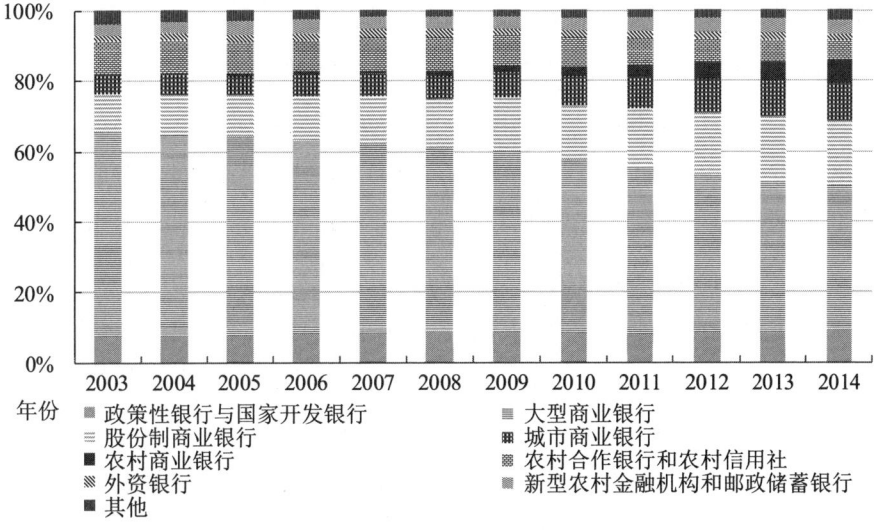

图 4-2　2003——2014 年中国银行业市场份额构成图

资料来源：中国银行保险监督管理委员会 2014 年年报。

二、不同类型商业银行的特征

大型国有商业银行是在 1978 年改革开放后陆续恢复和建立且专门行使专业职能的国家银行演变而来。其中，中国工商银行专门负责城市工商信贷业务、中国建设银行则承担国家投资信贷业务、中国农业银行主要承担农村地区信贷业务，中国银行主要经营外汇业务，而交通银行曾在 1958 年被并入中国建设银行，直到 1986 年才被国务院作为金融改革试点批准恢复设立，成为我国第一家全国性股份制商业银行。随着金融改革的不断深化，这些传统的业务分工被逐渐打破，专属的国家政策性业务也在 1994 年被划拨到三家政策性银行，除交通银行外的四家大型国有商业银行转型为专门经营商业性业务的国有独资银行，各行业务交叉不断扩大，这一时期五大国有银行普遍存在运营效率低下、管理混乱、资产质量较低以及不良贷款率偏高等经营问题，为更好地发挥银行在金融领域的作用、从根本上防范金融风险，把银行建设为现代金融企业，在"产权清晰、权责明确、政企分开、管理科学"的改革原则指导下，五大国有银行纷纷从 2002 年开始股份制改革并相继于 2005 年至 2010 年间上市，至此国有商业银行股份制改革顺利结束，现代意义上的"五大行"正式形成。

自 1986 年第一家股份制商业银行——交通银行恢复设立后，国务院又先后创立了招商银行、中信银行、平安银行（2012 年 8 月以前为深圳发展银行）、兴业银行以及广发银行等共计 12 家全国性股份制商业银行，与五大国有银行形成竞争格局，后来部分股份制银行又通过上市建立了正常的资金补充机制，从总体上提高了银行业运行的透明度与效率，丰富了我国银行业体系的层次和类型。股份制商业银行是商品经济发展到一定阶段的产物，体现资本的社会化性质，这类银行脱离了传统的行政隶属关系，具有很大的独立性，同时股份制商业银行还具备完善的公司制法人治理结构和规范的经营管理制度，其经营行为受到董事会和监事会的约束并且银行行长按照"自主经营、自担风险、自负盈亏"的原则来具体管理银行；在人事管理方面采用干部聘用制，打破了"铁饭碗"

的低效机制，为银行员工提供了更公平的竞争平台；此外，由于股份制商业银行建行时间较短且在创建时就采用了先进高效的管理方式，在资产负债和风险管理方面十分严格，呆账积累较少，因而相对于大型国有银行，股份制银行拥有较好的资产质量。但是，经营规模较小和业务范围狭窄、抗风险能力较弱以及投资者受传统观念制约更偏好大型国有银行等现状是股份制商业银行面临的困难。

20 世纪 80 年代左右，全国先后成立了 5000 多家城市信用社，其职能是专门为地方经济发展提供扶持，为城市中小企业提供金融支持。但后来随着中国金融事业的发展，大部分城市信用社已失去原本的合作性质，实质上已变成小型商业银行。为规避风险和实现规模经营，1995 年

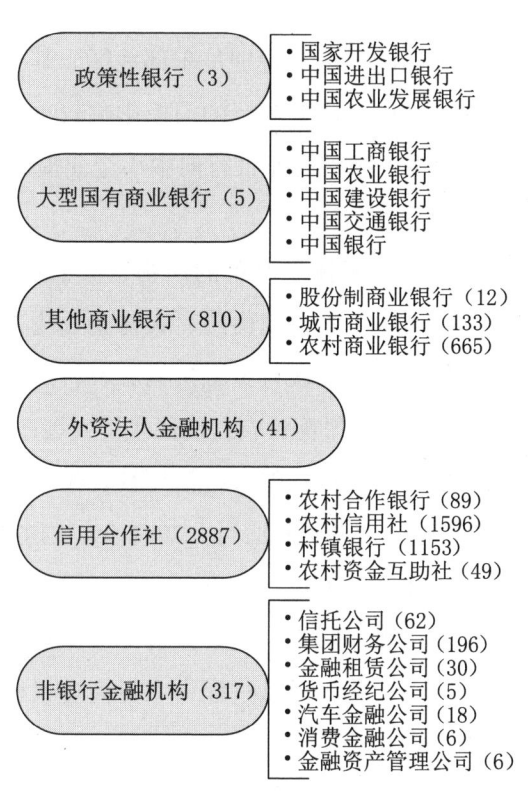

图 4-3　2015 年中国银行业类型构成图

资料来源：中国银行保险监督管理委员会的分类信息。

国务院决定吸收地方财政和企业入股在原信用社的基础上组建城市合作银行，其性质是股份制商业银行，适用于《商业银行法》。到 1998 年，城市合作银行已全部改名为城市商业银行。截至 2014 年末，全国共有133 家城市商业银行，总资产达到 18 万亿元有余。整体而言，城市商业银行发展迅速，经营管理水平有所提高，经济效益改善明显，抵御风险能力有所增强。但是仍然存在许多发展中的困难：其一是城市商业银行总体规模较小，相较于大型国有商业银行和股份制商业银行平均高达71.01 万亿元和 31.38 万亿元的资产规模，城市商业银行的平均资产规模仅为 18.08 万亿元①，风险抵御能力较弱；其二，城市商业银行早期受行政干预较多，历史包袱较重，不良资产较多；其三，城市商业银行发展水平良莠不齐，对地方政府依赖性较强，经营绩效好的城市商业银行主要集中于那些经济较发达的地区，特别是东部地区。其主要表现为：地方政府财政收入充裕，对城市商业银行的消极影响较小；中小民营企业数量众多，且盈利能力强，城市商业银行向中小企业提供贷款的意愿强；居民人均收入高，信用文化发达。

农村商业银行是农村金融体制改革的产物，其前身是农村信用社，具体是指由辖区内农村居民、农村工商户、农村企业法人和其他经济组织共同入股组成的股份制地方性银行金融机构。农村商业银行产生的时代背景源于我国农村金融供需失衡对农村地区经济发展产生了严重制约，而长期作为农村地区金融核心机构的农村信用社也越来越难以满足地区经济发展的需要，农村金融改革势在必行。2001 年，国务院选择在常熟、张家港和江阴信用合作社基础上进行股份制改造，设立常熟农村商业银行、张家港农村商业银行和江阴农村商业银行三家试点单位，我国第一批农村商业银行正式成立。鉴于试点过程中农村商业银行表现出的强劲活力和良好业绩，2003 年国务院进一步出台《关于深化农村信用社改革

---

① 数据来源于《中国银行业监督管理委员会 2014 年年报》。

试点方案的通知》（国发〔2003〕15 号）开始在全国范围推进农村信用社的股份合作制改革，推广有条件的地区集中资源组建农村合作银行。在有条件的地区或等待农村合作银行条件成熟后，商业化经营的农村商业银行才是其最终改革方向。随着农村金融改革的不断深化，近年来农村商业银行不断涌现，据统计，截至 2014 年底大部分农村合作银行已经成功转型为农村商业银行，其总量达到 665 家，农村地区还剩余约 1600 家信用社未完成改革。尽管农村商业银行成立时间都还较短，但其发展壮大迅速，经营状况和资产质量不断改善，不良贷款率持续下降，且其发展受到国家政策的扶持，大力支持"三农"和中小企业发展，农村商业银行已然成为我国农村经济发展的中坚力量和金融体系的重要构成部分。但是仍然存在一些问题亟待改善：（1）股权过度分散，股东对银行缺乏行使权力的动力和能力，内部人对银行的控制力较大；（2）法人治理结构尚不健全，具体体现在农村商业银行内部董事会与管理层职能分工尚不明晰，监事会中外部监事占比偏低，从而导致审计监督的透明性和独立性较差等问题产生；（3）风险控制意识和能力较弱，这主要是因为，一方面作为银行主要业务对象的乡镇企业在地域范围内产业类型的相似和单一，使得农商银行大部分信贷资金可能在某些行业过度集中，另一方面，随着近年来农村经济环境的巨大变化和城镇化的向前推进，村镇企业中股份经济和私营经济成分大量增加，多数农村人口大量转向制造业和服务业，在城镇集聚，由此农村商业银行的服务对象和范围不断扩大，然而，在此过程中一些农村商业银行开始效仿城市商业银行的业务经营战略，在短期利益的驱使下，部分银行甚至将从农村吸收的资金用于城市信贷，造成本就紧张的农村资金外流，给农村经济发展带来隐患。此外，许多农村商业银行的贷款资格审查并不严格，保证人贷款保证还流于形式。①

---

① 资料来源于中国人民银行网站：商业银行概述。

第二节　我国不同类型商业银行的信贷行为特征

改革开放 40 多年以来我国商业银行从无到有经历了快速发展，在我国金融系统中占据主体地位的银行业，与我国经济高速增长互为助力。尤其是近十几年来，相较于西方发达国家呈现出的疲软势头，中国经济实现跨越式发展，初步在总量上取得优势，成为仅次于美国的第二大经济体，银行业发展也随之取得巨大成效。截至 2015 年我国已经有 20 家商业银行先后在国内外上市；与此同时，我国的中国银行、工商银行、农业银行以及建设银行四家大型国有股份制银行先后被 FSB 列为全球系统性重要银行（G-SIBs）[①]。也就是说，以国家经济持续高速增长背景为依托、总量规模庞大是我国商业银行发展的一个重要特点；同时，结合第一章中对商业银行类型特征的分析可知，我国商业银行构成显著区别于主要发达国家简单的国有与私有银行的划分；此外，从最终持股人的角度来看我国银行业整体几乎最终全部为国家所有[②]，商业银行经营受国家干预程度较高，传统资本主义国家的商业银行利润导向动机被极大弱化。这些特殊的经济背景给商业银行信贷行为的周期性变化带来了不确定因素，西方发达国家银行信贷普遍呈现的顺周期效应未必是我国商业银行的实际特征。鉴于此，有必要从银行客观数据出发，对我国商业银行信贷行为周期性变化特征进行考察，只有在对我国商业银行信贷行为特征和变化趋势客观认识的前提下，才能对其规律进行解读，

[①]　全球系统性重要银行榜单的编制，源于 2008 年国际金融危机时期欧美一些大型金融机构陷入经营危机倒闭，并蔓延至其他金融机构，从而演变为金融系统性风险，因此，G20 商议决定基于巴塞尔银行监管委员会罗列的全球系统重要性银行的评定标准，由 FSB 负责研究和提出全球系统重要性银行名单，并建议对其实施 1%—2.5% 的附加资本要求，通过提高资本金等要求来降低其在遭遇金融危机时倒闭的可能性。在特定条件下，最具系统重要性的银行可能面临最高 3.5% 的附加资本。

[②]　2014 年国务院批准首批 5 家民营银行试点筹建，这 5 家银行具体是：深圳前海微众银行、温州民商银行、天津金城银行、上海华瑞银行、浙江网商银行。

探寻经济现象背后蕴含的作用机制。因此，在本章中我们基于商业银行微观数据对信贷行为周期性变化特征进行描述性统计，概括其典型特征。

　　本章的统计描述数据主要来源于 BankScope 数据库[①]中提供的中国商业银行个体财务数据，宏观经济数据主要来源于《中国统计年鉴》《中国金融年鉴》和世界银行以及人民银行网站等。样本选取 BankScope 数据库中截至 2014 年 12 月我国仍在经营的全部银行，样本银行具体包含 5 家大型国有商业银行、12 家股份制商业银行、65 家城市商业银行以及 25 家农村商业银行。缺失的数据通过查阅各商业银行网站提供的年报信息加以补充，并按照如下原则对样本银行进行筛选：（1）银行样本只保留商业银行；（2）同一银行至少有连续三年的数据；（3）考虑到我国商业银行整体市场化经营的时间比较晚，以及银行业整体信息披露的不规范，使得 2003 年之前的样本数据缺失严重且获取十分困难，因此，经过筛选将样本起始时间设定为 2003 年。基于上述筛选原则，我们最终获得的样本共包括 107 家商业银行[②]2003—2014 年的年度非平衡面板数据，具体指标的有效观测值共计在 744 个至 1284 个之间，银行具体名单见表 4-1。表示经济周期变化的 GDP 相关指标取自国家统计局官方网站发布的统计信息，具体操作中 GDP 相关数据采用经过 GDP 指数调整后剔除物价变化影响的最终值。银行信贷行为的变化采用经 BankScope 数据库提供的贷款余额计算得到的贷款增长率表示，并且使用世界银行提供的 GDP 平价指数剔除物价变动的影响。

---

　　① BankScope 是由欧洲著名财务信息数据库提供商 Bureau van Dijk（BvD）与国际银行业著名权威机构 FitchRating（惠誉）合作开发的。

　　② 这 107 家样本银行具体涵盖 5 家大型国有商业银行、12 家股份制商业银行以及 65 家城市商业银行以及 25 家农村商业银行。

表 4-1　我国 107 家商业银行名单

国有大型商业银行	中国工商银行	中国建设银行	中国农业银行	中国银行
	交通银行			
股份制商业银行	平安银行	广发银行	恒丰银行	渤海银行
	招商银行	上海浦发银行	兴业银行	中信银行
	中国光大银行	华夏银行	浙商银行	中国民生银
城市商业银行	南京银行	上海银行	金华银行	江苏银行
	浙商银行	大连银行	内蒙古银行	晋商银行
	洛阳银行	盛京银行	杭州银行	广州银行
	成都银行	齐商银行	昆仑银行	包商银行
	宁夏银行	天津银行	江苏吴江商业银行	锦州银行
	龙江银行	苏州银行	东莞银行	德阳银行
	郑州银行	华融湘江银行	青岛银行	西安银行
	广东南粤银行	汉口银行	南充市商业银行	珠海华润银行
	南昌银行	兰州银行	九江银行	贵阳银行
	浙江稠州商业银行	厦门银行	温州银行	威海商业银行
	齐鲁银行	广西北部湾银行	泰州银行	福建海峡银行
	浙江泰隆商业银行	重庆三峡银行	辽阳银行	浙江民泰商业银行
	鞍山银行	柳州银行	日照银行	攀枝花商业银行
	莱商银行	绍兴银行	沧州银行	烟台银行
	东营商业银行	宁波商业银行	承德银行	济宁银行
	长沙银行	赣州商行	北京银行	宁波银行
	徽商银行	吉林银行	重庆银行	阜新银行
	新乡银行	大同市商业银行	营口银行	富滇银行
	河北银行	渤海银行		

农村商业银行	江苏江南农村商业银行	成都农商银行	上海农商银行	北京农商银行
	宁波慈溪农村商业银行	广东顺德农商银行	武汉农商银行	东莞农商银行
	山西尧都农商银行	常熟农商银行	无锡农商银行	天津滨海农商银行
	天津农商银行	江苏张家港农商银行	天津农商银行	吉林九台农商银行
	浙江萧山农村合作银行	江苏海安农村商业银行	广州农商银行	南海区农村信用合作联社
	江苏江阴农商银行	武汉农商行	青岛农商银行	宁波鄞州农村合作银行
	广州农商银行			

资料来源：BankScope 数据库。

一、商业银行整体信贷行为变化与经济周期波动

为了更清晰地反映我国银行信贷行为变化与经济周期的相互关系，本部分分别从总量和增量变化两个方面进行考察。从总量角度出发，实际贷款余额和实际 GDP 在样本观测期间内均出现连年持续上升态势，这表明总体上我国经济高速发展的同时伴有信贷市场的不断扩大，如图 4-4 所示。与此同时，从增量变化的角度来看，两者变化存在显著差异，图 4-5 描绘了 2003 年至 2014 年我国银行业信贷增速和经济增长率的变化情况，其中信贷行为由实际贷款余额表示，而人均 GDP 增长率表示经济周期变化。从两者的变化趋势可以发现，银行信贷增速与人均实际 GDP 增长率走势总体上呈现出一种反向变动关系。从 2003 年开始就表现出明显的反向变化，但是，从 2004 年开始直至金融危机爆发前的 2007 年两者的关系表现出轻微的同方向变化，但是趋势相对平缓，进入 2008 年和 2011 年后趋势图中出现了两次大幅波动。从图中可以发现，2008 年信贷增速和人均 GDP 增长率分别出现波谷和波峰，这说明金融危机后，经

济增速大幅下滑，我国政府通过逆周期宏观调控加大对贷款的政策性供给可能发挥了效果。此外，政府从 2008 年开始的连续几轮的经济刺激政策使我国经济增速在 2009 年至 2010 年之间一直保持了较好的上升趋势，但是，在 2011 年以后这种上升趋势出现了滑坡，这可能是政府一系列干预政策效果逐渐消退的结果。

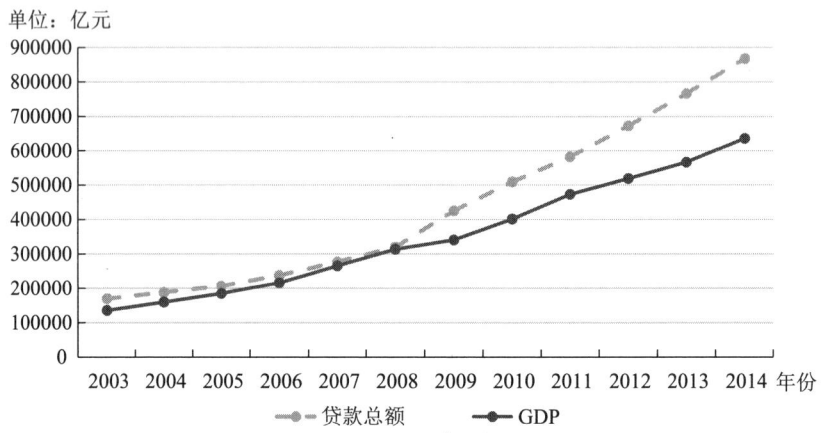

图 4-4　我国银行业贷款总额与经济周期的变动（2003—2014 年）

资料来源：国家统计局和 BankScope。

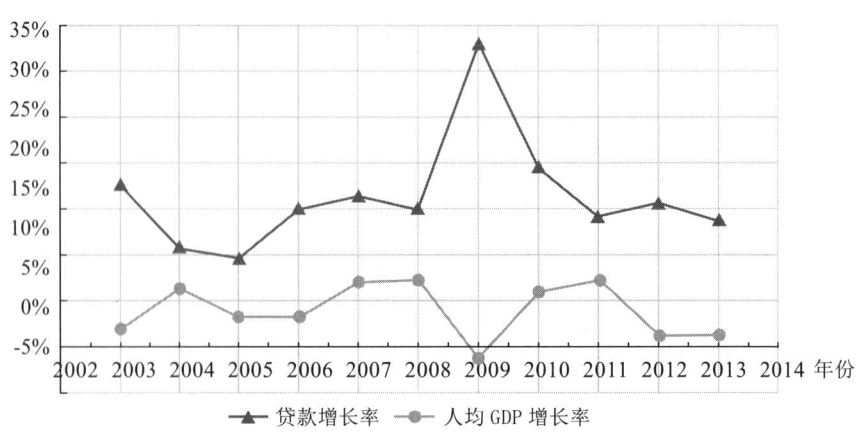

图 4-5　我国银行业贷款增速与经济周期走势图（2003—2014 年）

资料来源：国家统计局和 BankScope。

　　基于以上分析，本书将 2008 年和 2011 年设定为模型中的经济下行时期。整体而言，我国贷款规模和人均 GDP 都保持连年的持续增长，并且大致以 2008 年为时间界限，在此之前除了 2003 年外两者大体表现为同方向变化的特征，而 2008 年之后则呈现出反方向变化趋势，尤其是在危机快速蔓延的 2008 年，趋势图中两个变量出现了两次反向大幅震荡。从图中可知，2008 年信贷增速和人均 GDP 增长率分别出现波谷和波峰，这可能与金融危机后经济增速的大幅下滑，政府通过逆周期宏观调控加大对银行信贷供给的干预密切相关：在 2008 年政府连续几轮的宏观调控经济刺激政策下，我国银行贷款增速出现逆周期的快速攀升，同时伴随着我国经济增速出现逆转，在 2009 年至 2010 年间一直保持一个较快的上升速度，但是，随着政府一系列干预政策效果的逐渐消退，在 2011 年以后这种上升趋势逐渐被 GDP 增速放缓所取代。

　　2003 年出现的逆周期变化主要表现在贷款增速的迅速回落上，这一现象的出现主要是相对于 2003 年以前我国银行贷款出现的高速增长期而言的，我国信贷增长率在 2003 年以前的快速增长是我国特殊经济发展阶段和国家干预下的必然结果：一方面，房地产业的新增贷款是这一时期贷款增长的主要推动力量。从 1999 年开始我国房地产市场发展进入"快车道"行列，进入 2002 年这一发展尤为迅速，这主要表现在三个方面：一是我国经济持续快速增长，为房地产业高速发展提供了基础和消费市场；二是 1999 年启动的以"住房分配货币化政策""经济适用住房政策""开放住房二级市场政策"以及"发展住房个人抵押贷款政策"为指导的新住房制度改革取消了原有的住房实物分配制度，鼓励商品房买卖，我国居民住房消费的巨大能量逐步被释放；三是 2002 年国土部出台文件规定：改经营性土地出让方式为公开招标、拍卖和挂牌交易，取缔不公平的土地协议出让，此次"土地改革"提高了房地产市场经营的规范性和公平性。2003 年 8 月，国务院明确将房地产行业提升为国民经济的支柱产业，房地产市场的活跃发展带来了巨大的投资需求。另一方面，伴随经济快速发展而产生的大量基础设施建设需求也对贷款总额的增长起到了推动作用。[①]2003年贷款增速的回落应当是一系列推动政策作用逐步消退的结果。

二、不同类型商业银行信贷行为的周期性特征

从银行分类视角进行考察，各类型银行贷款增速在2003年至2014年间都保持在正向范围内波动，贷款余额总量在样本观测期内都实现大幅增长，并且各类型银行的贷款增量整体上波动特征与银行业贷款增速的变化大致相同，只是在2008年危机爆发后表现出一定的异质性：图4-6描述了我国不同类型商业银行贷款增量与GDP增量的变化趋势，其中各类型银行在2008年以前都表现出与GDP增长同方向变化的顺周期性质，但在危机发生后则出现了与世界主流国家截然相反的贷款增量快速扩张，其中国有大型商业银行和股份制商业银行的增长幅度最大，城

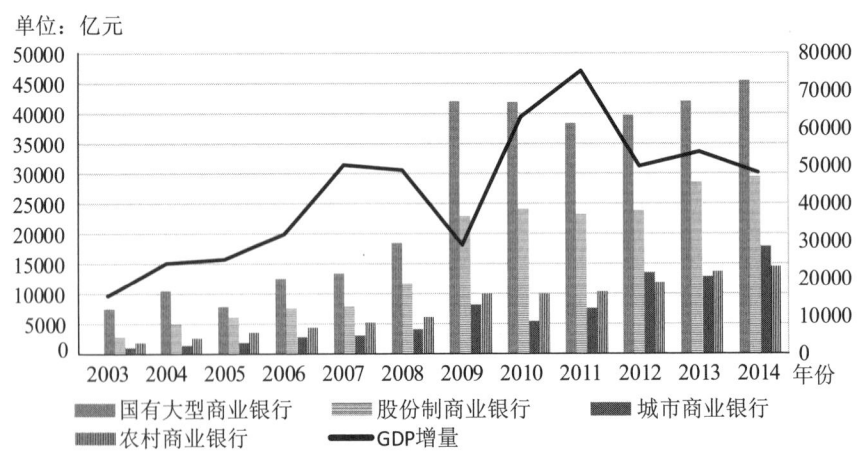

图4-6　分类别我国商业银行新增贷款额（2003—2014年）

资料来源：2003—2014年的中国货币政策执行报告。

---

① 《关于促进房地产市场持续健康发展的通知》，简称18号文件，将房地产行业定位为拉动国民经济发展的支柱产业之一，明确提出要保持房地产业的持续健康发展，要求充分认识房地产市场持续健康发展的重要意义。

市商业银行和农村商业银行增量较小，从图中可以看出在 2008 年至 2014 年间，国有大型商业银行的信贷增速变化表现出一定的逆经济周期变化趋势，而股份制银行、城市商业银行和农村商业银行变化趋势并未表现出显著特点。 图 4-7 统计了 2014 年我国商业银行按类型分新增贷款的比例结构，其中五大国有商业银行和股份制银行的信贷增量占据了整体增量的近 70%，而城市商业银行与农村商业银行各自贡献额都约为 15%，这与我国商业银行按资产规模结构划分的市场份额结构相一致。

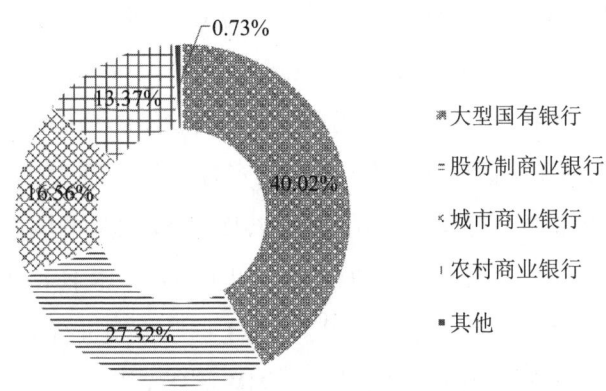

图 4-7　2014 年我国商业银行新增贷款结构
资料来源：2014 年的中国货币政策执行报告。

第三节　我国商业银行信贷行为周期性的实证分析

从前面的数据统计描述部分可以看出，在 2003 年至 2014 年间我国商业银行信贷行为随宏观经济周期先是呈同向变化后又表现为反方向变化的特征，并且这种变化特点在不同类型银行间存在差异。鉴于此，本节旨在从理论上将银行信贷行为变化与宏观经济周期波动联系起来分析，以解释上述数据特征，进而再从实证的角度对其进行验证，深入探究统计学描述背后的真实经济关系。具体而言，本书通过构建银行信贷行为周期性变化的动态方程，并结合我国商业银行的经验数据来实证检验经济周期波动与银行信贷总量增长速度的关系。

在实证方法上，我们采用的是包含以解释变量滞后性作为解释变量为特征的动态面板数据（Dynamic Panel Data，以下简称 DPD）模型来对信贷行为的决定因素进行模拟，由于动态面板数据模型的因变量中含有被解释变量滞后值，易产生由该滞后项与随机误差项或与固定效应相关而引起的内生性问题，因此，估计方法的选择应当考虑能够解决内生性问题的工具变量法或广义矩估计法（GMM）。相较而言 GMM 方法使用的假设条件更为宽松，它不要求知道随机误差项的分布，因此是比工具变量法更为有效的参数估计法。具体来看，GMM 估计法分为差分 GMM 估计法（阿雷拉诺和邦德，1991）[1]和系统 GMM 估计法（布伦德尔和邦德，1998[2]）两种，其中差分 GMM 方法由于在对回归模型进行差分处理的过程会消除不随时间变化的解释变量，因而无法估计其系数，同时还容易出现弱工具变量问题。而系统 GMM 方法则将差分处理前的回归模型以及差分处理后的模型联合起来形成一个方程系统进行估计，有效地克服了以上不足。本书采用的是系统 GMM 估计法来对建立的动态面板数据（DPD）回归模型进行估计。此外，为验证模型设定的合理性和有效性，系统 GMM 估计完成后要求分别对误差项是否存在序列自相关以及工具变量是否有效这两个问题进行检验。合格有效的模型要求接受误差项不存在自相关以及所有工具变量均有效的原假设。检验结果分别由自相关系数 AR（2）[3]与 Sargan 统计量的 P 值来表示。

一、数据描述

如前文所述，本章的实证研究主要是基于 BankScope 提供的中国商业银行个体财务数据。为和描述统计部分保持一致，本章主要关注的是商业

---

①　M. Arellano, S. Bond, Some Tests of Specification for Panel Data: Monte Carlo Evidence and an Application to Employment Equation, *Review of Economic Studies*, 1991(58), pp. 277–297.

②　R. Blundell, S. Bond, Initial Conditions and Moment Restrictions in Dynamic Panel Data Models, *Journal of Econometrics*, 1998, 87(1), pp. 115–143.

③　由于 GMM 回归过程中有差分处理，一次差分后的误差项往往是一阶序列相关的，但不存在二阶相关，因此，一般需要检验差分方程误差项是否存在二阶序列相关。

银行信贷行为的周期性变化特征。根据研究目的，我们选取了 2003 年至 2014 年不同类型商业银行各自的财务数据作为全样本，再将不同类型银行的样本合并作为全样本分别考察。表 4-2 列出了本书使用的主要变量的描述性统计结果。根据描述性统计量的显示，样本银行在研究期间内平均贷款增速约为 13.64%，这表明我国银行业信贷业务在过去 12 年间总量上经历了一个高速扩张的过程，而贷款增量变化率却波动较大。信贷增速(Creditg) 较大的标准差表明，各银行的信贷增速具有明显的异质性，同时，贷款净额增速的最大值和最小值分别为 -42.38% 和 134.78%，这两个极值间的显著落差也反映出不同类型商业银行的信贷行为可能存在的显著差异。

表 4-2　主要变量的描述性统计

变量名称	含义和计算方法	观测样本数	平均值	标准差	最小值	最大值
Creditg	经 GDP 平减指数处理后的银行贷款净额增长率	776	13.642	16.329	-42.380	134.78
GDPG	实际人均 GDP 增长率	1284	4.006	2.798	-1.090	7.290
Rb	一年期贷款基准利率	1284	6.065	0.627	5.310	7.470
Size	银行资产规模变量，总资产取自然对数的滞后一期值	871	25.428	1.767	21.340	30.500
Equity	银行稳健性变量，银行所有者权益与总资产比率的滞后一期值	870	6.128	2.991	-11.830	41.960
Loans	银行风险程度变量，银行贷款净额占总资产比率的滞后一期值	870	48.937	10.381	14.370	76.270
Liquidity	流动资产占总资产比率的滞后一期值	867	27.925	14.430	2.120	85.080
Deposits	资金来源稳定性变量，银行存款与负债总额比值的滞后一期值	870	82.245	11.782	15.620	90.530
Crisis	时间虚拟变量，经济危机时期取 1，其他时期为 0	1284	0.091	0.288	0	1
Recession	经济周期虚拟变量，当经济处于下行时期时取 1，否则取 0	1284	0.094	0.292	0	1

变量名称	含义和计算方法	观测样本数	平均值	标准差	最小值	最大值
Big	银行类型虚拟变量，当商业银行类型为"大型国有银行"时取1，否则取0	1284	0.047	0.211	0	1
Joint	银行类型虚拟变量，当商业银行类型为"股份制商业银行"时取1，否则取0	1284	0.720	0.450	0	1
City	银行类型虚拟变量，当商业银行类型为"城市商业银行"时取1，否则取0	1284	0.607	0.489	0	1
Rural	银行类型虚拟变量，当商业银行类型为"农村商业银行"时取1，否则取0	1284	0.234	0.423	0	1

表 4-3　商业银行信贷行为模型的相关系数矩阵

	$Creditg_{i,t}$	$L.Creditg_{i,t}$	$GDPG_t$	$L.Assets_{i,t}$	$L.Equity_{i,t}$	$LLoans_{i,t}$	$L.deposits_{i,t}$	rr_t	$Crisis_t$
$L.Creditg_{i,t}$	0.278^{***}	1.000							
$GDPG_t$	-0.092^{*}	0.053	1.000						
$L.Size_{i,t}$	-0.222^{***}	-0.162^{*}	-0.051	1.000					
$L.Equity_{i,t}$	0.171^{*}	0.104	-0.122^{*}	-0.170^{*}	1.000				
$L.Loans_{i,t}$	-0.203^{*}	-0.092	0.165^{*}	-0.054	-0.140^{*}	1.000			
$L.deposits_{i,t}$	-0.044^{**}	-0.088	0.132^{*}	-0.156^{*}	0.177^{*}	0.447^{*}	1.000		
Rb_t	-0.125^{***}	0.097^{*}	0.457^{*}	0.083^{*}	0.025^{*}	-0.086	-0.089	1.000	
$Crisis_t$	-0.144^{**}	0.024	0.023	-0.096	-0.026	0.138^{*}	0.152^{*}	-0.378	1.000

说明：***、**、*分别表示模型回归结果在1%、5%和10%的置信水平下显著。

从表 4-3 的相关性分析的系数来看，我国商业银行信贷行为基准模型中不存在完全共线性的变量。从相关性分析结果可知，贷款增长率与滞后一期的贷款增长率 $L.Credit_{i,t}$、人均 GDP 增长率 $GDPG_t$、银行资产规模变量 $L.Size_{i,t}$、银行稳健性变量 $L.Equity_{i,t}$、银行风险程度变量 $L.Loans_{i,t}$、资金来源稳定性变量 $L.deposits_{i,t}$ 以及银行再贷款利率 Rb_t 存在显著的相关性。就解释变量而言，银行贷款增长率与经济周期变动呈显著的负相关（相关系数为 -0.092），这与图 4-5 中两个变量的大体走势基本一致，据此可以推测我国商业银行信贷行为变化具有一定的逆周期性质。此外，银行信贷增长率与宏观调控货币政策替代变量贷款基准利率的 Pearson 相关系数为 -0.125，且在 1% 的水平上显著，$Creditg_{i,t}$ 与 Rb_t 显著负相关，也就是说随着我国一年期贷款基准利率的增加，银行贷款增速表现出反方向的降低势头。而结合我国 2003 年至 2014 年样本观测值期间中央银行的再贷款利率调整政策来看（图 4-8），2003 年至 2007 年底金融危机爆发前，基于通货膨胀的压力，政府采用的一直是具有紧缩倾向的"稳健"货币政策，贷款基准利率在此期间不断被调高，相应的贷款增速受到极大抑制：在 2003 年至 2005 年间持续快速下滑，而在 2006 年至 2007 年则表现为小幅缓慢上升；为应对 2008 年国际金融危机对经济的影响，央行连续五次下调贷款基准利率，货币政策迅速调整为"适度宽松"，我国银行信贷增速在 2008 年至 2009 年间出现快速拉升，贷款增速到达波峰，同时也是近十几年来贷款增速的最大值，进入 2010 年我国经济逐步恢复，但是通胀危机又出现，从而 2010 年末开始货币政策再次紧缩，信

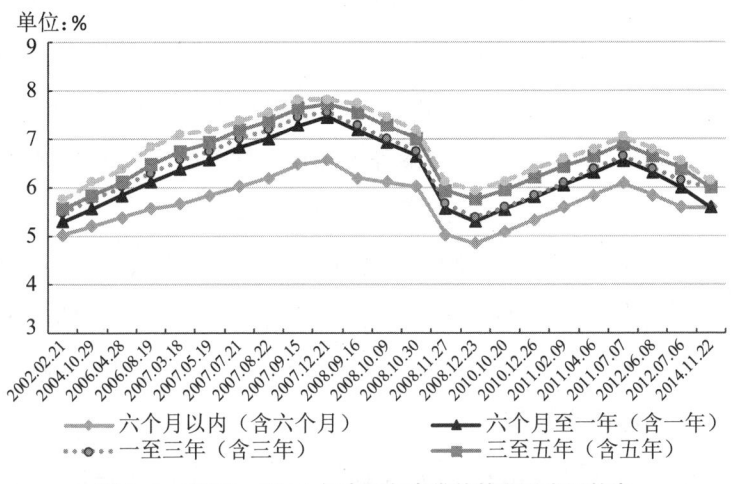

图 4-8 2002—2014 年我国各类贷款基准利率调整表

资料来源：中国人民银行网站统计数据。

贷增速也相应回落，直至 2011 年底，我国各项经济指标在 2012 年都出现放缓，自 2012 年开始贷款基准利率逐步调低，货币政策趋于宽松。由此可见央行通过调高（调低）贷款基准利率的货币政策对信贷增速的抑制（促进）作用比较显著，货币政策对我国银行信贷行为的调控是有效的。

二、商业银行信贷行为变化的动态模型设定

银行信贷行为变化与经济周期波动关系的研究可以追溯到 1873 年沃尔特·白芝浩开创性地将银行信贷作为经济波动原因纳入经济周期模型，自 2007 年美国次贷危机爆发并于 2008 年演变为全球性的金融危机以来，作为"重灾区"的商业银行信贷行为再次引起理论与实务界的广泛探讨，而作为此次危机重要成因的顺周期效应尤其受到关注。格林劳等（David Greenlaw 等，2008）、雄宗（Hyung Jeong，2009）以及赫博林等（Thomas Helbling 等，2011）学者对主要发达国家商业银行信贷行为与宏观经济波动的变化关系和特征进行分析，同时提出信贷行为的顺周期性是两者变化的普遍特征。尼古拉和洛基塔（Gianni Nicolo 和 Marcella Lucchetta，2011）、吉列尔莫等（Guglielmo 等，2014）进一步对两者的相互影响机制进行了分析。在此基础上，亚科维洛和米内蒂（Matteo Iacoviello 与 Raoul Minetti，2008）、哈尔沃森和雅各布森（Jorn Halvorsen 和 Dag Jacobsen，2014）以及博泰等（2015）学者的一系列文章具体探讨影响信贷行为与经济周期变化特征的可能因素。

本节我们借鉴博泰等（2015）的研究思路，结合我国银行业实际环境和经营特征构建能够反映商业银行信贷行为周期性变化的动态方程，以揭示我国信贷行为变化的周期性特点。首先，设定反映商业银行信贷行为变化的基准决定模型：

$$Creditg_{i,t} = \alpha + \beta_1 \cdot Creditg_{i,t-1} + \beta_2 \cdot GDPG_{i,t} + \sum \lambda_i \cdot Control_{i,t} + \eta_i + \varepsilon_{i,t} \quad （4-1）$$

该模型中被解释变量是银行信贷净额（Net Loans），即某一时点上每

家商业银行提供的贷款余额总量，由于银行每一期放贷量的调整都会被视为货币政策调整的信号（Kishan Ruby 和 Opiela Timothy，2000），因此银行当期信贷量的增长会受到上一期的影响，即存在调整压力，本书的模型中都含有被解释变量的一阶滞后项。其中，$Creditg_{i,t}$ 表示第 i 家银行在第 t 年的贷款余额增长率，用 $Creditg_{i,t}$ 的滞后一期值 $Creditg_{i,t-1}$ 来表示信贷调整压力，$GDPG_{i,t}$ 表示实际人均 GDP 增长率，该比率是采用人均 GDP 增长率被 GDP 平减指数平滑处理后得到，用以捕捉经济周期的变动。而 $\sum \lambda_{i,t} \cdot Control_{i,t}$ 代表该模型的一组控制变量，控制变量的选取主要从银行层面和宏观经济层面这两个方面来选取。此外，η_i 代表银行的个体固定效应，即不可观测且不随时间变化的银行个体异质性要素，$\varepsilon_{i,t}$ 为随机误差项。

　　银行信贷变量以及该变量与经济周期变量间的相互关系是基准模型研究的重点。结合已有文献的研究结论，银行信贷行为普遍具有一定的顺周期性（霍格思等，2005[1]；BIS，2010；吉列尔莫等，2014)，即银行信贷行为与经济周期同向变化，对经济周期的波动产生"推波助澜"的效果。银行层面的控制变量，包括反映受"大而不能倒"效应影响的银行规模变量、银行经营稳健性变量、银行风险程度变量以及评估偿债能力银行资金来源稳定性的变量，分别使用银行资产总额的自然对数（Lagged Size，以下简称 $L.Size_{i,t}$）、所有者权益与总资产的比率（Lagged Equity，以下简称 $L.Equity_{i,t}$）、银行贷款净额占总资产的比率（Lagged Loans，以下简称 $L.Loans_{i,t}$）以及银行存款与负债总额比率（Lagged Deposits，以下简称 $L.Deposit_{i,t}$）来度量，同时考虑以上比率影响的时滞性均采用其滞后一期值（博泰等，2015)。宏观经济层面，主要考虑宏观经济政策对银行信贷行为的影响，本书引入度量货币政策走向的变量———一年期基准贷款利率（Rb），用以控制货币政策松

---

　　① 　G. Hoggart, S. Sorensen, L. Zicchino, Stress Tests of UK Banks Using a VAR Approach. *Bank of England Working Papers No. 282*, 2005.

紧对银行信贷行为产生的影响。此外，考虑到 2008 金融危机以及危机后 2008 年第四季度我国推出的"四万亿"经济刺激政策给实体经济带来的冲击，模型还应加入时间虚拟变量 $Crisis_t$ 来控制这一重要时点事件的影响。基于以上分析，基准模型 4-1 可具体写为如下形式：

$$
\begin{aligned}
Creditg_{i,t} = & \alpha + \beta_1 \cdot Creditg_{i,t-1} + \beta_2 \cdot GDPG_t + \lambda_1 \cdot L.Size_{i,t} + \lambda_2 \cdot L.Equity_{i,t} + \\
& \lambda_3 \cdot L.Loans_{i,t} + \lambda_4 \cdot L.Deposits_{i,t} + \lambda_5 \cdot Rr_t + \lambda_6 \cdot Crisis_t + \eta_i + \varepsilon_{i,t}
\end{aligned}
\tag{4-2}
$$

三、计量结果分析

表 4-4 中第 1—2 列为基准模型 4-1 的估计结果，第 3 列至第 6 列是分别引入银行分类变量及其交互项后的回归结果。从表中可以发现，信贷增长率的一阶滞后项系数显著为正，这种自相关特征说明信贷来自上期的调整压力确实存在以及采用动态模型的合理性。基准模型 4-1 结果显示人均 GDP 增长率的回归系数虽然为正，但是并不显著，这表明银行信贷行为总体上在样本观测期内并未表现出显著的周期性特性。在此基础上，再对引入银行类型虚拟变量及其交互项后的估计结果分别进行观察，发现这一结果在不同类型银行间存在差异：大型国有商业银行的人均 GDP 增长率系数显著小于零，而与银行类型虚拟变量交叉项 Big_gdpg_t 的估计系数为 -0.214，但是结果并不显著，可知大型国有商业银行的信贷增速可能具有一定的逆周期变化性质，只是在统计上并不显著；而股份制商业银行 $GDPG_t$ 和银行类型的交叉项 $Joint\_gdpg_t$ 的估计结果分别是 0.460 和 -0.064 且都在 5% 的执行置信水平上显著，由于股份制银行信贷的变动情况是由人均 GDP 增长率与银行类型交叉项系数之和来体现的。因此可得 $GDPG_t$ 每变动 1 个单位，股份制商业银行的贷款增速会同方向变动 0.396，即股份制银行的信贷增速变化具有顺周期效应；类似的由人均 GDP 增长率与银行类型交叉项的系数可知，城市商业银行的信贷增速与经济周期也表现为同方向变化，影响系数为 0.256 且在 5% 的置信水平显著；农村商业银行的回归结果表明，$GDPG_t$ 每变动 1 个单位会带来其

信贷增速反方向的变动 0.02 个单位，只是显著水平稍弱。

　　与此同时，观察银行个体层面的控制变量，可以发现：银行资产规模变量 $L.Size_{i,t}$ 只在大型国有商业银行中不显著，在全样本和其他类型银行中均显著为正数，由此可知银行资产规模越大的银行信贷增长速度相对越快，资产规模与银行贷款增速同方向变化，而大型国有银行回归系数的不显著可能与我国大型银行相对中小型银行面临更严格的监管要求有关。银行稳健性控制变量 $L.Equity_{i,t}$ 显著地与我国银行贷款增速同方向变化，说明银行经营整体稳定性越高的银行贷款增长速度也越高，反之则相反。对这一结果的合理解释可能是由于该控制变量是用所有者权益比率来替代的，该比率越大意味着银行整体负债水平越低、财务状况越好，因此这样的银行在面临信贷扩张时的实力强于其他银行。与此同时，用银行贷款净额占总资产的比率 $L.Loans_{i,t}$ 表示的银行风险程度控制变量与信贷增速在部分情况下显著且符号为负，这意味着银行整体风险程度越低的银行信贷增长速度才越快，风险大的银行在信贷扩张时受到的财务和监管限制更多。稳定的资金来源 $L.Deposits_{i,t}$ 对信贷增速有着正向影响，由表 4-3 的结果可知资金来源稳定性变量在多数情况下显著，这说明有稳定充足资金供给的银行更愿意追逐盈利性，增加贷款来获利。

　　而宏观经济层面的控制变量表明，货币政策变量显著与贷款增速负相关并且量纲较大，这证明银行信贷增长对货币政策的变动十分敏感，货币政策层面利率的正向变动会带来银行贷款的大幅缩减，反之则相反，这与宏观调控的基本规律是一致的，即宏观调控收效显著。此外，由 2008 年国际金融危机的时间虚拟变量显著为正的系数，可知期间我国商业银行贷款增速确实出现一个大幅增长，这与危机爆发后我国采取的一系列宏观调控政策密切相关，尤其是 2008 年第四季度实施的"四万亿"财政资金经济刺激政策对我国银行业贷款的逆经济周期增长有很大推动作用，同时也体现了我国银行业政府的高度干预特征。另外，由 AR（2）和 Sargan 检验的 P 值可知表 4-4 中的模型均接受原假设，模型设定是有效的。

表4-4　商业银行信贷行为变化特征的回归结果

变量	$Creditg_{i,t}$					
	（1）	（2）	（3）	（4）	（5）	（6）
$L.Creditg_{i,t}$	0.356***	0.349***	0.314***	0.3115***	0.338***	0.318***
	（0.000）	（0.000）	（0.000）	（0.000）	（0.000）	（0.024）
$GDPG_t$	0.568	0.502	−0.572*	0.460***	0.370**	0.176*
	（0.005）	（0.016）	（0.065）	（0.002）	（0.033）	（0.018）
Rb_t	−1.690*	−1.135	−1.004**	−0.674**	−1.077**	−0.734**
	（0.090）	（0.370）	（0.024）	（0.045）	（0.033）	（0.044）
$Crisis_t$	1.970*	1.823**	1.897**	2.241*	1.936**	2.437**
	（0.060）	（0.031）	（0.023）	（0.071）	（0.022）	（0.029）
$L.Size_{i,t}$		−1.013*	− 1.142	−1.517**	−1.133**	−1.543*
		（0.077）	（0.125）	（0.039）	（0.042）	（0.081）
$L.Equity_{i,t}$		−1.668	−1.717	−2.310*	−1.685	−2.350*
		（0.256）	（0.180）	（0.076）	（0.245）	（0.060）
$L.Loans_{i,t}$		0.053	0.045	0.434*	0.316*	0.459
		（0.727）	（0.762）	（0.089）	（0.078）	(0.235)
$L.Liquidity_{i,t}$		0.129*	0.105**	0.106	0.130*	0.131*
		（0.090）	（0.029）	（0.450）	（0.074）	（0.092）
$L.Deposits_{i,t}$		−0.164*	−0.1774*	−0.450***	−0.225**	−0.474***
		（0.079）	（0.072）	（0.000）	（0.037）	(0.007)
$Big_{i,t}$			−9.850**			
			（0.042）			
$Big\_gdpg_{i,t}$			−0.214			
			（0.738）			
$Joint_{i,t}$				4.581***		
				（0.001）		
$Joint\_gdpg_{i,t}$				−0.064*		
				（0.096）		
$City_{i,t}$					7.243*	
					（0.065）	
$City\_gdpg_{i,t}$					−0.114*	
					（0.050）	
$Rural_{i,t}$						−1.603*
						(0.018)

续表

变量	$Creditg_{i,t}$					
	（1）	（2）	（3）	（4）	（5）	（6）
$Rural\_gdpg_{i,t}$						−0.196 (0.011)
Constant	−0.993 （0.843）	−3.697 （0.592）	−3.088 （0.642）	−7.033 （0.164）	−3.6539** （0.010）	−4.313* （0.058）
P−value for AR(1)	0.111	0.090	0.088	0.074	0.088	0.091
P−value for AR(2)	0.100	0.946	0.994	0.635	0.990	0.927
P−value for Sargan	0.245	0.180	0.157	0.292	0.156	0.104

注：***、**、* 分别表示模型回归结果在 1%、5% 和 10% 的置信水平下显著。AR(1) 为 SYS-GMM 模型扰动项的一阶自相关性检验的 P 值；AR(2) 为 SYS-GMM 模型扰动项的二阶自相关性检验的 P 值。Sargan 为 Sargan 过度识别检验的 P 值。

上述统计描述和经验分析反映了我国商业银行信贷增速变化随经济周期变动的特征，及其在不同类型商业银行间和不同经济周期阶段中表现的差异，这些特征与主要发达国家信贷行为变化表现的顺周期性不符。结合本章第一部的分析可知一般而言，商业银行信贷行为的调整和表现主要受三方面因素的影响：即商业银行的外部监管规则和会计信息规则、银行内部经营管理以及银行外部的宏观经济环境。对我国商业银行信贷行为随经济周期变化特征的研究要求厘清这些因素对信贷扩张行为调整的具体影响和贡献。本书后面的章节将基于不同的信贷行为影响因素和一定的理论模型对这些问题逐一进行解释。

第五章　商业银行资本监管、信贷行为与经济周期

　　金融市场的固有缺陷引发的金融加速器效应导致了信贷顺周期性行为的产生，而银行市场的运行规则和外部干预使得市场冲击对信贷行为变化的影响充满了不确定性。银行系统作为金融市场的重要组成部分，其在市场冲击传导过程中发挥的作用一直是学术界关注的焦点，而银行业的周期性行为就是这种作用机制的具体表现之一。商业银行金融监管是指包括银行市场准入制度、资本监管制度、内部控制制度以及业务经营范围控制和市场退出等多个方面的管理体系。其中的资本监管要求及规则，自 20 世纪 80 年代末 G10 集团成员国率先在考虑风险资产管理的基础上引入银行资本管理的重要内容以来，已经发展成为银行监管中的最主要环节，随着银行业在全球的快速发展，逐渐形成了以巴塞尔资本协议为核心的银行监管理念。资本监管的兴起从微观层面来看，是因为资本监管能够保护小型、分散存款者权益的同时，减少银行经营者的过度风险承担行为；而从宏观层面来看，则是因为资本监管是降低银行危机或破产外部发生概率的有效工具。关于资本监管对银行经营行为的影响，早在巴塞尔协议颁布之初就曾引起过学术界的广泛关注和讨论，而在 2008 年国际金融危机后资本监管的顺周期性被认为是引发危机的重要原因之一。

　　理论上，如果在完全市场中由于商业银行自身对资本调整拥有完全的自由，资本监管不会引起银行拒绝净现值为正的贷款项目，即资本监

管不会对银行信贷行为周期性效应产生影响。然而，在现实中的不完全资本市场里，加速器机制会将银行资本变动通过放贷行为的变化传递到实体经济中去。这一研究领域的先行者是布鲁姆与赫威格，他们于1995年通过构建数理模型，发现了银行资本与银行贷款行为之间所具有的刚性联系（Rigid Link），提出银行的资本监管水平能够显著影响银行信贷增量，并对宏观经济波动产生放大效应，即资本监管可能扩大信贷行为的顺周期性（博里等，2001；艾斯特利拉，2004[①]；卡什布和斯坦，2004）。资本监管顺周期效应的产生包含三个研究前提假设：其一，银行为满足资本监管要求而需要进行融资来应对更高风险权重时，融资顺序应当遵循先"收缩资产负债表并减少信贷供给"后寻求外部融资的原则；其二是，银行信贷融资是企业尤其是中小企业最主要的融资渠道，因而信贷紧缩时减少投资和产出下降是宏观经济的必然反应。其三是，风险权重随经济周期呈反向变化关系，即在经济繁荣时期下降，而在经济衰退时期上升。在上述三个研究假设下，必然存在如下传导机制：在经济上行时期，风险权重下降——信贷供给增加——经济产出增大——加剧经济扩张，反之则相反。尤格·布鲁姆和马丁·赫威格等学者们早期的大量研究主要就是围绕前两种假设展开的，相对比较成熟，但近年来更多文献普遍认为银行资产风险权重与经济周期波动之间呈负相关关系，即风险加权资产的逆周期效应是银行信贷顺周期行为的集中体现和波动原因，如高迪与豪威尔斯（2006）、苏芮那和特鲁查斯（2007）、安德森（Henrik Andersen，2011）等人的研究通过数据模拟或者历史经验数据分析等不同方法证实了这一假设。然而，这些研究只是解决了银行信贷行为顺周期波动的来源问题，而在经济周期波动条件下，商业银行信贷扩张的波动幅度受哪些因素影响或者呈现什么样的周期性特征等问题却没有得到

---

① A. Estrella, The Cyclical Behavior of Optimal Bank Capital, *Journal of Banking & Finance*, 2004, 28(03), pp.1469–1498.

很好的解释。本部分我们结合巴塞尔资本监管框架的主体要求进行讨论，认为资本充足率监管和银行的内部评级制度会引致商业银行信贷顺周期性的产生。本章将对这两个内容逐一展开分析。

第一节　资本充足率监管与信贷行为的周期性

银行的资本充足水平对信贷扩张行为的影响作为金融系统和实体经济活动相互联系的关键一环在 2008 年国际金融危机后颇受关注。资本充足率（Capital Adequacy Ratio，以下简称 CAR）又被称为资本风险加权资产率，它是由银行的资本总额与加权风险资产的比率来表示的，该比率的高低能够影响银行的信贷发放能力以及银行以自有资本承担损失的程度，具体而言，规定该指标监管的目的在于抑制银行金融机构风险资产的过度膨胀，保护存款人和其他债权人的利益以及保证银行等金融机构正常运营和发展。1988 年颁布的巴塞尔资本协议中的资本监管规则建立了资本与风险一体化的资本充足率监管机制，该机制认为各国商业银行都应当以协议规定的资本充足率为依据合理调整各国资本充足率的监管标准，从而达到保护存款人和债权人利益，以及维护银行业稳健运营的目的。随着资本监管在全球银行系统中的广泛实施，资本充足率水平已经成为影响银行信贷行为的一个重要约束条件。与此同时，在实际银行运营过程和学术界的研究中该机制还被认为是银行顺周期行为的重要来源之一而受到诟病。

自《Basel I》提出伊始到《Basel Ⅱ》的全面实施，资本监管的相关问题成为学术界关注的焦点问题，不少学者从不同的研究假设和切入点出发，通过理论模型的构建和分析，验证了资本监管会导致贷款供给更为严重的顺周期性，并放大对宏观经济的冲击。具体的研究主要包括以下两个方面：

首先，在银行资本充足率监管的宏观经济效应研究方面，以资本充足率为代表的资本监管具有内在的顺周期特性是学术界得出的普遍结论（如：古德哈特等，2004[1]；蒙哥马利，2005[2]；渡边和光，2007[3]；德鲁蒙，2009 等）。一般而言，当银行的资本充足率下降至低于监管要求时，商业银行可以通过减少发放贷款、出售部分资产以及增发新股募集资金这主要三种办法来增加监管资本水平。但是，实际的经验研究发现减少贷款供给是银行最常用的办法（弗朗西斯和奥斯本，2009），[4] 这也是资本充足率调整对宏观经济波动影响的重要一环，两者通过信贷行为的周期性变化联系起来，具体的作用机制表现为，在经济扩张阶段银行持有的超过资本监管要求的资本充足率水平会显著下降，在贷款需求的顺周期效应和银行对利润追逐的双重影响下，银行增加信贷供给，社会投资和产出随之增多，加剧经济的正向波动；反之，在衰退时期，银行持有的超额资本充足率水平会显著上升，银行信贷供给水平紧缩，资本充足率的变化会扩大经济走势的向下波动[5]。在萧条时期，商业银行资产的风险会相应增加，此时加权风险资产也会增多，而繁荣时期则正好相反（梅洛等，2002[6]；瑞普洛和苏亚雷斯，2009；江曙霞和何建勇，2011 等）。

同时在新旧资本协议的比较研究方面，《Basel Ⅱ》一直被学者们诟病为比《Basel Ⅰ》具有更显著的顺周期性，这主要是因为新资本协议进一步细分了不同类型风险资产的权重，从而强化了风险资产和银行资本

---

① C. Goodhart, B. Hofmann, M. Segoviano, Macroeconomic, Bank Regulation and Fluctuations, *Oxford Review Of Economic Policy*，2004, 20(4): 591–615.

② H. Montgomery, The Effect of the Basel Accord on Bank Portfolios in Japan, *Journal of the Japanese and International Economies*, 2005, 19(1), pp. 24–36.

③ W. Watanabe, Prudential Regulation and the "Credit Crunch"：Evidence from Japan, *Journal of Money, Credit and Banking*, 2007, 39(2), pp. 639–665.

④ W. Francis, M. Osborne, Bank Regulation, Capital andCcredit Supply: Measuring the Impact of Prudential Standards, *UK Financial Service Authority Occasional Paper Series No.36*, September, 2009.

⑤ 根据 1999 年的 BCBS Working Papers, No.1，自《Basel Ⅰ》实施以来巴塞尔银行监督管理委员会结合监管效果进行了大量调查研究，结果显示《Basel Ⅰ》提高了主要国家的资本率并且限制了经济衰退时期银行贷款的供给，这与 20 世纪 90 年代的美国和日本情况相一致。

⑥ K. Mérő, B. Zsámboki, E. Horváth, Studies on the Procyclical Behaviour of Banks, *Magyar Nemzeti Bank (Central Bank of Hungary)*, 2002.

间的联系，增强了资本对风险的敏感性（博里和朱，2008；阿加尼和博林，2013[①]）。并且新资本协议风险加权资产的顺周期变化会和资本监管要求的顺周期性相互强化，增大经济波动幅度（克拉克，2006）。[②] 此外，通过银行信贷评级机制使这些风险资产的权重在时间维度上可变，一旦经济形势恶化银行资本充足水平随之提高，加之《Basel Ⅱ》设定的评级等级个数增多、划分间距变窄，资本充足率的顺周期调整行为越发显著，有时可能还会产生过度反应（帕内塔，2009）。同时，尼尔和热切罗（Erlend Nier 和 Lea Zicchino，2005）等学者还提出资本充足率监管所引起信贷行为调整的幅度还主要受到银行持有的资本缓冲影响。

一、资本充足率监管下银行信贷行为的一个理论模型

已有文献的相关研究表明，商业银行资本充足率监管对宏观经济波动可能具有强化作用，并且现有研究大多是基于对全球银行经验数据的实证分析得到的，为了更全面地对这一研究结论进行解释和论证，我们借鉴尤格·布鲁姆与马丁·赫威格（1995）以及凯文·贾可（Kevin Jacques，2008）[③] 等学者的研究经验和理论模型进行改进，来分析资本充足率监管通过银行信贷行为变化最终影响社会总产出的具体传导路径。从经典的宏观经济模型出发对这一问题展开讨论，首先考察在一般商品市场中的均衡：市场的均衡条件是总供给（Y_s）等于总需求（Y_d），即 $Y_s = Y_d$。其中，商品总供给是工资率（w）和产品价格（p）的函数，而总需求则是家庭消费需求（X_d）、企业投资需求（I_d）、政府需求（G_d）以及随机扰动项 ε 的总和，并且假设工资率是由商品价格的期望 $E(p)$ 决定的，

[①]　N. Arjani, G. Paulin, Lessons from the Financial Crisis: Bank Performance and Regulatory Reform. *Bank of Canada Discussion Papers 2013-4*, 2013.

[②]　A. Clark, Prudential Regulation, Risk Management and Systemic Stability, *Risk Management and Systemic Stability, Bank of England Quarterly Bulletin*, 2006.

[③]　Kevin Jacques. Capital Shocks, Bank Asset Allocation, and the Revised Basel Accord, *Review of Financial Economics*, 2008, 17(2), pp. 79–91.

即商品市场均衡时存在以下等式关系：

$$\begin{cases} Y_s = Y_d \\ Y_s = f(w,p), w = \alpha \cdot E(p) \\ Y_d = X_d + I_d + G_d + \varepsilon \end{cases} \tag{5-1}$$

那么，随机扰动项 ε 的不确定将会如何影响市场价格和经济总产出是需要关注的一个重要问题，由 5-1 的均衡条件可以得到如下两个等式：

$$\frac{\mathrm{d}p}{\mathrm{d}\varepsilon} = \frac{\partial y_d}{\partial \varepsilon} \bigg/ \left[\frac{\partial y_s - \partial y_d}{\partial p} \right] \tag{5-2}$$

$$\frac{\mathrm{d}p}{\mathrm{d}\varepsilon} = \frac{\partial y_d}{\partial \varepsilon} \bigg/ \left[\frac{\partial y_s - \partial y_d}{\partial p} \right] \tag{5-3}$$

根据总供给是商品价格的增函数，而总需求是价格变化的减函数的基本经济规律 易知，随着 $\mathrm{d}P/\mathrm{d}\varepsilon$ 和 $\mathrm{d}y/\mathrm{d}\varepsilon$ 的增大，即价格和产出水平变化率增大，$\partial y_d/\mathrm{d}\varepsilon$ 随之变大，而 $(\partial y_d/\mathrm{d}p)/(\partial y_d/\mathrm{d}\varepsilon)$ 则越小，即表明当市场价格波动越大或者产出水平变动剧烈时，随机误差项对经济产出水平的影响就越大。

其次，再对资本充足率监管作用于宏观经济总量的重要传导环节——银行系统信贷行为与社会投资需求的相互影响进行考察。在不考虑资本充足率监管的情况下，由于银行信贷行为很大程度取决于存款和中央银行规定的准备金要求，因而可以通过构造存款需求 D_d 和准备金需求函数 R_d 来试图寻找彼此间的联系，存款需求函数见式 5-4，准备金需求函数为式 5-5：

$$D_d = \frac{1}{1+\gamma} M_d(p, r, y) \tag{5-4}$$

$$\begin{aligned} H &= R_d + \gamma \cdot D_d \\ &= R_d + \frac{\gamma}{1+\gamma} M_d(p, r, y) \end{aligned} \tag{5-5}$$

式中，$M_d(p, r, y)$ 表示货币需求函数 [①]，是由价格 P、债券利率 r 和产出总量 y 为自变量决定的函数，R_d 代表银行准备金需求，γ 是现金存款比

---

① 此处假设货币需求函数和传统消费需求函数具有相似的形式 $X_d(p, r, (1-t)py)$。

率，H 表示中央银行货币发行的基础货币。而市场投资行为的决定可以根据投资需求函数来进行判断，在 MM 理论假设并不成立的现实市场中，投资需求是由投资主体获取贷款或者留存收益的能力决定的，因此，可以将投资需求函数写为如下形式：

$$I_d = f(p, r, py - lw(y) - \psi, L_s) \tag{5-6}$$

其中，I_d 为投资需求函数，$lw(y)$ 表示与产出水平相关的劳动工资，ψ 代表总负债，而 L_s 为获得的银行贷款。等式 5-6 函数中的第三项反映了企业留存收益率的重要作用，而第四项则体现的是银行贷款对投资行为的作用，并且将 I_d 对各四个因子的偏导数分别记为 f_1、f_2、f_3 和 f_4。

银行信贷供给取决于存款需求、银行净资产以及银行监管规则，也就是说一家存款需求为 D_d、银行净资产为 E 的银行可以将其资金用于提供 L_s 的贷款、持有政府债券 B_g 或者 R_d 的银行准备金。为了简化推导过程，我们假设银行贷款、债券以及其他形式资产均有相同的到期日，从而在计算中可以忽略长期资产可能发生的资产损益。假设其他因素不变的情况下，相较于债券和准备金银行资产持有更偏好于发放贷款，但是在资本监管规则下，商业银行必须满足最低准备金要求（式 5-7）和资本充足率规定（式 5-8）：

$$R_d \geqslant \rho \cdot D_d \tag{5-7}$$

$$c \cdot L_s \leqslant E \tag{5-8}$$

这里 c 代表库克比率（Cooke Ratio），即巴塞尔委员会资本充足性管制框架中提出的核心资本与风险资产价值的比率保持最低为 8% 的规定，这个 8% 即为库克比率，也可称为资本充足率。基于上述假设条件和监管要求，我们可以用以下模型来描述银行的信贷行为：

$$R_d = \rho \cdot D_d \tag{5-9}$$

$$L_s = \min \left[E/c, E + (1-\rho)D_d \right] \tag{5-10}$$

$$\frac{1}{1+r} B_g = \max \left[0, E + (1-\rho)D_d - E/c \right] \tag{5-11}$$

其中，存款需求是由家庭行为特种决定的，从银行系统整体来看它可以由式 5-4 表示。同时，在忽略运营成本并假设银行不存在新股发行和分红行为的情形下，可知银行的净资产可以写为式 5-12 的形式：

$$E = R_0 + B_0 - D_0 + \psi \qquad （5-12）$$

式中 R_0、B_0 以及 D_0 分别表示银行存款准备金、债券到期值以及存款的初始值。银行负债总额 ψ 主要受实际贷款总量和借款人偿还能力影响，据此 ψ 可以写为：$\psi = \psi(p, y, w, L_0)$ 的形式，L_0 是银行贷款初值。综上由式 5-4—式 5-12 可以得到：

$$\frac{\partial I_d}{\partial y} = f_3\left(p - wl'(y) - \psi_y\right) + f_4 \cdot \psi_y / c \qquad （5-13）$$

$$\frac{\partial I_d}{\partial r} = f_2 \qquad （5-14）$$

$$\frac{\partial I_d}{\partial p} = f_1 + f_3\left(y - \psi_p\right) + f_4 \cdot \psi_p / c \qquad （5-15）$$

那么，当银行行为受到资本充足率监管约束时，即满足 $E/c < E + (1+\rho)D_d$ 的条件是银行提供的贷款为 $L_s = E/c$，得到银行信贷供给与资本充足率呈反向变动关系，其具体的作用渠道是：在银行净资产一定时，资本充足率的提高会降低商业银行的信贷供给 L_s，根据式 5-6 可知 L_s 会沿着投资需求函数渠道引起投资 I_d 的减少，最后 I_d 会通过式 5-1 的总需求函数导致市场总产出下降；类似地，资本充足率的降低会通过相同的渠道和作用顺序沿着 "c—L_s—I_d—y" 的路径传导，最终带来社会总产出的增加。根据巴塞尔资本协议和经济波动规律，一般在经济上行时期，资本充足率水平会出现下降，而在上行时期，资本充足率要求水平会逐步提高，即衰退时期资本充足率的提高会通过银行信贷紧缩最终导致社会总产出的下降，而繁荣时期资本充足率水平的降低则伴随着社会总产出的增加，由此可见资本充足率监管具有顺周期效应。同时，我们将银行不存在资本监管的情况进行对比，在 $E/c < E + (1-\rho)D_d$ 的条件下银行信贷供给量为 $L_s = E + (1-\rho)D_d$，发现银行贷款供给与资本充足率 c 无关。此外，结合式 5-12 至式 5-15 可推知，资本充足率监管不仅能够影响银行贷款供给和

社会投资，而且还会通过干预投资需求的弹性来对产出和价格产生影响。综上所述，可以将资本充足率监管顺周期效应的作用机制归纳到图 5-1 中。此外，一般而言资本充足率总是小于 1，那么由式 5-10 的弹性系数我们还可以推导出，面对相同单位的银行净资产增加，资本充足率监管规则下银行贷款供给增量总是大于不存在资本充足率监管规则下信贷供给的增加。

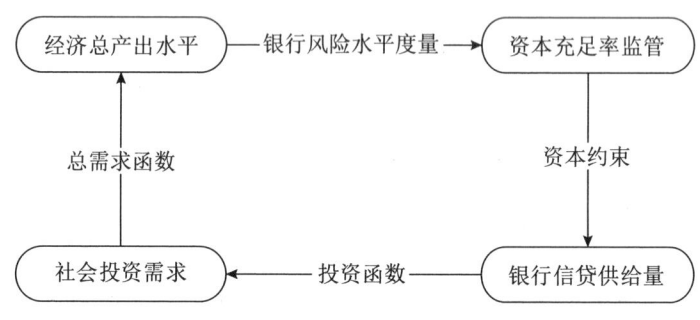

图 5-1　资本充足率监管宏观经济效应产生的理论路径

二、我国各类商业银行资本充足水平的现状

原银监会于 2004 年 3 月出台并实施了《中国商业银行资本充足率管理办法》，该办法规定我国所有商业银行的资本充足率监管都应当以 8% 为最低监管标准，以增强我国商业银行的风险抵御能力，同时这也标志着我国对商业银行的监管正式与国际准则接轨。近年来，后危机时期的国际经济金融形势复杂严峻，国内经济进入新常态，我国商业银行资本管理日益完善和规范，监管当局对商业银行的资本监管约束越发严格：2011 年原银监会发布了《中国银监会关于中国银行业实施新监管标准的指导意见》（银监发〔2011〕44 号），这份指导意见作为国内新一轮银行监管改革的纲领性文件将巴塞尔资本协议Ⅲ与我国银行监管实际相结合，明确了资本充足率、流动性比率、贷款损失准备和杠杆率监管指导标准。2012 年 7 月，原银监会又发布了《商业银行资本管理办法（试行）》（银

监会令 2012 年 1 号，以下简称《资本办法》），该办法整合了巴塞尔协议
Ⅱ与巴塞尔协议Ⅲ，将二者统筹推进，三大支柱和全面风险管理框架在
《资本办法》中被确立，并且于 2013 年通过了巴塞尔委员会对该规则与
国际监管规则的一致性评估，实际上这也是中国版的新巴塞尔资本协议。
2013 年是《资本办法》的实施元年，规定对商业银行的各项监管要采取
有序实施的方法，并计划于 2018 年底实现各项指标的全面达标。2014 年
4 月，为推进新资本协议中资本管理高级办法的实施，原银监会进一步核
准在五大国有商业银行和招商银行中实施资本管理高级办法，这标志着
我国银行业监管改革对风险管理能力提出了更高建设要求。根据上一节
理论分析的结论，资本监管的存在会加剧银行信贷行为对外部经济波动
的反应，而拥有更严格监管规则的《资本办法》则可能进一步放大信贷
行为对外部冲击的反应，同时银行系统自身的稳定性也被削弱，降低货
币政策在稳定经济方面的作用。

表 5-1　我国 20 家上市银行资本充足率变化表（2003—2014 年）

银行名称	2003	2004	2005	2006	2007	2008	2009	2010	2011	2012	2013	2014
中国工商银行	5.54	5.52	9.89	14.05	13.09	13.06	12.36	12.27	13.17	13.66	13.12	14.53
中国建设银行	6.91	6.51	11.29	13.59	12.11	12.58	12.16	11.70	12.68	13.68	14.32	14.87
中国农业银行	6.51	11.29	13.57	12.11	12.58	12.16	11.70	12.68	13.68	14.32	13.34	12.82
中国交通银行	8.80	7.40	9.72	11.20	10.83	14.44	13.47	12.00	12.36	12.44	14.07	13.80
中国银行	7.69	10.04	10.42	13.59	13.34	13.43	11.14	12.58	12.98	13.63	12.46	13.93
招商银行	12.57	9.49	9.55	9.01	11.39	10.40	11.34	10.45	11.47	11.53	12.14	11.74
平安银行	6.96	2.30	3.70	3.71	5.77	8.58	8.88	10.19	11.51	11.43	9.90	10.86
兴业银行	8.00	8.07	8.13	8.75	11.86	11.29	10.75	11.22	11.04	12.06	11.92	11.29
中信银行	8.90	8.11	8.11	9.41	15.27	14.32	10.72	11.31	12.27	13.44	11.24	12.33

续表

银行名称	2003	2004	2005	2006	2007	2008	2009	2010	2011	2012	2013	2014
民生银行	7.87	7.56	8.24	7.97	9.47	9.22	10.83	10.44	10.86	10.75	10.69	10.69
光大银行	4.80	5.00	-1.47	0.01	7.19	9.10	10.39	11.02	10.57	10.99	10.57	11.21
上海浦发银行	8.90	8.33	8.09	8.44	8.96	9.07	10.34	12.03	12.70	12.45	11.36	11.86
华夏银行	8.50	10.32	8.61	8.27	8.28	8.27	11.40	10.20	10.58	11.68	10.85	11.03
宁波银行	—	10.80	10.81	11.48	21.00	16.15	10.75	16.20	15.36	15.65	12.06	12.40
南京银行	—	10.47	12.16	11.73	30.14	24.12	14.07	14.63	14.96	14.98	12.90	12.00
北京银行	—	—	12.06	12.76	20.11	19.66	19.66	14.35	12.62	12.06	11.27	11.29
徽商银行	—	—	6.53	8.10	8.06	14.94	12.14	12.16	14.68	13.54	15.19	13.41
重庆银行	—	—	—	—	10.66	10.77	13.75	12.41	11.96	11.11	13.26	11.00
哈尔滨银行	—	—	—	—	8.58	10.72	13.22	11.75	12.61	12.97	12.55	12.09
盛京银行	—	—	—	—	—	—	—	—	12.02	11.92	11.17	12.65

资料来源：由 Bankscope 数据库和各银行年报数据整理而得。

注：表中资本充足率单位为 %。原银监会于 2004 年出台的《资本办法》确定了 8%的最低资本充足率监管标准；自 2013 年 1 月 1 起，根据《商业银行资本管理办法（试行）》（中国银监会令 2012 年第 1 号）和其他相关监管规定计算；其他比较期期末，按照《商业银行资本充足率管理办法》计算。

结合我国主要商业银行资本充足率的变化情况来对资本监管在我国的运行情况做一个简要回顾，表 5-1 列出了从 2003 年至 2014 年我国 20 家上市银行[①]资本充足率的总体情况[②]，由表中可以看出，总体上我国主要商业银行的资本充足率变化可归纳为三个阶段的变化特征：第一个阶段为 2005 年以前，银行整体资本充足率水平普遍偏低，银行抵御风险能

---

① 18 家上市银行包括 5 家国有大型商业银行和 8 家股份制商业银行以及 5 家城市商业银行。

② 由于不同银行资本监管指标的信息披露差异，个别年份数据无法获得，故做缺失处理。

力较弱。第二个阶段为进入 2005 年以后直至国际金融危机发生前，由于 2004 年颁布的《中国商业银行资本充足率管理办法》的实施，使得商业银行整体资本充足率水平显著上升，除个别银行外主要银行基本符合 8% 的最低资本充足率要求。第三个阶段为随着危机的爆发与蔓延，进入 2008 年以后商业银行普遍更加重视和强化资本监管，资本充足率水平稳步上升，上市银行的资本充足率全部达到了 8% 的最低监管要求，银行抗风险能力显著增强，尤其是在 2013 年随着第三版巴塞尔资本协议的正式落地以及 2014 年"资本管理高级办法"在五大国有商业银行和招商银行中的实施，商业银行尤其是国有大型商业银行的资本充足水平出现了显著上升。此外，从银行分类角度进行对比分析，可以发现在最低资本充足率监管规则实施后国有大型商业银行的资本充足率均超过了 8%，这表明五大国有商业银行的资本监管十分严格，抵御风险能力较强。而通过对股份制商业银行的观察，发现其资本充足率水平整体低于 5 家大型国有商业银行。图 5-2 描述了样本观测期 2003 年至 2014 年间对 107 家商业银行样本按照大型国有商业银行、股份制商业银行、城市和农村商业银行进行分类的基础上，再分别进行加权平均后得到的各类型商业银行资本充足率总体变化图，同时还包括依据原银监会发布的全国商业银行平均资本充足率水平数据绘制的走势线，由于数据发布的限制，该趋势线仅仅包括 2009 年到 2014 年的数据。通过观察可知，四类银行中股份制商业银行的资本充足率水平相较于其他三类银行最低，大型国有商业银行资本充足率水平整体变化平稳，2005 年以后均保持在 12% 的高监管水平上。城市商业银行和农村商业银行的变化趋势大体比较相似，在国际金融危机爆发前资本充足率平均值基本符合监管要求，保持在最低监管标准附近，但是 2008 年以后城市商业银行和农村商业银行资本充足率水平一路攀升，超过了股份制商业银行，风险抵御能力不断增强。从资本充足率监管角度来判断，我国大型国有商业银行的抗风险能力以及安全性要高于城市和农村商业银行，股份制银行最弱。

单位：%

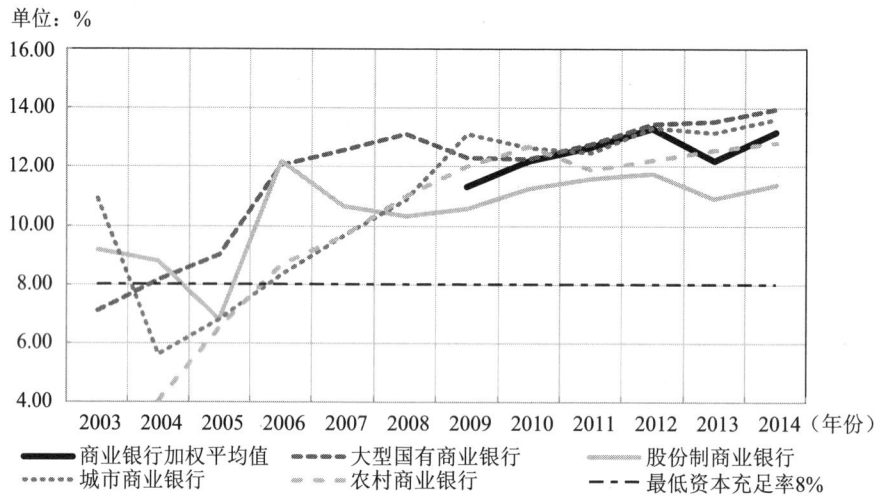

图 5-2　各类型商业银行平均资本充足率走势图（2003—2014 年）

资料来源：据中国银监会网站和 Bankscope 数据库相关数据整理和计算而得。

这一现象可能是由三方面的原因造成的：第一，银行市场的高速发展，使银行竞争日趋激烈，市场化导向程度较高的股份制银行为提高利润率，更倾向于扩大总资产规模或增大风险资产持有，从而造成资本充足率下降快于其他三个类型的银行；第二，从国家控股水平来看，大型国有商业银行控股权完全由财政部和中央汇金公司掌握，相较于其他类型银行，"五大行"经营的政府干预程度最高，因而造成经营目标更加注重稳健和安全；第三，"五大行"作为政府直接控股的大型商业银行，国家能够通过适时的注资行为实现某些宏观调控目标，国家注资显然会提高银行的资本充足率水平，如 2004 年的 450 亿美元外汇注资、2005 年的 150 亿美元外汇注资、2008 年的 180 亿美元以及 2014 年的 810 亿美元注资等。

三、我国商业银行资本充足率监管周期性效应的实证研究

（一）研究设计

本部分将结合经验数据着重对我国资本充足率约束对银行信贷行为

以及宏观经济周期波动的影响进行实证检验。根据文献综述部分可知，以胡安·阿约苏等（2004）[①]以及斯坦芬妮·斯托尔兹和米歇尔·维道（Stephanie Stolz 和 Micheal Wedow，2005）[②]为代表的学者对资本充足率随经济周期的变化特征做了大量研究，结论基本一致，即认为资本充足率约束与经济周期存在反方向变化的顺周期特征。与此同时，由于贷款是商业银行最主要和最传统的经营业务，资本对于银行的经营具有重要影响，在巴塞尔协议得到我国监管当局认可和采纳的现实背景下，分析资本充足率约束对商业银行行为尤其是信贷行为的影响，对于后危机时期的宏观审慎监管思想在银行监管领域的实践以及更好地理解商业银行的行为模式具有重要意义和价值，然而受研究样本和方法的限制，关于资本充足率约束与银行信贷行为之间的关系问题研究的文献并不多，还未能达成一致结论，进一步理清资本约束变化对商业银行信贷行为变化的影响显得十分必要。鉴于此，本部分在已有文献的基础上，结合我国商业银行最新经验数据，实证分析两个方面的问题：第一个问题，对我国商业银行资本充足率引发的宏观经济效应，即周期性行为特征进行再测度；第二个问题，我国资本充足率约束是否会影响商业银行信贷行为和规模，对这一问题进行探究也是本书的一个创新点。

针对第一个问题，我们可以基于本章第一小节的理论模型分析和现状分析结果，提出研究假设 H1：我国商业银行资本充足率水平变化与宏观经济周期波动方向相反，具有顺周期效应。

早在第一版巴塞尔资本协议发布以来，国外学者就对资本充足率约束与银行信贷变化的关系进行了初探，发现资本充足率约束能够对

①　J. Ayuso, D. Pérez, J. Saurina, Are Capital Buffers Pro-cyclical? Evidence from Spanish Panel Data, *Journal of Financial Intermediation*, 2004, 13(2), pp. 249–264.

②　S. Stolz, M. Wedow, Banks' Regulatory Capital Buffer and the Business Cycle: Evidence for German Savings and cooperative Banks, *Discussion Paper Series 2: Banking and Financial Studies, Deutsche Bundesbank*, 2005.

银行信贷产生显著干预效果（布鲁姆与赫威格，1995；霍姆斯特罗姆和梯若尔，1997[①]；迪尔蒙德和拉扬，2000[②]等），但这一时期的研究更多停留在理论研究层面。危机爆发后，弗朗西斯和奥斯本（2009）、普里等（Manju Puri 等，2010）、詹内蒂和西蒙诺夫（Mariassunta Giannetti 和 Andrei Simonov，2010）、希梅内斯等（2010）以及阿尔贝塔齐和马尔凯蒂（2010）等学者相继对英国、德国、日本、西班牙和意大利分别进行实证分析，得到相似结论：资本充足率约束程度与银行放贷减少显著相关，并且认为这种关系对经济体中严重依赖于银行贷款的部门打击最大。相较而言，现阶段我国学者从微观银行层面考察资本约束对信贷增长率的文献还十分有限，并且可数的文献对该问题的研究结论并不统一：刘斌（2005）提出我国商业银行在 1998 年到 2005 年间的信贷扩张受到最低资本要求的显著约束，闫丽瑞（2014）的研究支持该结论；黄宪和吴克保（2009）通过对中小企业信贷特征的研究发现资本充足性监管会紧缩商业银行对中小企业贷款；但是，赵锡军和王胜邦（2007）却认为资本充足率与银行贷款行为间的影响关系并不显著。图 5-3 描绘了我国 2004 年最低资本充足率标准实施后主要商业银行资本充足率与信贷增速的变化关系，由图中可以得出，除个别年份外，趋势图中商业银行的资本充足率约束与贷款增速变化基本表现出在 2008 年危机前同方向变化，在危机后反方向变化的关系。基于上述分析，我们得到研究假设 H2：我国商业银行资本充足率水平会对信贷行为产生影响，并且这种影响关系在危机发生前后可能并不相同。

---

① B. Holmstrom, J. Tirole, Financial Intermediation, Loanable Funds and the Real Sector, *Quarterly Journal of Economics*, 1997, 112(3), pp. 663–691.

② D. Diamond, R. Rajan, Banks, Short Term Debt and Financial Crises: Theory, Policy Implications and Applications, *CRSP Working Papers*, 2000, 54(1), pp. 37–71.

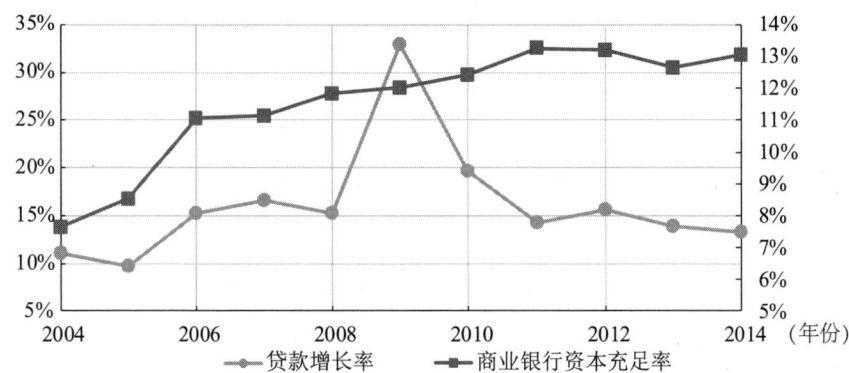

图 5-3　商业银行资本充足率与贷款增速变化情况（2003—2014 年）

资料来源：商业银行资本充足率为本书样本银行的算术平均值，贷款增速数据来源于《2014 年银监会年报》。

（二）实证模型构建

为了验证研究假设 H1，本书借鉴阿约苏等（2004）的模型推导思路[①]，来构造资本充足率与信贷行为关系的基准模型。阿约苏等（2004）经过推导得到的描述银行资本缓冲周期性特征的模型形式为：

$$BUF_{i,t} = \beta_1 \cdot BUF_{i,t-1} + \beta_2 \cdot GDPG_t + \sum_i \lambda_i \cdot Control_{i,t} + \eta_i + \varepsilon_{i,t} \quad (5-16)$$

其中，$i=1, 2, \cdots, N$（第 N 家银行），$t=1, 2, \cdots, T$，$BUF_{i,t}$ 表示第 i 家银行在第 t 年的资本缓冲水平，$BUF_{i,t-1}$ 的滞后一期值 $GDPG_t$ 为经济周期变量，用第 t 年的 GDP 增长率表示，而 $\sum_i \lambda_i \cdot Control_{i,t}$ 为反映银行资本缓冲行为特征的相关控制变量。与此同时，η_i 用以捕捉不可观测且不随时间变化，但是在不同银行个体间存在差异的全部因素，即银行的个体固定效应，$\varepsilon_{i,t}$ 是随机误差项。由于单一银行的实际投资取决于银行资本存量的动态变化水平，或者说银行当期资本水平是由上一期的资本水平和当期投资收益共同决定的，即存在等式 5-17 描述的关系：

　　[①]　阿约苏等（2004）学者在研究资本缓冲的顺周期性时，曾通过极值方法求解使银行经营成本最小化的资本变动值，以此寻找资本缓冲的理论模型结构，并在此基础上设定符合实际结构的计量分析模型，最后再结合数据进行回归分析得到结论。

$$K_{t-1} + I_t = K_t \qquad (5\text{--}17)$$

其中 K_t 和 K_{t-1} 分别表示银行当期（t 时期）和上一期（$t\text{--}1$ 时期）的资本水平，I_t 为银行在 t 时期的投资及因此获得的收益变动。同时，商业银行持有资本需要付出包括持有资本直接需要付出的成本（麦吉勒夫，1984），[①] 即银行的股权资本成本、持有资本而降低银行破产风险的失败成本（Failure Costs[②]）以及资本调整成本（Adjustment Costs[③]）在内的三部分成本，这里统称为资本总成本 TC_t，可由式 5--18 表示：

$$TC_t = (\alpha_t - \gamma_t)K_t + \theta_t I_t^2 / 2 \qquad (5\text{--}18)$$

这里 a_t、γ_t 和 θ_t 分别表示上述的三种成本。依据商业银行成本最小化经营目标，总成本方程对应的解应当使得总成本值最小，$\mathrm{Min} E_t \sum_{i=0}^{\infty} \beta_i \cdot TC_{t+i}$ 也相当于求特定条件下式 5--17 和式 5--18 的解。式中 β_i 为 i 时刻的贴现率，求解方程组得到通解：

$$I_t = E_t \left[\frac{1}{\theta_t} \sum_{i=0}^{\infty} \beta_i \cdot (\gamma_{t+i} - \alpha_{t+i}) \right] \qquad (5\text{--}19)$$

结合式 5--17 至式 5--19 可得：

$$E_t(K_t) = K_{t-1} + E_t \left[\frac{1}{\theta_t} \sum_{i=0}^{\infty} \beta_i \cdot (\gamma_{t+i} - \alpha_{t+i}) \right] \qquad (5\text{--}20)$$

用银行资本充足率与监管要求水平之差表示的资本缓冲 $(K - \overline{K})$ 来替换 K_t 可以得到资本缓冲行为特征的理论模型，见式 5--21：

$$(K - \overline{K})_t = (K - \overline{K})_{t-1} + E_t \left(\frac{1}{\theta_t} \sum_{i=0}^{\infty} \beta_i \gamma_{t+i} \right) - E_t \left(\frac{1}{\theta_t} \sum_{i=0}^{\infty} \beta_i \alpha_{t+i} \right) + \eta_i + \varepsilon_{i,t}$$

$$(5\text{--}21)$$

由于资本缓冲表示的是高于监管要求的银行超额资本充足率，我们

---

① S. Myers, N. Majluf, Corporate Financing And Investment Decisions When Firms Have Information That Investors Do Not Have, *Journal of Financial Economics*, 1984, 13(2), pp. 187--221.

② S. Acharya, Charter Value, Minimum Bank Capital Requirement and Deposit Insurance Pricing in Equilibrium, *Journal of Banking & Finance*, 1996, 20(2), pp. 351--375.

③ 调整成本这一概念是由麦克纳利（William McNally）在 1999 年发表的论文 "Open Market Stock Repurchase Signalling" 中提出的。

在等式两边同时加上最低资本充足监管水平 $\overline{K_{i,t}}$，从而将式 5-21 变换为：

$$K_{i,t} = K_{i,t-1} + E_t\left(\frac{1}{\theta_t}\sum_{i=0}^{\infty}\beta_i\gamma_{t+i}\right) - E_t\left(\frac{1}{\theta_t}\sum_{i=0}^{\infty}\beta_i\alpha_{t+i}\right) + \eta_i + \varepsilon_{i,t} \quad （5-22）$$

基于上述分析，可知 Ayuso 等人有关资本缓冲（$BUF_{i,t}$）的回归效果与资本充足率（$CAR_{i,t}$）相同，故我们研究的资本充足率周期性特征的基准模型可以写为如下形式：

$$CAR_{i,t} = \beta_1 \cdot CAR_{i,t-1} + \beta_2 \cdot GDPG_t + \sum_i \lambda_i \cdot Control_{i,t} + \eta_i + \varepsilon_{i,t} \quad （5-23）$$

其中，$CAR_{i,t}$ 为银行被解释变量资本充足率水平，解释变量 $GDPG_{i,t}$ 表示实际人均 GDP 增长率，该比率是由人均 GDP 增长率与 GDP 平减指数平滑处理后得到，用以捕捉经济周期的变动，$CAR_{i,t-1}$ 表示资本充足率的滞后一期值用以衡量资本充足水平影响的惯性。与此同时 $\sum_i \lambda_i \cdot Control_{i,t}$ 代表该模型的相关控制变量，控制变量的选取主要参考理论模型 5-22 的含义，分别选取了银行净资产收益率（$ROE_{i,t-1}$）作为股权资本融资成本的替代变量以及与银行经营失败成本密切联系的风险水平度量指标——不良贷款率（$NPL_{i,t-1}$），由于随着股权资本成本增加，银行的资本充足水平会降低，但是，净资产收益率同时也是银行利润指标，由于高收益可以替代资本来抵御和缓冲意料之外的冲击，因此收益因素会对银行财务状况产生影响，净资产收益率和资本充足水平间可能存在反向变动关系。因此，无论是把 $ROE_{i,t-1}$ 看作收益指标或成本指标度量，其预期估计系数应当是负号，而不良贷款率与银行风险水平高低同向变化，所以 $NPL_{i,t-1}$ 的预期估计参数符号为负。同时还引入银行资产规模作为银行规模的替代变量（$Size_{i,t-1}$），采用第 i 家银行第 $t-1$ 期资产总额的自然对数（LnAssets）来表示，根据金融机构"大而不能倒"的理论假设，大型银行往往由于拥有政府的隐性担保，一般更倾向于持有在满足监管标准水平后相对更低的资本充足率[①]，但是从监管制度角度来看，大型银行所受

---

① 对于规模较小的银行，则恰恰相反，小型银行则倾向于持有更高的资本充足率。

资本监管程度更为严格，因此 $Size_{i,t-1}$ 的预期符号方向并不确定。同时还流动资产占总资产比重（$Liquidity_{i,t}$）的滞后一期值来。η_i 和 $\varepsilon_{i,t}$ 分别为银行的个体固定效应和随机扰动项，由此方程 5-23 可以扩展为如下具体形式：

$$CAR_{i,t} = \alpha + \beta_1 \cdot CAR_{i,t-1} + \beta_2 \cdot GDPG_{i,t} + \lambda_1\ ROE_{i,t-1} + \lambda_2 \cdot NPL_{i,t-1}$$
$$+ \lambda_3 \cdot Size_{i,t-1} + \lambda_4 \cdot Liquidity_{i,t-1} + \lambda_5 \cdot Crisis_t + \eta_i + \varepsilon_{i,t} \qquad （5-24）$$

基于研究假设 H2，本书在参考 2010 年拜伦斯皮德（Jose Berrospide）和尔边（Rochelle Edge）研究的基础上对商业银行资本充足率水平与信贷行为的影响关系进行分析，特将基准模型设定如下：

$$Creditg_{i,t} = \alpha + \beta_1 \cdot Credit_{i,t-1} + \beta_2 \cdot CAR_{i,t} + \sum_i \lambda_i \cdot Control_{i,t} + \eta_i + \varepsilon_{i,t}$$
$$（5-25）$$

方程 5-25 中，$Creditg_{i,t}$ 为被解释变量，表示以银行贷款净额增长率衡量的信贷行为变化情况，解释变量为代表信贷调整压力的贷款增速滞后一期值（$Creditg_{i,t-1}$）和捕捉银行资本监管程度的资本充足率（$CAR_{i,t}$）。控制变量 $\sum_i \lambda_i \cdot Control_{i,t}$ 的选取主要从微观银行层面和宏观经济层面这两个方面来选取，微观银行层面的控制因素包括：银行资产规模变量（$Size_{i,t}$）、银行贷款风险替代指标——流动资产占总资产比重（$Liquidity_{i,t}$）、反映信贷资产规模和预期损失的贷款总额与总资产比值（$RLoan_{i,t}$）以及不良贷款率（$NPL_{i,t}$），考虑到变量影响的时滞性，本节均采用上述控制变量滞后一期值。宏观层面则选择宏观经济环境替代变量人均 GDP 增长率和宏观调控货币政策替代变量基准贷款利率（Rb_t）。此外，为了考察金融危机发生前后资本充足率对信贷行为影响是否存在差异，本书还引入时间虚拟变量 $Crisis_t$ 来考察这一重大冲击的干预效果，时间年份处于 2008 年或者 2009 年时 $Crisis_t$ 的取值为"1"，否则取"0"值。该模型重点关注各家商业银行信贷增长率与其资本充足率水平间的关系 β_2，$\beta_2 > 0$ 说明我国资本充足率监管对银行贷款增长产生了约束效应，资本水平越高，银行信贷增速也越快，反之则相反；当 $\beta_2 < 0$ 时则代表资本监管没有对贷款增长产生抑制。基于上述分析，基准模型可具体写为：

$$
\begin{aligned}
Creditg_{i,t} = &\ \alpha + \beta_1 \cdot Creditg_{i,t-1} + \beta_2 \cdot CAR_{i,t} + \lambda_1 \cdot GDPG_{i,t} + \lambda_2 \cdot Rb_t + \\
& \lambda_3 \cdot Size_{i,t-1} + \lambda_4 \cdot Liquidity_{i,t-1} + \lambda_5 \cdot NPL_{i,t-1} + \\
& \lambda_6 \cdot RLoan_{i,t-1} + \lambda_7 \cdot Crisis_t + \eta_i + \varepsilon_{i,t}
\end{aligned}
\tag{5-26}
$$

（三）研究样本与数据来源

由于我国资本充足率监管始于 2004 年《商业银行资本充足率管理办法》的发布，在此之前我国绝大多数商业银行的资本充足率较低，无法满足巴塞尔资本协议的监管要求。因此，本书的样本观测期选择 2004 年为起点，样本数据具体包括 2004 年至 2014 年共 11 年间我国 107 家商业银行的面板数据，并采集了观测期内历年的人均 GDP 增长率和贷款基准利率，具体包含的变量及其描述性统计结果详见表 5-2。依据公式 5-24 和 5-26 运用广义矩估计方法，对我国商业银行资本监管与经济周期以及资本监管与银行信贷作为变化进行实证分析，具体的回归过程按照全体商业银行样本和不同类别银行样本两个维度分别进行分析。

表 5-2　变量的定义与描述性统计结果

变量名称	变量涵义或计算方法	均值	标准差	最大值	最小值
Creditg	经 GDP 平减指数处理后的银行贷款净额增长率	13.636	16.276	134.78	−31.95
CAR	银行资本充足率	12.735	17.920	24.310	−1.470
GDPG	人均实际 GDP 增长率，名义人均 GDP 增长率 /GDP 平减指数 ×100	4.548	2.870	7.800	−0.590
Rb	一年期贷款基准利率	5.911	0.573	6.93	4.860
NPL	不良贷款率	2.477	3.865	41.860	0.010
Rloan	贷款总额 / 总资产 ×100	48.841	10.883	137.54	14.37
Size	银行规模变量，资产总额的自然对数 lnAssets	25.425	1.757	30.500	21.340

续表

变量名称	变量涵义或计算方法	均值	标准差	最大值	最小值
ROE	银行净资产收益率	17.904	13.358	54.140	−27.92
Liquidity	流动资产占总资产比率	27.952	14.056	85.08	2.120
Crisis	时间虚拟变量，经济危机时期取1，其他时期为0	0.100	0.300	0	1

（四）资本充足水平周期性特征的估计结果分析

本节先后采用面板数据混合回归（Pooled-OLS）和动态面板广义矩估计（GMM）分别进行回归分析。面板数据最小二乘法估计的目的是对资本充足率水平变化的周期性特征进行大致的趋势判断，并且为广义矩估计回归分析提供对比的参考。系统广义矩估计方法是本节模型估计的最适用方法，这是因为对于包含以被解释变量滞后项作为解释变量的动态面板数据模型，如式 5-24 和式 5-26，不仅随机效应（RE）无法确定，并且还存在由固定效应（FE）不一致带来的动态面板偏差，从而带来诸如弱工具变量以及无法估计不随时间变化的变量系数等问题，而系统 GMM 方法则可以解决这些问题，提高估计效率。与此同时，为保证模型估计的可靠性和有效性，模型估计完成后还需要做用来判断模型工具变量使用合理性的过度识别检验以及验证方程误差项有无序列相关性的序列相关性检验这两个重要检验，只有通过这两个检验的模型，才是合理有效的。

表 5-3　我国商业银行资本充足率的周期性特征回归结果

	商业银行全体样本					
	$CAR_{i,t}$					
	Pooled-OLS			System-GMM		
	（1）	（2）	（3）	（4）	（5）	（6）
$CAR_{i,t-1}$	0.496*** (0.000)	0.493*** (0.000)	0.489*** (0.000)	0.473*** (0.000)	0.470*** (0.000)	0.487*** (0.000)
$GDPG_t$	−0.037* (0.059)	−0.035* (0.092)	−0.038 (0.256)	−0.045 (0.100)	−0.037 (0.224)	−0.029 (0.332)

续表

	商业银行全体样本					
	$CAR_{i,t}$					
	Pooled–OLS			System–GMM		
	（1）	（2）	（3）	（4）	（5）	（6）
$ROE_{i,t-1}$	−0.013**	−0.011*	−0.011**	−0.020*	−0.022*	−0.030*
	（0.039）	（0.093）	（0.042）	（0.052）	（0.052）	（0.078）
$NPL_{i,t-1}$	−0.105***	−0.1136***	−0.114***	−0.150***	−0.117*	−0.116**
	（0.006）	（0.003）	（0.004）	（0.003）	（0.069）	（0.016）
$Size_{i,t-1}$		−0.0722*	−0.0737**		0.0768	0.974
		（0.074）	（0.037）		（0.151）	（0.239）
$Liquidity_{i,t-1}$		−0.016**	−0.011***		0.008*	0.004*
		（0.018）	（0.007）		（0.061）	（0.095）
$Crisis_t$			0.198*			0.073
			（0.067）			（0.105）
Constant	6.604	5.012	4.365	5.117	5.056	3.470
	（0.171）	（0.226）	（0.533）	（0.128）	（0.195）	（0.624）
AR(1)				0.003	0.003	0.002
AR(2)				0.252	0.343	0.857
Adj R²	0.423	0.526	0.754			
Sargan				0.641	0.759	0.909

注：***、**、* 分别表示模型回归结果在 1%、5% 和 10% 的置信水平下显著。AR(1) 为 SYS–GMM 模型扰动项的一阶自相关性检验的 P 值；AR(2) 为 SYS–GMM 模型扰动项的二阶自相关性检验的 P 值，Adj R² 表示调整后的可决系数。Sargan 为 Sargan 过度识别检验的 P 值。

表 5–3 是基于模型 5–24 对我国 107 家商业银行全样本的回归结果，其中 1—3 列为混合回归的估计结果，而第 4—6 列为系统广义矩估计法的回归结果。从表中可以得出：（1）无论是 OLS 还是 GMM 回归，资本充足率与其一阶滞后项在 1% 的水平上显著相关，说明资本充足水平存在同向调整压力，动态模型的设定是合理的。（2）核心解释变量人均 GDP 增长率与资本充足水平在 OLS 回归下出现了在 10% 水平上的负相关关系，但是这种关系在更精确的 GMM 估计中并不显著，并且在对控制变量进行调整以后无论在哪种方法下系数均不显著，由此可知我国商业银行总体的资本充足率水平调整在 2004 年至 2014 年间没有表现出周期性特征，

资本充足率监管与经济周期变化不具趋势规律。（3）通过观察控制变量的系数，净资产收益率与资本充足率调整反方向变化，与预期结果相同，即股权资本融资成本的高低会引起资本充足率反向调整；从不良贷款率的回归结果来看，其与资本充足率间表现为显著的负相关关系，这表明当银行面临较高风险水平、不良贷款率升高的情况下，银行当期利润被消耗从而导致资本充足水平的下降；银行资产规模替代变量的回归结果仅仅在 OLS 下轻微显著，而在 GMM 估计下结果不再显著。这反映了资本充足率水平的变化并未受到银行资产规模的影响；流动资产占比从资产流动性角度反映了银行的风险水平，实证结果显示流动资产占比与资本充足率调整关系为正相关，在 10% 的水平上显著，流动资产占比的增加对资本充足率提升有促进作用。此外，一方面，OLS 回归下金融危机虚拟变量的系数在 10% 的置信水平显著，但是量纲较小，另一方面，系统广义矩估计的结果却并不显著，这表明危机发生后商业银行资本充足率水平有所提高，但是这种增长并不显著。

表 5-4　不同类别商业银行资本充足率的周期性特征 Pooled—OLS 回归结果

	$CAR_{i,t}$							
	大型国有商业银行		股份制商业银行		城市商业银行		农村商业银行	
	（1）	（2）	（3）	（4）	（5）	（6）	（7）	（8）
$CAR_{i,t-1}$	0.263** （0.015）	0.178** （0.028）	0.191*** （0.004）	0.166*** （0.008）	0.471*** （0.000）	0.437*** （0.000）	0.320*** （0.002）	0.316*** （0.005）
$GDPG_t$	0.018 （0.159）	0.006* （0.088）	−0.062** （0.013）	−0.072** （0.048）	−0.030* （0.058）	−0.033** （0.020）	−0.028 （0.112）	−0.041* （0.094）
$ROE_{i,t-1}$	0.010 （0.238）	−0.060* （0.249）	−0.030 （0.271）	−0.069** （0.016）	−0.020** （0.023）	−0.020* （0.035）	−0.064** （0.028）	−0.077** （0.033）
$NPL_{i,t-1}$	0.117* （0.138）	−0.123* （0.093）	−0.676*** （0.000）	−0.668*** （0.000）	−0.121** （0.012）	−0.118** （0.015）	−0.315*** （0.007）	−0.363*** （0.004）
$Size_{i,t-1}$		0.334*、 （0.260）		0.383*** （0.001）		0.010** （0.047）		0.139* （0.060）

	$CAR_{i,t}$							
	大型国有商业银行		股份制商业银行		城市商业银行		农村商业银行	
	（1）	（2）	（3）	（4）	（5）	（6）	（7）	（8）
$Liquidity_{i,t-1}$		−0.016**		−0.013*		0.023*		0.034
		（0.018）		（0.061）		（0.093）		（0.178）
$Crisis_t$		0.957		0.437		−0.408		1.025**
		（0.306）		（0.419）		（0.436）		（0.020）
Constant	5.322	1.0598	4.806	0.709	5.173	1.798	6.094	2.573
	（0.247）	（0.950）	（0.351）	（0.829）	（0.607）	（0.480）	（0.741）	（0.850）
Adj R^2	0.378	0.459	0.595	0.6673	0.3825	0.502	0.5590	0.7863

注：***、**、* 分别表示模型回归结果在 1%、5% 和 10% 的置信水平下显著。
Adj R^2 表示调整后的可决系数。Sargan 为 Sargan 过度识别检验的 P 值。

图 5-2 是我国不同类型银行资本充足率约束走势，表明了我国各类商业银行资本充足率变化的异质性，由此可以推断四类商业银行资本监管的周期性特征可能也并不相同。表 5-3 和表 5-4 分别列出了模型 5-24 对银行分类样本分别按最小二乘回归和广义矩估计回归的结果。其中子样本银行是依据银监会对银行业的划分标准来选取的，分别包括：5 家大型国有商业银行（第 1—2 列）、12 家股份制商业银行（第 3—4 列）、65 家城市商业银行（第 5—6 列）以及 25 家农村商业银行（第 7—8 列）共四个子样本。回归方法仍然是分别运用 Pooled-OLS（表 5-3）和系统广义矩估计（表 5-4）两种方法进行对比分析。表中的结果显示，首先，所有估计结果均显示资本充足水平的一阶滞后项系数显著为正，即存在正向的动态相关关系，当期资本充足率调整会受到上一期约束水平的同向影响。其次，我们重点关注的经济周期变量 $GDPG_t$ 的表现差异显著：两种拟合方式下，大型国有商业银行的资本充足率监管与经济周期的系数都为正，但是显著程度较弱[①]。这可能是由两方面的

————————

① Pooled-OLS 回归下的轻微显著性在 Systemic-GMM 回归下消失。

原因造成的，一方面，大型国有银行的股权结构中政府占据了绝对控股权，五大国有大型银行可以说是受政府调控意愿干预程度最高的银行，从而或多或少地会承担一些政策性任务，并相较于其他类型商业银行对逆周期的宏观调控政策反应迅速，因而可能抵消资本监管本身的顺周期特性；另一方面，因为相较于模型中待估变量的个数而言，大型国有银行类型下的样本观测银行过少，使得估计的标准差过大[①]，从而导致结果弱显著。除了个别回归结果外，股份制商业银行、城市商业银行以及农村商业银行的资本充足率约束与人均 GDP 增长率系数在两种方法下基本都显著为负，即这三种类型银行的资本约束具有顺周期性，经济上涨时期资本约束会放松，下行时期约束会收紧，只是相较而言农村商业银行的这一特点的显著性稍弱。综上所述，我国商业银行资本充足率监管在大型国有银行和股份制银行中具有顺周期特性，即资本充足率水平的调整在这两类银行信贷扩张的调整约束效果显著，而城市和农村商业银行的研究样本均未发现显著的周期性变化规律。此外，控制变量的变化规律大致与全样本回归结果类似。

表 5-5　各类商业银行资本充足率的周期性特征的 System—GMM 回归结果

	$CAR_{i,t}$							
	大型国有商业银行		股份制商业银行		城市商业银行		农村商业银行	
	（1）	（2）	（3）	（4）	（5）	（6）	（7）	（8）
$CAR_{i,t-1}$	0.403* (0.063)	0.655** (0.041)	0.526** (0.015)	0.326* (0.054)	0.493*** (0.000)	0.489*** (0.000)	0.050** (0.031)	0.026* (0.096)
$GDPG_t$	0.031 (0.132)	0.011 (0.105)	-0.042** (0.106)	-0.059*** (0.042)	0.033 (0.187)	0.028 (0.164)	-0.041 (0.857)	0.006 (0.973)
$ROE_{i,t-1}$	0.752 (0.214)	0.701 (0.200)	-0.054* (0.076)	-0.037 (0.168)	-0.051* (0.089)	-0.059** (0.049)	-0.092* (0.085)	-0.096* (0.073)

---

① 根据标准差计算公式：$\text{Standard Error} = \sqrt{\dfrac{1}{N}\sum_{i=1}^{N}(x_i-\mu)^2}$，国有大型商业银行的样本数量 N=5，其他条件不变的情况下，标准差（Standard Error）会很大。

	$CAR_{i,t}$							
	大型国有商业银行		股份制商业银行		城市商业银行		农村商业银行	
	（1）	（2）	（3）	（4）	（5）	（6）	（7）	（8）
$NPL_{i,t-1}$	0.905**	0.743**	−1.032**	−0.498**	−0.129**	−0.122*	−0.407*	−0.609*
	（0.016）	（0.008）	（0.041）	（0.040）	（0.043）	（0.058）	（0.054）	（0.087）
$Size_{i,t-1}$		0.129		0.236		−0.009		−0208*
		（0.260）		（0.415）		（0.572）		（0.387）
$Liquidity_{i,t-1}$		0.072		−0.020		0.037		0.030
		（0.173）		（0.380）		（0.116）		（0.159）
$Crisis_t$		0.512		−0.437		0.552**		1.334*
		（0.173）		（0.419）		（0.026）		（0.067）
Constant	2.740	1.092	5.137	1.302	5.644	4.038	7.147	3.401
	（0.594）	（0.708）	（0.751）	（0.647）	（0.714）	（0.723）	（0.604）	（0.779）
AR(1)	0.074	0.050	0.073	0.048	0.046	0.017	0.047	0.051
AR(2)	0.351	0.630	0.429	0.628	0.502	0.535	0.359	0.458
Sargan	0.762	0.805	0.745	0.852	0.799	0.841	0.629	0.740

注：***、**、* 分别表示模型回归结果在 1%、5% 和 10% 的置信水平下显著。AR(1) 为 SYS-GMM 模型扰动项的一阶自相关性检验 P 值；AR(2) 为 SYS-GMM 模型扰动项的二阶自相关性检验的 P 值。Sargan 为 Sargan 过度识别检验的 P 值。

（五）资本充足率约束对信贷行为影响的估计结果分析

在上述分析的基础上，本节结合模型 5-26 对研究假设 H2 进行验证，回归结果见表 5-6 和表 5-7。表 5-6 报告了全样本数据在不同控制变量下广义矩估计的回归结果，其中，第 1 列是未包含控制变量的基准模型回归结果，第 2—5 列为不同的控制变量调整下的回归结果。根据回归结果可知：（1）贷款增长率的一阶滞后项均显著为正，上一期贷款增速调整约有 9.2%—19.9% 可以得到保持，贷款增长率的滞后调整压力确实存在，动态模型的运用具有合理性。（2）我们重点关注的资本充足率水平对信贷行为变化存在正向作用关系，但是几乎不显著，这表明在 2004 年至 2014 年间资本充足率监管对我国信贷增长未产生显著的约束效果，伴随商业银行的资本充足率的提高，贷款增速没有发生显著变化，银行全样本资本充足率的周期性变化不符合假设 1，这可能与不同类型银行间异质的周期性表现有关。（3）经济周期替代变量人均 GDP 增长率与资本充足率的系数基本为负，但是显著性很弱，表明商业银行整体信贷行为变化随经济周期变化的特征并不显著。（4）结合其他控制变量的估计结果，发现除了个别回归结果外，流动资产占比与信贷增速系数为负，即流动性资产占比越大，信贷增速下降越多，这是因为高流动资产比例要求银行下调高风险的短期贷款量；银行规模变量与信贷增量显著负相关，也就是说整体资产规模越大的银行信贷增速越慢，这与我国监管要求随资产规模增加而变得更加严格的现实是相符合的；不良贷款率对信贷增速有一个显著的负向影响，也就是说不良贷款率的升高会降低银行贷款规模的扩张速度，反之则相反；而贷款总额的总资产占比估计系数并不显著，可知贷款预期损失风险对我国商业银行整体贷款增长变化没有影响；最后，由宏观层面控制变量的结果可知：银行短期贷款基准利率对信贷增速变化的影响显著，贷款基准利率升高能够有效地抑制信贷的增长，基准利率下降时促进贷款规模扩大；同时，金融危机虚拟变量显著为正的结果表明金融危机发生后的 2008 年和 2009 年我国贷款规模出现了显著增长，这与图 4-3 刻画的贷款增速走势相符合。

表 5-6　我国商业银行资本充足率的周期性特征回归结果

	$Creditg_{i,t}$				
	（1）	（2）	（3）	（4）	（5）
$Creditg_{i,t-1}$	0.199** （0.022）	0.129* （0.091）	0.196** （0.012）	0.092** （0.027）	0.130** （0.014）
$CAR_{i,t}$	−0.223 （0.216）	0.120 （0.102）	0.368 （0.177）	0.288 （0.141）	0.156* （0.087）

续表

	Creditg$_{i,t}$				
	（1）	（2）	（3）	（4）	（5）
GDPG$_t$	0.049	−0.066	−0.155	−0.145*	−0.053
	（0.124）	（0.167）	（0.140）	（0.076）	（0.116）
Liquidity$_{i,t-1}$		−0.052	−0.191	−0.058*	−0.054**
		（0.167）	（0.102）	（0.063）	（0.037）
Size$_{i,t-1}$		−3.496**	−2.216*	−3.934***	−3.547**
		（0.019）	（0.058）	（0.008）	（0.020）
NPL$_{i,t-1}$			−0.455**		
			（0.044）		
RLoan$_{i,t-1}$			0.427		
			（0.112）		
Rb$_t$				−5.183***	
				（0.000）	
Crisis$t$					1.695*
					（0.096）
Constant	10.235**	8.724*	7.147	6.746	8.597
	（0.013）	（0.083）	（0.411）	（0.379）	（0.690）
AR(1)	0.001	0.001	0.003	0.002	0.001
AR(2)	0.646	0.354	0.503	0.622	0.326
Sargan	0.404	0.427	0.708	0.930	0.543

注：***、**、*分别表示模型回归结果在1%、5%和10%的置信水平下显著。AR(1)为 SYS-GMM 模型扰动项的一阶自相关性检验的 P 值；AR(2) 为 SYS-GMM 模型扰动项的二阶自相关性检验的 P 值，Sargan 为 Sargan 过度识别检验的 P 值。

表 5-7 显示了不同类型银行子样本基于模型 5-26 的估计结果。首先，贷款规模增速的滞后项在所有子样本估计中均显著，故动态模型的设定是有效的，当期信贷增速的变动受到来自上一期变动的影响。其次，结合系数分别进行分析：（1）大型国有商业银行的资本充足率水平对信贷行为变化的影响显著为负，即资本充足率水平提高的同时伴有贷款增速的加快，这说明在资本充足的大型国有银行中资本充足率自发达标，

并未对信贷行为带来约束，反而作为资本充足水平良好的标志，刺激贷款规模的扩大，这与一些研究结论相类似（拜伦斯皮德和尔边，2010；闫丽瑞，2014 等）；（2）股份制银行中资本充足率监管确实对信贷增速产生了约束作用，随着资本充足率的提高，信贷增速逐渐放缓；（3）城市商业银行中资本充足率对贷款增速的关系与股份制银行相似，只是显著水平较弱；（4）农村商业银行资本充足率的估计系数大于零，但是并不显著；股份制和城市商业银行的估计结果与图 5-2 刻画的走势相符，在 2004 年《资本办法》实施后我国商业银行面临的资本约束由"软约束"转变为"硬约束"，资本充足率水平大幅提升，将其与全样本银行的估计结果进行对比可以推断，严格的监管规则要求所有商业银行满足资本监管要求，资本充足率已知处于较低水平的我国商业银行不得不通过增加资本或者减少贷款来提高资本充足水平，从而出现资本充足率监管阻碍银行信贷资产增长的现象。同时，结合全样本商业银行的回归结果可知：资本充足水平监管未表现明显的约束作用的一个重要原因应当与不同类型商业银行资本充足率对贷款规模增长的不同影响密切相关，因为方向不同的影响效果可能会产生相互抵消的效果。

此外，从贷款基准利率的估计系数可以得到结论，以贷款基准利率为替代变量的货币政策调控在各类型商业银行中均发挥了一定作用，但是从显著性水平和系数绝对值大小来看，其对农村商业银行的作用效果相对最小。最后，通过观察金融危机时间虚拟变量的估计系数，发现只有城市商业银行样本的信贷增速在危机爆发的当年和下一年显著减少时，另外三种银行的系数均为正数，这说明在危机发生后除城市商业银行外的其他银行信贷增速不降反升，只是大型国有银行的这一系数并不显著，而农村商业银行因系数的量纲较小从而增幅不明显，大型国有银行与股份制银行的具体信贷增速变化情况详见表 5-8。

表 5-7 我国商业银行资本充足率的周期性特征回归结果

	$Creditg_{i,t}$							
	大型国有商业银行		股份制商业银行		城市商业银行		农村商业银行	
	（1）	（2）	（3）	（4）	（5）	（6）	（7）	（8）
$Creditg_{i,t-1}$	−0.345** (0.028)	−0.398** (0.047)	0.262** (0.035)	−0.164** (0.040)	0.247** (0.046)	−0.242** (0.049)	−0.217 (0.124)	−0.467** (0.024)
$CAR_{i,t}$	−1.441*** (0.003)	−1.544* (0.073)	0.593** (0.024)	0.127*** (0.007)	0.969* (0.079)	0.953** (0.012)	0.470 (0.230)	0.540 (0.191)
$GDPG_t$	−0.125* (0.053)	0.339 (0.317)	−0.129** (0.015)	0.088** (0.022)	0.318 (0.265)	0.338 (0.220)	0.169 (0.162)	0.277 (0.839)
$Liquidity_{i,t-1}$		0.726 (0.147)	−0.154*** (0.006)	−0.195 (0.684)	0.274* (0.076)	0.293* (0.065)	−0.262** (0.041)	−0.188* (0.086)
$Size_{i,t-1}$		−1.740 (0.374)	−7.909** (0.010)	−8.569** (0.044)	−10.169*** (0.000)	−9.413*** (0.001)	1.136** (0.037)	−1.449 (0.081)
$NPL_{i,t-1}$		−0.791 (0.374)	−0.220* (0.085)	0.203* (0.089)	−0.684 (0.156)	−0.837 (0.161)	−1.112 (0.967)	−1.476 (0.973)
Rb_t		−4.038** (0.034)	−8.982*** (0.005)	−10.770*** (0.005)	−2.870*** (0.001)	−3.184*** (0.004)	−4.415 (0.115)	−5.955* (0.095)
$Crisis_t$		1.067 (0.083)		1.927** (0.039)		−1.859** (0.051)		0.516* (0.071)
$Constant$	8.586 (0.606)	9.714 (0.753)	9.327 (0.255)	6.375 (0.489)	7.227 (0.589)	6.147 (0.470)	4.757 (0.970)	5.017 (0.830)
AR(1)	0.078	0.090	0.027	0.048	0.002	0.002	0.025	0.068
AR(2)	0.286	0.208	0.702	0.819	0.423	0.457	0.710	0.715
Sargan	0.504	0.423	0.850	0.893	0.714	0.639	0.850	0.912

注：***、**、* 分别表示模型回归结果在 1%、5% 和 10% 的置信水平下显著。AR(1) 为 SYS-GMM 模型扰动项的一阶自相关性检验的 P 值；AR(2) 为 SYS-GMM 模型扰动项的二阶自相关性检验的 P 值，Sargan 为 Sargan 过度识别检验的 P 值。

表 5-8 我国大型国有和股份制商业银行 2004—2013 年信贷扩张增速

年份	2004	2005	2006	2007	2008	2009	2010	2011	2012	2013
中国工商银行	11.08	12.41	3.11	10.23	11.99	12.09	25.86	18.63	14.65	13.03
中国建设银行	23.29	11.85	10.20	16.73	13.85	15.72	27.40	17.75	14.46	15.57

年份	2004	2005	2006	2007	2008	2009	2010	2011	2012	2013
中国农业银行	11.85	10.20	16.73	13.85	15.72	27.40	17.75	14.46	15.57	14.38
中国银行	7.86	3.82	8.62	17.83	15.80	50.41	15.43	12.02	8.17	10.87
中国交通银行	30.75	22.25	19.84	19.92	19.29	19.95	38.71	21.59	14.38	14.94
平安银行	−3.94	18.56	17.13	26.13	28.37	26.71	13.32	52.34	16.13	17.55
广发银行	10.41	−24.27	30.70	14.78	24.03	22.89	23.13	15.95	14.68	17.21
恒丰银行	35.35	91.41	44.90	28.96	42.98	42.54	26.59	19.77	17.97	19.73
渤海银行	—	—	—	—	91.49	100.55	32.13	21.53	25.51	18.25
浙商银行	NA	161.31	64.03	56.47	50.74	70.25	28.81	31.52	22.07	18.93
中国招商银行	49.43	21.44	26.32	19.78	19.11	30.31	36.24	20.69	14.42	16.14
上海浦东发展银行	21.87	21.40	22.11	19.55	23.64	33.65	23.46	15.85	15.85	14.38
兴业银行	NA	27.85	34.02	25.74	24.80	38.56	21.76	15.00	24.32	9.64
中信银行	29.39	11.47	22.65	26.63	24.81	26.60	46.64	18.62	13.22	15.37
民生银行	42.91	31.11	24.87	17.55	16.49	34.23	19.59	13.55	14.70	13.91
光大银行	4.31	13.24	15.98	12.20	14.03	40.32	23.31	14.22	12.01	14.52
华夏银行	72.35	20.11	29.46	10.95	17.63	15.78	21.35	22.75	15.41	17.78

注：表中数据由 Bankscope 数据库计算而得，单位为%，"—"代表缺失值。

（六）研究结论

本部分以我国 2004 年至 2014 年四类商业银行的年度数据为样本，综合运用最小二乘法和动态面板广义矩估计法对资本充足率监管的周期性特征及其对银行信贷行为的影响进行实证分析，并得到相应结论，下面我们对研究结论进行总结归纳：

结论一，我国商业银行的资本充足率监管整体上并未表现出显著的周期性趋势，国外有关资本充足率约束周期性变化的结论并不适用。但是在分类银行样本回归的结果中发现，大型国有商业银行与股份制商业银行的资本充足率监管与经济周期变量显著负相关，由此可知这两类银行的资本充足率监管具有显著的顺周期性，并且大型国有商业银行的顺周期效应显著水平相对低于股份制商业银行。同时，对城市和农村商业银行样本的考察发现二者均不具有显著的周期性特征。

结论二，资本充足率监管对商业银行整体信贷行为不存在显著影响，但是分类样本回归的结果却反映了在不同银行类型结果中这一影响作用是存在的并且差异性显著。具体来说，大型国有银行的资本充足率要求并未对其信贷增速产生抑制作用，相反由于其资本充足水平往往较高，资本充足率作为银行资本充裕程度的体现对信贷扩张起到一定的促进作用。股份制银行和城市商业银行中资本充足率监管对信贷行为产生了约束作用，信贷增速随着资本充足率的提高而下降，而农村商业银行的这种约束作用在我们选取的样本银行中并不显著，银行业整体周期特征的不显著可能是不同类型银行相互抵消的结果。

第二节　内部评级法与信贷行为的周期性

内部评级即是由银行专门的风险评估人员，采用一定的评级方法，对借款人或交易对手按时、足额履行相关合同的能力和意愿进行综合评价，并用简单的评级符号表示信用风险的相对大小。巴塞尔新资本协议所提倡的内部评级法在本质上其实是一套以银行内部风险评级为基础的资本充足率计算及资本监管的方法。换句话说，就是只有具备了内部评级的技术手段和制度体系，银行才有能力运用内部评级法进行资本监管。针对银行账户信用风险的计量，新巴塞尔资本协议给予了商业银行自由选择评级方法的权利，常用的风险评级包括两种不同的计算方法，分别是：标准法（Standardized Approach，以下简称SA）和内部评级法（Internal Ratings-based Approach，以下简称IRB），其中，标准法的风险权重直接取决于专业评级机构的外部评级结果或者监管当局结合评级结果调整后设定的风险权重值；而内部评级法允许银行自行计算风险权重函数的构成变量[①]，具体包括：违约概率（Probability of default，以下简称PD）、违约损失率（Loss given default，以下简称LGD）、违约风险暴露（Exposure at default，以下简称EAD）和期限（Maturity，以下简称M）这四个衡量信贷资产质量的风险参数。两种信用风险度量方法带来的顺周期效应由来明显相同。

无论是评级机构还是银行自身在确定风险权重的过程中，都需要对相关风险指标进行测算，具体的方法包括时点法、跨期法、平均法以及周期调整法等，其中以时点法和跨期法最为常用。时点法（Point-in-Time Approach，以下简称PIT）是指通过评估借款人在一个相对较短的时期内（例如一年）履行还款义务的能力来确定其贷款的风险水平参数以及划分借款人的风险等级，采用该方法计量借款人的风险等级在经济周期内变化幅度往往较大。而跨期法（Through-the-Cycle Approach，以下简称TTC）则着眼于借款人在更长的期间内偿还债务的综合能力的评估，并以此确定其风险等级，TTC方法相较于PIT方法内生的稳定性较好，由此评估结果变化也相对平稳，虽然TTC法相较于PIT而言风险敏感度较弱，在对违约风险的预测效果上前者弱于后者。

一、内部评级法下信贷周期性行为的形成机理

标准法下可能引致的顺周期效应。在《Basel Ⅱ》的标准法下，风险权重是根据外部评级机构的信用评级结果确定的，因此外部评级结果的周期性特征对其起决定性作用。国际主要评级机构如穆迪（Moody）、标准普尔（Standard & Poor，以下简称S&P）以及惠誉（Fitch）等信用评级公司一般采用TTC方法对风险指标进行测量的，理论上严格的跨期法风

---

① 内部评级法具体又分为初级内部评级法（Foundation IRB，FIRB）和高级内部评级法（Advanced IRB，AIRB）。初级内部评级法下，商业银行仅有权力决定风险参数中的违约概率参数，其余参数由监管当局提供；而高级内部评级法下商业银行有权自行决定全部风险参数。

险测量不会带来银行评级的顺周期操作，但是实际操作过程中，由于存在足够长的测量期限难以达到、信息错误或不完全以及评级机构要在自身信誉和机构收益间进行权衡等情况，评级机构实际采用最多的是"改进后时点法"，不可避免地会受到外部经济短期波动的干扰。大量经验证据表明机构信用评级与经济周期存在一定程度的同向变动关系（如康托和曼恩，2003[①]；阿马托和弗范安，2004 等），并且评级等级变动的估算概率显示在衰退时期评级降级的频率高于经济繁荣时期，尽管这种顺周期效应并没有市场主导型信贷风险指标[②]显著。根据冈特·罗夫勒（2013）的观点，即使评级机构能够正确评级，他们的评级结果仍然会显示出一定的与经济活动同步变动的特征，这是因为金融系统中长期存在冲击会显著干预银行金融机构的发展趋势，并且这种长期存在的冲击会带来经济周期和公司资信状况的变动，因此信用评级会与经济周期发生类似变化。

标准法下设置的评级"等级个数"是另外一个能够引起银行周期性行为的因素。在实际经济活动中，借款人的信用评级在下行时期被下调，而在经济上行时期被上调，从而评级等级个数划分得越多，等级之间间隔越窄，则借款人评级等级的调整就会越频繁，顺周期性效应越会显著。此外，由于风险权重在该方法下变化分散，易造成评级的"悬崖效应"：例如表 5-9 所示，根据标准普尔公司的公司贷款信用评级标准可知当信用评级由 A+ 上调至 AA−，该项公司贷款的风险权重一下由 50% 下降为

[①]　R. Cantor, C. Mann, *Measuring the Performance of Corporate Bond Ratings*, Social Science Electronic Publishing, 2007.

[②]　这些市场主导型信贷风险指标可以从 Merton-type 模型、信用利差或股权式风险度量方中得到，具体参见以下几篇文献，其一，P. Nickell, W. Perraudin, S. Varotto, Stability of Rating Transitions, *Journal of Banking & Finance*, 2000, 24 (2), pp. 203-227；其二，A. Bangia, F. Diebold, A. Kronimus, et al., Ratings Migration and the Business Cycle, with Application to Credit Portfolio Stress Testing, *Journal of Banking & Finance*, 2002, 26(2), pp. 445-474；其三，E. Catarineu-Rabell, P. Jackson, D. Tsomocos, Procyclicality and the New Basel Accord-Banks' Choice of Loan Rating System, *Bank of England Working Paper* No. 181, 2003.

20%，类似的当信用评级由 BBB+ 上调至 A– 时，风险权重迅速下降了 50% 之多，资本充足要求立即减半，这使商业银行的流动性得到大量释放。如果当评级公司调整信用评级时对经济形势变动反应过度，那么这一问题将会更加严重。当然，评级的"悬崖效应"也从一定程度上解释了为什么风险权重的标准法估值在《Basel Ⅱ》下具有比《Basel Ⅰ》更强的风险敏感性，即相较于《Basel Ⅰ》，《Basel Ⅱ》更容易产生顺周期效应。

表 5–9　标准法下公司贷款的风险权重

外部评级	风险权重	
	《Basel Ⅰ》	《Basel Ⅱ》
AAA 至 AA–	100%	20%
A+ 至 A–	100%	50%
BBB+ 至 BB–	100%	100%
低于 BB–	100%	150%

注：外部评级标准采用的是标准普尔（S&P）信用评级。

内部评级法下可能存在的顺周期效应。《Basel Ⅱ》要求商业银行在估算决定资本监管要求的参数（PD、LGD、EAD 以及 M）时必须充分考虑借款人当前情况下履行还款义务的能力，但是同时也需通过使用足够长时期的数据以兼顾在可能发生的经济不景气中的信用恶化。但是在实际操作过程中，多种原因作用下商业银行一般并未严格遵守新资本协议的要求，在风险参数估计中基本采用观测周期相对较短的 PIT 法进行计算，从而导致这些参数估计结果带有顺周期特征。最终这些参数的顺周期性通过风险权重函数传递到风险权重的调整中去，发展成为商业银行的顺周期性，因而，归根结底内部评级引发的顺周期效应应当具体到每个风险参数。

违约概率参数的顺周期性。一方面，新巴塞尔协议为违约概率的计算提供了三种参考方法，分别是运用银行内部历史违约数据、引入违约统计模型以及直接与外部评级挂钩这三种技术方法，但无论是哪种方法都不可避免使计算结果具有顺周期特征，这主要是因为：方法一中在银行普遍采用时点法的背景下违约概率与经济周期变化密切关联；方法二中统计模型的输入借款人经济基本面变量本身就具有顺周期性，因而输出结果也同经济周期正相关[1]；方法三中顺周期的产生原理和外部信用评级一致。另一方面，由于内部评级法下划分的等级个数往往比标准法下要多，从而在内部评级法下借款人信用等级在整个经济周期中调整的频率更大。

　　违约损失率参数的顺周期性。违约损失率（LGD）指借款人违约将给银行带来的损失总量，该参数决定了银行贷款的回收程度。有关银行贷款回收的实证研究表明回收率在经济扩张时期一般较高，而违约损失率在整个经济周期中仅仅表现为在衰退时期大幅上升而并没有在经济上行时期大幅下降（费莱，2000[2]；卡莱和高迪，2004[3]），这主要是因为违约损失率作为衡量贷款回收程度的指标，它的大小很大程度上由贷款抵押品的价值或者借款公司的债券回收率决定，而已有研究已经证明抵押资产价值和公司债券违约回收率会受到市场和产业情况的影响，表现出随经济周期波动而变化的特点，尤其是在经济下行时期会显著下降（阿特曼，2006[4]；阿查利亚等，2007）[5]从而产生了LGD的顺周期性，并且该

---

　　[1]　在 Merton-type 模型中，估算的违约概率与公司杠杆率和股价波动正向相关，而与股票价格负向相关在即在萧条周期中股价波动幅度增大、杠杆率增大并且股票价格下降，这一模型具有天然的顺周期性质。具体见 F. Panetta, P. Angelini, G. Grande, et al., The Recent Behavior of Financial Market Volatility, *BIS Working Papers* No. 29, 2006。

　　[2]　J. Frye, Collateral Damage Detected, *Federal Reserve Bank of Chicago Emerging Issues Series*, 2000, October, pp. 1–14.

　　[3]　M. Carey, M. Gordy, Measuring Systematic Risk in Recoveries on Defaulted Debt. *Federal Reserve Board Working paper*, December 17, 2004.

　　[4]　M. Altman, Involuntary Unemployment, Macroeconomic Policy, and A Behavioral Model of the Firm: Why High Real Wages Need Not Because High Unemployment, *Research in Economics*, 2006, 60(2), pp. 97–111.

　　[5]　例如对美国市场的研究结果表明在萧条时期公司债券回收率相较于非萧条时期可能下降最高达 25%。

特征在下行时期较为显著。

违约风险暴露参数的顺周期性。所谓违约风险暴露（Exposure at Default，以下简称EAD）指的是，借款人违约时包括已经使用的授信额度、应收利息、未使用授信额度以及其他相关费用等在内的银行表内项目和表外项目预期风险暴露总额。一般而言，陷入还款困境的债务人更倾向于通过提取尚未使用的授信额度来缓解自己的资金窘境，因此银行在衰退周期中实际承受的风险暴露总量往往超过当前的贷款总价值。希梅内斯（Gabriel Jiménez，2009）以及雅各布斯（Michael Jacobs，2010）等学者的研究认指出，市场中拥有较高信用评级的债务人公司在违约前都会有一个EAD增长势头强劲的时期，这一现象反映了这些信用历史较好的公司往往受到的信贷限制较少或者严格程度较低的外部监管，因而，当他们陷入危机中要求调整使用授信限额时不会受到银行的过多反对，但是银行此时的违约风险暴露却实质增大了。此外，近期研究还发现：一些如抵押物状况、贷款期限以及贷款约定总量等信贷特征决定变量也会对EAD产生影响。总的来说，违约风险暴露在一定程度会呈现出顺周期性质

有效期限参数的顺周期性。由于银行的资本充足要求和贷款到期时间线性相关，显然授信的有效期限（M）也会对银行经营行为产生影响。在经济下行时期，银行流动性减弱，即实际存在风险暴露增加，这是由两方面的原因造成的，一方面，因为债务人的普遍还款能力下降或者银行贷款的证券化变得日益困难；另一方面，银行在短期资金困境中更倾向于重新调整交易对手方的信贷额度，尽管这些交易对手信贷业务在中长期中具有良好的收益潜力，银行的这两种行为会延长贷款组合的到期期限，从而增加监管机构要求的资本充足率，即有效期限的顺周期调整会转变为银行经营顺周期特征。

基于上述分析本书将商业银行内部评级法导致的银行信贷顺周期变化归纳为一个由经济周期波动冲击——内部评级等级变化——银行信贷

扩张调整组成的传导路径过程。由该路径可以看出，当经济周期处于正向波动的繁荣阶段时，市场中企业的盈利水平会普遍提高，资产价格也出现相对上升，因而带来银行自身资产质量的增加，社会投资需求的增加也会扩大贷款需求，良好的经济走势使得以内部评级参数衡量的借款人信用风险下降（如违约率下降），信用等级上升，从而使银行信贷扩张速度正向增加，表现为与经济周期走势同方向变动的顺周期性质；反之，在反向波动的经济衰退时期这种作用效果刚好相反。具体可以用图5-4刻画的路径来表示。

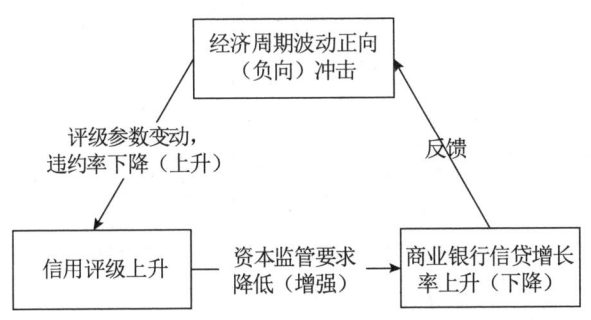

图5-4　内部评级法下顺周期效应的传导路径图

二、我国商业银行内部评级法的顺周期性表现

2007年原银监会发布的《中国银行业实施新资本协议的指导意见》明确指出了我国商业银行参照新巴塞尔资本协议（即《Basel Ⅱ》）采用内部评级法进行风险管理是金融监管发展的必然选择，同时也标志着内部评级法在我国开始广泛地推广使用。2008年全球爆发的金融危机暴露出《Basel Ⅱ》的诸多不足，为了提高银行抵御金融震荡和经济波动的能力，巴塞尔委员会提出了一系列改革措施并颁布了一系列文件，以补充和完善《Basel Ⅱ》。2010年9月，巴塞尔委员会就《Basel Ⅲ》达成一致意见。在内部评级法方面，修改后的资本协议强化了风险管理监管原则，减少了对外部评级和信用评级机构的依赖；扩大了风险覆盖范围，增加

了交易对手信用风险管理；并且针对内部评级法中顺周期性问题提出了建议方案等。通过此次修订内部评级法进一步完善。根据可获得历史经验数据的统计特征，可以将我国商业银行内部评级法引致的顺周期性表现归纳为以下几个方面：

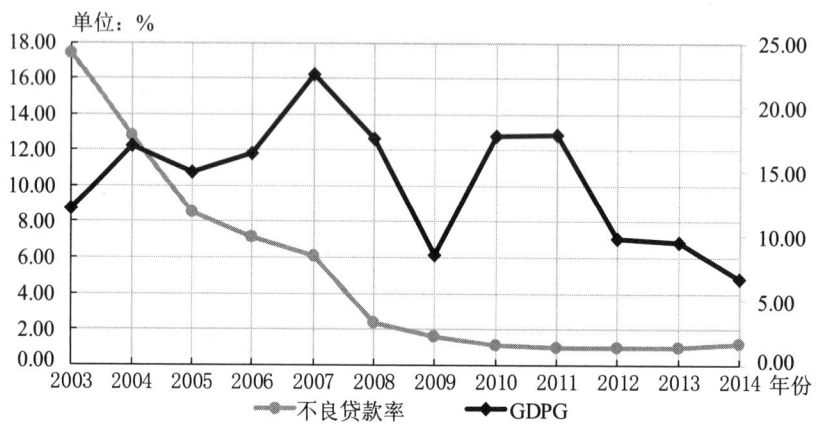

图5-5　我国商业银行不良贷款率与人均GDP增长率走势图
资料来源：由历年《中国银监会年报》数据整理而得。

　　第一，我国商业银行不良贷款率[①]持续快速下降，同时人均GDP增长率持续保持在较高速度。图5-5描绘了2003年到2014年间我国商业银行整体平均不良贷款率和人均国民生产总值的变化情况，从图中可以发现，不良贷款率从2003年近18%的高位持续快速地下降到样本观测期内的最低值，即2011年的1%，并在此后的2012年至2013年间一直保持这一水平，2014年出现小幅回升，上涨到1.2%。而人均GDP增长率的变化在危机爆发前的2003—2008年间一直保持在两位数的高增长率通道，在2009—2011年GDPG增长率在短暂下降后迅速回升继续保持较快增长率，而在2012年到2014年人均GDP增速又出现了显著的回落。上述结果表明，

---

　　① 由于内部评级法重要参数——违约概率的数据不在银行财务信息和银行监管信息披露的范围之内，数据无法获得，因而本书选择银行不良贷款率作为衡量违约概率的替代指标进行后续统计和实证分析。

银行风险评级度量指标违约概率在整个人均 GDP 持续增长期间一直处于下降的态势，而在 2011 年后我国人均 GDP 增速逐步放缓后，表现出轻微的上升趋势，即违约概率在经济走势上行期下降。

第二，商业银行盈利水平与经济周期波动一致变化。根据表 5-10 中资产利润率和资本利润率的数据可知，除了 2009 年危机冲击后以及 2014 年经济增速显著放缓时，这两个指标出现了短暂的下降外，在 2007 年到 2014 年间基本保持持续上升的态势，也就是说商业银行的盈利水平的变化基本与经济周期的走势相一致。这与上述违约率的变化特征相互支撑。而 2007 年以前的变化特征由于数据可获得问题这里无法进行分析。

表 5-10　我国商业银行平均不良贷款率、盈利水平和 GDPG 水平

年份	不良贷款率	大型商业银行	股份制商业银行	城市商业银行	农村商业银行	GDPG	资产利润率	资本利润率
2003	17.40	17.90	——	——	——	12.17	——	——
2004	12.80	13.20	——	——	——	16.98	——	——
2005	8.50	8.90	——	——	——	14.99	——	——
2006	7.10	7.50	3.70	4.80	5.90	16.43	——	——
2007	6.10	8.00	2.10	3.00	4.00	22.50	0.90	16.70
2008	2.40	2.80	1.30	2.30	3.90	17.58	1.10	19.50
2009	1.60	1.80	1.00	1.30	2.80	8.58	1.00	18.00
2010	1.10	1.30	0.70	0.90	1.90	17.74	1.10	19.20
2011	1.00	1.10	0.60	0.80	1.60	17.83	1.30	20.40
2012	1.00	1.00	0.70	0.80	1.80	9.79	1.30	19.80
2013	1.00	1.00	0.90	0.90	1.70	9.55	1.30	19.20
2014	1.20	1.20	1.10	1.20	1.90	6.72	1.20	17.60

资料来源：由历年《中国银监会年报》数据整理而得。

第三，贷款抵押品价值的变动强化内部评级法下的顺周期效应。由前面的分析已知抵押资产作为内部评级法下的重要观测项目其对经济周

期冲击的放大作用体现在：人均国民生产总值增速持续上升带来抵押资产价格的上涨，从而借款人（企业或家庭）更加容易获得银行发放的贷款。此时资产价格与经济周期走势表现为同方向变化，而贷款获得的难易程度又会进一步地通过市场机制反馈到社会投资和消费中去，加剧经济周期波动，这一作用过程显然是顺周期性的。资产价格下跌对顺周期性的强化作用过程与之相似。

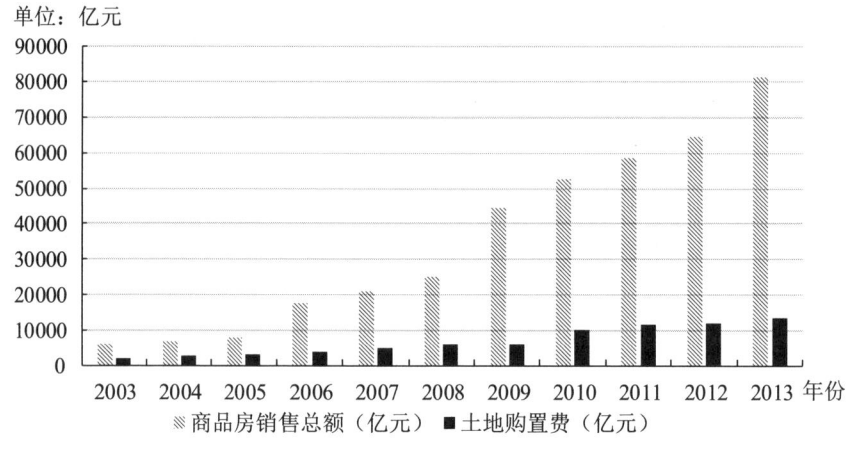

图 5-6　2003—2013 年我国常见抵押资产交易价格指数波动图

资料来源：《中国房地产年鉴》（2002—2014 年）。

图 5-6 的直方图和表 5-11 中的信息描绘了 2003—2014 年间我国主要抵押资产——房产和土地的成交价格波动情况，根据表 5-6 中的信息可知样本观测期间我国商品房销售总金额和土地出售成交金额总量保持持续上涨的态势，同时房地产价格指数和土地交易价格指数的数值信息表明虽然这两类主要抵押资产价格上升的速度上存在微小差异，但是总体而言价格指数均保持在 100 以上，即我国主要抵押资产——房产和土地的成交价格一直处于上升通道中，并且由图 5-6 中的信息也可以直观地得到这一变化规律。由于借款人抵押资产价值的上升会引起借款人资

产的变现能力增加，进而提高其信用评级等级，此时，商业银行会因其更高的信用等级而增加该借款人的贷款额度，由于繁荣时期资产价格的上涨是普遍的经济变化行为，因而全社会的信贷总量会出现相应的大幅扩张，推动经济进一步繁荣。

表 5-11　2003—2013 年我国常见抵押资产交易价格指数波动图

年份	商品房销售总额 （亿元）	土地购置费 （亿元）	房地产价格指数 （上年 =100）	土地交易价格指数 （上年 =100）
2003	6032.34	2055.17	104.8	108.3
2004	6708.79	2574.47	109.7	110.1
2005	7955.66	2904.37	107.6	109.1
2006	17576.13	3814.49	105.50	105.80
2007	20825.96	4873.25	107.60	112.30
2008	25068.18	5995.62	106.50	109.40
2009	44355.17	6023.71	105.80	102.70
2010	52721.24	9999.92	—	—
2011	58588.86	11527.25	—	—
2012	64455.79	12100.15	—	—
2013	81428.28	13501.73	—	—

资料来源：《中国房地产年鉴》（2002—2014 年）。

第三节　完善我国商业银行资本逆周期监管的政策建议

一、资本充足率逆周期监管的调整

2008 年危机后，巴塞尔委员基于危机暴露出的问题对新巴塞尔资本协议进行了大幅调整，理论和实务界普遍认为针对风险的资本充足率要求引发的顺周期性，引入逆周期资本缓冲机制是最主要和有效的缓释途径，应当受到各国监管当局的重视。并且巴塞尔委员会正式于 2010 年

12月发布了《Basel Ⅲ》和《各国监管当局实施逆周期资本缓冲的指引》，要求各国监管当局尽快构建逆周期资本缓冲的框架，以求削弱最低资本要求的顺周期性。

根据实证研究结论，我们发现我国商业银行信贷扩张行为与经济周期不存在整体显著的一致变化关系。而基于分样本实证分析的结果：不同类型商业银行中资本充足率约束对信贷扩张行为周期性变化的影响方向不尽相同，顺周期效应仅在股份制商业银行和城市商业银行中显著，大型国有商业银行的资本充足率约束反而表现出和信贷扩张同方向变化的趋势，这主要是因为最低资本要求未能对于资本本就十分充足的大型国有商业银行信贷扩张产生约束作用，反而资本充足率高低成为银行资本充足程度的标志与信贷扩张速度同方向变化。鉴于我国这一特殊现实，本书认为逆周期资本缓冲制度等逆周期监管政策在我国的实施应当充分考虑到资本充足率监管约束作用效果在各类银行中的差异：对股份制的商业银行和城市商业银行制定更严格的逆周期资本缓冲机制，而对大型国有商业银行则应当主要考虑在资本充足水平下降较快的经济下行时期计提更多的逆周期资本缓冲，以缓释信贷急剧收缩而产生的对经济周期放大效用。

二、内部评级制度顺周期效应的缓释

本章从理论分析角度以及对我国商业银行历史数据的统计分析基础上，得出内部评级制度会放大我国商业银行信贷扩张随经济周期波动的效果，促进信贷行为的顺周期变化的结论。鉴于此，我们认为可以从以下两个方面来缓释内部评级制度带来的顺周期效应：

第一，使用更长的违约概率参数计算时间区间。内部评级法引致信贷行为顺周期变化的一个重要原因在于内部评级模型输入参数计算的时间长度过短。理论上，违约概率相关参数计算最优区间应覆盖一个完整的经济周期，这是因为延长了的违约参数计算区间可以有效较低预期违约率的波动幅度，从而降低内部评级制度带来的顺周期效应。然而，在实际中计算中覆盖的时间区间往往较短，内部评级制度实施至今尚未形成一个完整的经济周期。因此，我国监管当局在今后的监管改革中应当计量的增加内部评级模型参数的覆盖时间区间长度。

　　第二，提高商业银行压力测试在银行风险的预测重要性。压力测试（Stress Testing）是指将商业银行整体置于某种特定的极端市场情况下，然后测试该银行在这些关键市场变量突变压力下的表现状况。该方法最早是在 1997 年亚洲金融危机后被 BIS 引入使用的。由于压力测试能够弥补传统风险管理模型的不足，并充分解释银行在经济衰退时将可能面临的最大风险和损失，故而会使商业银行在经济繁荣时期多计提缓冲资本，从而达到缓冲银行行为顺周期性的效果。本书建议在我国银行系统中通过提高压力测试的使用频率、更准确地设定各种极端压力场景提高压力测试准确性、扩大压力测试的适用范围以及提高压力测试标准等方式来提高压力测试在银行风险估计中的重要程度。

第六章 商业银行会计信息规则、
信贷行为与经济周期 [①]

宏观经济波动与微观银行的相互关系在 2008 年金融危机后受到学术和理论界的广泛关注，这种相互关系具体表现为：在宏观调控、监管制度和会计信息记账 [②] 规则等外在机制作用下银行信贷行为所呈现出的周期性变化特征。这里的周期性特征包括：随经济周期同方向变化、对经济波动产生"推波助澜"效果的顺周期效应以及同经济周期反方向变化、缓冲或熨平经济波动的逆周期效应两个方面，其中信贷行为的顺周期效应被认为是加剧经济不稳定和诱发此次危机的一个重要原因，这主要是因为在现有的会计信息规则下，对相关经营业务的会计处理使银行在经济繁荣时期能够提高资金供给能力，进而促进经济进一步高涨；经济萧条期则削弱银行的资金供给能力，加剧经济衰退。我们可以将当前理论与实践领域有关会计信息处理方法与银行信贷行为周期性变动的研究划分为三个分支：（1）银行会计信息账面价值与风险的相互关系；（2）会计规则对银行收益和监管资本上报额度管理的影响；（3）银行会计记账规则对银行行为的影响。对以上问题的研

究主要可以具体到对银行贷款损失准备计提规则和公允价值计量方法两个方面。

第一节　贷款损失准备对银行信贷行为周期性波动的影响

后危机时期，贷款损失准备管理和资本监管以及杠杆率监管一起被FSF列为银行系统急需解决的导致顺周期效应的三大问题。本书选择我国商业银行贷款损失准备制度进行研究主要是因为：一方面，贷款损失准备作为银行最重要的应计费用之一，是银行专门用来抵御未来信贷资产恶化可能带来的损失风险的项目，它在银行财务报表中发挥着重要作用并传达银行经营现状信息。另一方面，贷款损失准备的管理是宏观经济调控、资本监管制度和会计信息交互作用的结果，尽管主要市场经济国家的经验表明贷款损失准备对银行信贷行为具有顺周期影响，但是，在我国银行业特殊的制度环境下这种关系是否仍然成立还犹未可知。鉴于此，厘清贷款损失准备对我国商业银行信贷增速波动的周期性影响以及这种影响在不同经济周期阶段中的具体表现，对我国宏观审慎监管政策的制定具有重要参考价值。

一、贷款损失准备的计提特征

所谓贷款损失准备（Loan Loss Provision，以下简称LLP），是指银行依据一定规则专门设立的一种拨备缓冲机制，作用是吸收银行贷款的预期损失。根据巴塞尔银行监管委员会（Basel Committee On Banking Supervisions，以下简称BCBS）2009年的报告，一般情况下，商业银行的预期信贷风险主要由计提的贷款损失准备来覆盖，而非预期的风险往往由银行资本自行吸收。作为预期损失风险的一种拨备管理制度，贷款损失准备的计提具有不同的计提动机或管理目标，一般而言，贷款损失准备的计提动机可以划分为两大类型：非相机抉择型与相机抉择型（沃尔和科赫，2000[①]；皮尼奥和马丁斯，2009[②])(见图 6-1)。其中非相机抉择型贷款损失准备计提是指银行在对预期损失合理评估的基础上，为覆盖这些损失而建立的一种风险拨备管理制度（瓦伦，1994[③]；博文和恩格尔，1996[④])；而相机抉择型贷款损失准备计提则是指利用贷款损失准备的计提来实现某种银行管理目标。根据艾哈迈德（Anwer Ahmed，1999)、罗伯和杨（Gerald Lobo 和 Dong-Hoon Yang，2001 ）等学者的研究，相机抉择型贷款损失准备具体涵盖三种计提目标：(1) 资本管理。《Basel Ⅱ 》规定 "一般贷款损失准备不超过给定限额的情况下[⑤]，可以计入银行的二级资本并从风险加权资产中扣除"。当风险加权资产的减少量小于二级资本的增加量时，则实际上增加了资本总量，在此机制激励下，资本不足的银行更倾向于增加计提贷款损失准备以实现监管套利，最新的《Basel Ⅲ 》仍然沿用了这一规则。(2) 收入平滑管理。在收入水平较高的繁荣时期，银行为维持收入增速的稳定选择多计提贷款损失准备。相反，在收入水平减少的萧条时期，则倾向于少计提贷款损失准备（施里夫斯和达尔，2003[⑥]；匡格里亚瑞安鲁，2007[⑦])。(3) 信号管理。银行对

---

① L. Wall, T. Koch, Bank Loan-Loss Accounting: A Review of Theoretical and Empirical Evidence, *Federal Reserve Bank of Atlanta Economic Review*, 2000, Second Quarter, pp. 1–19.

② P. Pinho, N. Martins Determinants of Portuguese Bank's Provisioning Policies: Discretionary Behaviour of Generic and Specific Allowances, *Journal of Money, Investment and Banking*, 2009, 10, pp. 296–315.

③ J. Wahlen, The Nature of Information in Commercial Bank Loan Loss Disclosures, *Accounting Review*, 1994, 69(3), pp. 455–478.

④ H. Beaver, E. Engel, Discretionary Behavior with Respect to Allowances for Loan Losses and the Behavior of Security Prices, *Journal of Accounting & Economics*, 1996, 22(s1‐3): 177–206.

⑤ 在信用风险标准法下，这一限额为信用风险加权资产的 1.25%。而在信用风险内部评级法下，银行必须比较预期损失总额和合格准备金总额。如果前者超过后者，银行必须在资本中扣除二者之差；如果前者小于后者，银行可将差额部分计入二级资本，但最多不可超过信用风险加权资产的 0.6%。

⑥ R. Shrieves, D. Dahl, Discretionary Accounting and the Behavior of Japanese Banks under Financial Duress, *Journal of Banking & Finance*, 2003, 27(7), pp. 1219–1243.

⑦ M. Quagliariello, Banks' Riskiness over The Business Cycle: A Panel Analysis on Italian Intermediaries, *Applied Financial Economics*, 2007, 17(2), pp. 119–138

贷款损失准备的选择被投资者视为其财务状况的提示信息，一般情况下投资者将增加贷款损失准备计提视为银行经营稳健的积极信号，是银行应对未来损失风险的能力显示（布瓦捷和勒珀蒂，2008）[①]。

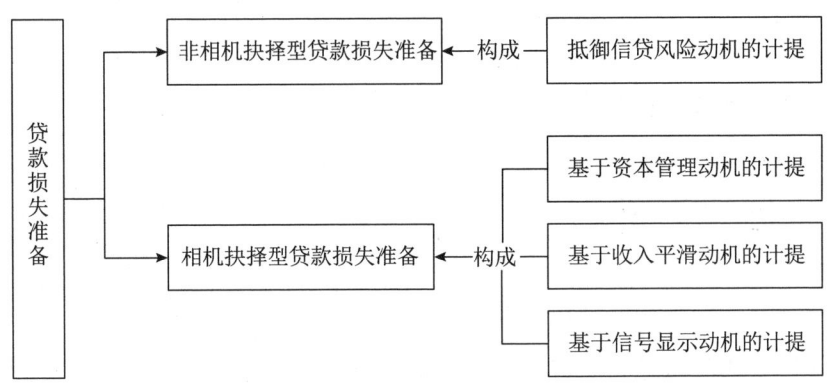

图 6-1　贷款损失准备的影响因素

二、贷款损失准备计提与信贷行为周期性波动的关系

贷款损失准备计提对商业银行信贷波动的影响可能是顺周期性的也可能是逆周期性的，这与银行所采用的计提规则密切相关。一般而言，后瞻性（Backward-looking）贷款损失准备计提是根据历史或即期信息来判断预期损失，这容易造成银行在经济繁荣时期"少计提"增加银行可贷资金以及在萧条时期"多计提"，从而进一步收紧银根，即基于后瞻性计提规则的贷款损失准备对银行信贷行为具有顺周期效应。相反，基于前瞻性规则（Forward-looking）计提贷款损失准备对银行信贷则具有逆周期特性，这是因为，前瞻性规则要求银行基于预期信息评估贷款风险，在经济上行时期就提前计提足够准备以抵御可能发生的损失风险。然而，会计准则的使用往往导致后瞻性贷款损失准备计提，这是因为当前

---

① 　V. Bouvatier, L. Lepetit, Banks' Procyclical Behavior: Does Provisioning Matter, *Journal of International Financial Markets, Institutions and Money*, 2008, 18(5), pp.513–526.

所普遍实施的会计准则更倾向基于已经发生的事件进行计提（博里和罗威，2001）。目前，IFRS 正在使用的"已发生损失模型"（Incurred Loss Model）要求在记账前损失已经实际发生，这一规则不允许考虑损失趋势所暗示的未来预期损失（卜士曼和威廉姆斯，2012）。与此同时，相关的实证研究也大多认为在后瞻性计提制度下，贷款损失准备往往对银行信贷具有顺周期效应，如拉克·莱文和马诺洛维克（Luc Laeven 和 Giovanni Majnoni，2003）以及比克和麦兹马克（2005）对 OECD 国家的研究；佩恩（Darren Pain，2003）、克雷格等（Sean Craig 等，2006）以及安克罗姆克里姆等（Sarawan Angklomkliew 等，2009）对西班牙和亚洲国家的国别研究均得到相似结论。而有关前瞻性贷款损失准备计提的研究在此次危机后才开始受到广泛关注，目前尚处于起步阶段。近年来，不少学者认为，前瞻性的计提规则应该作为宏观审慎监管工具被金融监管当局采纳，这主要是因为：其一，前瞻性计提规则可以降低贷款增长的顺周期性（布瓦捷和勒珀蒂，2012[①]）；其二，前瞻性计提规则还可以通过削减整个经济周期内贷款损失准备的存量来降低金融和实体变量的波动程度[②]；其三，会计计提规则的选择会对一国货币政策的传导过程产生影响，前瞻性贷款损失计提规则能够缓和货币政策调控对通胀的影响程度（阿根诺和齐伯尔曼，2014）[③]。

现阶段，我国学者对贷款损失准备计提与信贷波动的相关研究还十分有限，其中的少数文献结合中国银行业经验数据对该问题进行了初探，研究结果不尽相同。许友传等（2011）通过联立方程模型验证了我国银

---

① V. Bouvatier, L. Lepetit, Provisioning Rules and Bank Lending: A Theoretical Model, *Journal of Financial Stability*, 2012, 8(1): 25–31.

② 阿根诺和齐伯尔曼（Pirre Agenor 和 Roy Zilberman）2013 年在曼彻斯特大学经济增长和商业周期研究中心的工作论文中提出的观点。P. Agenor, R. Zilberman, Loan Loss Provisioning Rules, Procyclicality, and Financial Volatility, *Working Paper* No. 184, Centre for Growth and Business Cycle Research, University of Manchester, 2013.

③ R. Zilberman, J. Tayler, Financial Shocks, Loan Loss Provisions and Macroprudential Stability, *Economics Working Paper Series No. 23*, Lancaster University, 2014.

行业贷款损失准备的逆周期效应。王小枫和熊海芳（2011）运用非平衡面板数据，得到贷款损失准备可以缓解商业银行信贷行为顺周期性的结论。袁鲲和王娇（2014）对2003年至2012年间中国上市银行面板数据进行分析，得到上市商业银行的贷款损失准备计提具有显著顺周期特征的结论，且这种顺周期性大多来自非相机抉择型计提的影响。陈旭东等（2014）结合我国商业银行样本对我国贷款损失准备计提特征展开研究，认为我国商业银行贷款损失准备计提更多体现的是利润平滑冬季和信号传递动机，资本管理动机体现并不显著。陈旭东等（2014）采用动态面板模型以2006—2011年间我国商业银行为样本，发现贷款损失准备对信贷增长具有顺周期效应，同时提出我国货币政策调控能缓解这种顺周期效应。本书在前期文献研究的基础上，从分析影响我国贷款损失准备变动的计提目标出发，结合四种类型商业银行的样本数据，研究贷款损失准备对信贷行为的周期性影响并对比分析该效应在不同类型银行间的差异。

三、基于我国商业银行的实证分析

（一）我国银行业贷款损失准备的理论假说

后瞻性贷款损失准备与经济周期的关系及其影响因素。由文献综述部分可以发现，西方国家银行业所普遍采用的后瞻性贷款损失准备与经济周期之间往往存在着一种反向变动的关系，即在经济上行时期乐观估计（低估）预期贷款损失，少计提下一期的贷款损失准备金；而在经济下行时期悲观估计（高估）未来的贷款损失，增加计提贷款损失准备，本书将贷款损失准备制度与经济周期的这种同向变动关系描述为贷款损失准备的顺周期管理。然而，此种关系在我国银行业是否显著存在，是一个值得进一步探索的问题，这主要是因为：我国银行业虽然采用后瞻性贷款损失准备制度来对风险进行拨备管理，但是，在样本观测期间内，我国经济基本处于持续增长的特殊状态，这使得在后瞻性计提规则下，原本应在经济繁荣时期被低估信贷风险，最终在持续增长的经济总量和连年下降的不良贷款率影响下可能被高估，进而呈现较弱的顺周期性或者逆周期调整特征。

同时，根据贷款损失准备的构成可知，考察贷款损失准备的影响因素应当从非相机抉择型和相机抉择型两方面进行。一方面，非相机抉择型贷款损失准备的计提目标主要是"预期损失覆盖"，而影响银行信贷预期损失的因素包括银行资产的违约风险和违约概率等，一般而言，违约风险越高贷款损失准备计提量越大，即非相机抉择型管理目标会对贷款损失准备的计提产生一种正向影响。另一方面，结合相机抉择型贷款损失准备的三个计提动机，可对我国贷款损失准备的周期性特征作如下分析：首先，资本管理动机作用下，由于计提贷款损失准备会在减少一级资本的同时增加二级资本，从而为银行资本监管提供一定的套利空间，但是这种套利最终能否成立还取决于一级资本的减少量与二级资本增加量之间绝对值的对比，鉴于此，本书暂定资本监管压力对贷款损失准备的影响方向为不确定。其次，收入平滑管理动机下，银行为平滑收入水平，会选择与经济周期变动相反的方向来对收入水平进行调整，因此预计其代理变量符号与贷款损失准备相同。最后，有关信号管理动机的影响，在投资者视增加贷款损失准备计提为银行财务积极信号的普遍共识下，信号管理动机对贷款损失准备计提应该存在一个正向影响，预计代理变量的变化方向为正。基于上述分析，提出本章的研究假说 H1：

假说 H1：我国商业银行贷款损失准备管理是逆周期的。同时，在影响贷款损失准备的因素中，出于覆盖预期损失的非相机抉择型计提目标可能与贷款损失准备同向变化；而出于平滑收入动机、信号管理动机的相机抉择型计提会弱化贷款损失准备管理的顺周期性，对其产生一个反向影响，而资本管理动机的影响方向尚不确定。

贷款损失准备对银行信贷行为周期性特征的影响。大量前期研究成果表明，贷款损失准备的计提对主要发达国家银行贷款的周期性变动存在显著影响。危机后，贷款损失准备管理对提高银行经营稳健性的作用越来越受到监管层的重视，原银监会于 2011 年 7 月颁布《商业银行贷款损失准备管理办法》，并规定商业银行最晚于 2013 年达到标准，这一监管办法的实施极大地提高了信贷行为对损失准备金变动的敏感程度。与此同时，结合近期相关文献的研究结论：在国有股占比较高、股权相对集中的特殊股权结构下，我国银行信贷行为总体上顺周期性较弱甚至具有一定的逆周期特征（范从来，2012；潘敏和张依茹，2013）。我国银行业股权结构的特殊性增强了政府对银行系统的调控能力，使得逆周期的宏观调控政策对信贷行为的干预效力显著增强，缓释了原本银行信贷的顺周期性甚至可能使信贷增速呈现一定的逆周期特征，例如 2003 年 6 月央行相继通过提高存款准备金、实施差别准备金制度等一系列紧缩政策来降低经济过热行业的贷款增速；2008 年国际金融危机后的连续四次降息和"四万亿"经济刺激政策等调控措施所带来的 GDP 增速回稳以及银行贷款增速迅速攀升的现象等。鉴于此，我们有理由假设在政府高度干预的制度背景下，我国贷款损失准备管理可能会对银行信贷的周期性特征产生反向调节作用，进而提出本章的研究假说 H2：

假说 H2：我国商业银行的贷款损失准备管理会减弱银行信贷行为的顺周期性或者对贷款增速产生逆周期影响。

贷款损失准备对银行信贷增长逆向调节的异质性。由于我国经济周期的波动具有非对称性，即在经济繁荣时期经济增速较快，而在紧缩时期经济增速下降缓慢。那么，在不同的经济周期阶段下，贷款损失准备对信贷增长的调节作用是否会在方向和力度方面产生差异是一个值得监管当局重视的问题。与此同时，不同经济周期中宏观调控政策的非对称性或将不同程度的削弱或强化贷款损失准备对信贷增速的作用效果。因此，贷款损失准备对信贷行为的周期性作用在整个经济周期中可能存在差异。进而提出本章最后一个研究假说：

假说 H3：贷款损失准备对银行信贷增速的逆周期影响在整个经济周

期内是异质的。

（二）研究模型构建

第一阶段，为验证假说 H1，本书参考艾哈迈德等（1999）以及布瓦捷和勒珀蒂（2008）的研究思路，构建贷款损失准备决定因素模型：

$$
\begin{aligned}
LLP_{i,t} = {} & \alpha + \beta_1 \cdot LLP_{i,t-1} + \beta_2 \cdot GDPG_{i,t} + \beta_3 \cdot NPL_{i,t} + \beta_4 \cdot RLOAN_{i,t} \\
& + \beta_5 \cdot EBTL_{i,t} + \beta_6 \cdot SIGN_{i,t} + \beta_7 \cdot CM_{i,t} + \eta_i + \varepsilon_{i,t}
\end{aligned}
\tag{6-1}
$$

其中被解释变量为贷款损失准备率（$LLP_{i,t}$），它用贷款损失准备与银行贷款总量之比来度量。$GDPG_{i,t}$ 表示实际人均 GDP 增长率，该比率是由人均 GDP 增长率与 GDP 平减指数平滑处理后得到，用以捕捉经济周期的变动。与此同时，考虑到贷款损失准备有两个组成部分：即非相机抉择部分和相机抉择部分。一方面，为了考察非相机抉择贷款损失准备的影响作用，本书采用不良贷款率（$NPL_{i,t}$）和贷款总额与总资产的比值（$RLOAN_{i,t}$）来测度银行信贷资产的预期损失风险。另一方面，依据相机抉择型贷款损失准备的三个计提动机，分别采用如下指标进行度量：首先，为捕捉资本管理动机对贷款损失准备的影响，我们选择所有者权益总额与总资产之比（$CM_{i,t}$）作为替代变量（比克和麦兹马克，2005）。其次，沿用阿隆德拉詹等（Asokan Anandarajan 等，2006）的办法，采用银行税前收入与总资产比率（$EBTL_{i,t}$）作为替代变量。最后，依据布瓦捷和勒珀蒂（2008）选取银行税前收入与总资产比率的滞后一期值作为信号管理动机（$SIGN_{i,t}$）计提对贷款损失准备的影响的表征变量，$SIGN_{i,t}$ 按照公式 6-2 计算所得：

$$
SIGN_{i,t} = (ER_{i,t} - ER_{i,t-1})/0.5(Tassets_{i,t} + Tassets_{i,t-1})
\tag{6-2}
$$

其中，$ER_{i,t}$ 是 i 银行在 t 年的税前收入，$Tassets_{i,t}$ 指 i 银行在 t 年资产总额。进一步的，考虑到贷款损失准备动态调整对下一期带来的调整压力，我们还引入贷款损失准备的滞后一期值 $LLP_{i,t-1}$ 作为解释变量。此外，η_i 代表银行的个体固定效应，即不可观测且不随时间变化的商业银行个体异质性要素，$\varepsilon_{i,t}$ 为随机误差项。

为了考察不同类型商业银行在贷款损失准备影响因素方面的异同，本书在采用全样本对模型 6-1 估计的基础上还分别采用了 4 组银行分类样本（国有大型商业银行银行、股份制商业银行、城市商业银行以及农村商业银行）进行估计。

第二阶段，基于假说 H2，本书将考察贷款损失准备对银行信贷增长周期性影响的动态面板基准模型设定如下：

$$Dloan_{i,t} = \alpha + \beta_1 \cdot Dloan_{i,t-1} + \beta_2 \cdot LLP_{i,t} + \sum_i \lambda_i \cdot Control_{i,t} + \eta_i + \varepsilon_{i,t} \quad （6-3）$$

其中，$Dloan_{i,t}$ 是模型 6-3 的被解释变量用以捕捉银行信贷行为的变化，$Dloan_{i,t}$ 被定义为是贷款总额（$Loan_{i,t}$）相对于资产总额占比的真实变化率，其计算公式如 6-4 所示：

$$Dloan_{i,t} = (Loan_{i,t} - Loan_{i,t-1}) / 0.5(Tassets_{i,t} + Tassets_{i,t-1}) \quad （6-4）$$

模型 6-3 重点解释变量贷款损失准备率（$LLP_{i,t}$）对银行贷款增速变化的周期性影响。与此同时，考虑到银行每一期贷款量的调整都会被视为货币政策调整的信号（鲁比和蒂莫西，2000），银行当期信贷总量增长会受到上一期的影响，即存在调整压力，因此在解释变量中还引入用 $Dloan_{i,t}$ 的滞后一期值 $Dloan_{i,t-1}$ 来表示银行的信贷调整压力。而 $\sum_i \lambda_i \cdot Control_{i,t}$ 代表该模型的一组控制变量，控制变量的选取主要从银行层面和宏观经济层面这两方面来选取。首先，银行层面的控制变量包括：反映贷款与资产比值年度变化的贷款增长率（$Ddeposit_{i,t}$）、反映受"大而不能倒"效应影响的银行规模变量（$LnAssets_{i,t}$）以及度量银行经营稳健程度变量（$Equity_{i,t}$），其中 $Ddeposit_{i,t}$ 按照 6-5 所示的方法进行计算：

$$Ddeposit_{i,t} = (Deposit_{i,t} - Deposit_{i,t-1}) / 0.5(Tassets_{i,t} + Tassets_{i,t-1}) \quad （6-5）$$

考虑到银行层面控制变量影响的时滞性，上述变量均采用其滞后一期值。其次，宏观经济层面的控制变量包括：捕捉经济周期信息的变量 $GDPG_{i,t}$ 和反映政府宏观调控信息的货币政策替代变量——一年期贷款基准利率（$Money_{i,t}$）。此外，η_i 代表银行个体固定效应，即不可观测且不随时间变化的银行个体异质性要素，$\varepsilon_{i,t}$ 为随机误差项。基于以上分析，基准模型 6-3 式可具体写为如下形式：

$$Dloan_{i,t} = \alpha + \beta_1 \cdot Dloan_{i,t-1} + \beta_2 \cdot LLP_{i,t} + \lambda_1 \cdot Ddeposit_{i,t-1} + \lambda_2 \cdot LnAssets_{i,t-1} +$$
$$\lambda_3 \cdot Equity_{i,t-1} + \lambda_4 \cdot GDPG_t + \lambda_5 \cdot Money_t + \eta_i + \varepsilon_{i,t} \qquad （6-6）$$

第三阶段，为了验证假说 H3，分别在基准模型 6-3 的基础上将经济周期划分为经济上行时期和下行时期分别进行比较研究，基于本书第四章第二节中对我国经济周期走势的分析可知 2008 年和 2011 年为本书的经济下行时期，因此当时间 t 为 2008 年和 2011 年时，$Boom_t$ 取值为 0，而其他时期取 1。在模型 6-7 中采用经济上行时期虚拟变量及其与贷款损失准备替代变量的交叉项来考察经济繁荣时期贷款损失准备计提对贷款增速的影响，类似地，我们还在模型 6-8 中引入衰退时期虚拟变量与贷款损失准备变量的交互项来单独考察下行周期中贷款损失准备对信贷行为的影响。

$$Dloan_{i,t} = \alpha + \beta_1 \cdot Dloan_{i,t-1} + \beta_2 \cdot LLP_{i,t} + \lambda_1 \cdot (Boom_t \times LLP_{i,t}) +$$
$$\lambda_2 \cdot Boom_t + \lambda_3 \cdot Ddeposit_{i,t-1} + \lambda_4 \cdot LnAssets_{i,t-1} +$$
$$\lambda_5 \cdot Equity_{i,t-1} + \lambda_6 \cdot GDPG_t + \lambda_7 \cdot Money_t + \eta_i + \varepsilon_{i,t} \qquad （6-7）$$

其中，模型 6-7 中 $Boom_t \times LLP_{i,t}$ 是经济上行时期变量（$Boom_t$）与贷款损失准备的交叉项，解释变量包括：$LLP_{i,t}$、$Boom_t \times LLP_{i,t}$、$Boom_t$。控制变量包括：贷款增长率（$Ddeposit_{i,t-1}$）、银行资产规模（$LnAssets_{i,t-1}$）、银行稳健程度变量（$Equity_{i,t-1}$）以及经济周期变量（$GDPG_t$）、货币政策替代变量（$Money_t$）。

$$Dloan_{i,t} = \alpha + \beta_1 \cdot Dloan_{i,t-1} + \beta_2 \cdot LLP_{i,t} + \lambda_1 \cdot (Recession_t \times LLP_{i,t}) +$$
$$\lambda_2 \cdot Recession_t + \lambda_3 \cdot Ddeposit_{i,t-1} + \lambda_4 \cdot LnAssets_{i,t-1} +$$
$$\lambda_5 \cdot Equity_{i,t-1} + \lambda_6 \cdot GDPG_t + \lambda_7 \cdot Money_t + \eta_i + \varepsilon_{i,t} \qquad （6-8）$$

类似的，模型 6-8 中 $Reccesion_{i,t} \times LLP_{i,t}$ 是经济下行时期变

量（$Recession_{i,t}$）与贷款损失准备的交叉项，解释变量包括：$LLP_{i,t}$、$Reccesion_t \times LLP_{i,t}$、$Recession_t$。控制变量包括：$Ddeposit_{i,t-1}$、$LnAssets_{i,t-1}$、$Equity_{i,t-1}$ 以及经济周期变量 $GDPG_t$ 和货币政策替代变量（$Money_t$）。

同时，为了探究宏观调控的货币政策在这两个经济周期阶段中所具体发挥的作用，我们在模型 6-7 和 6-8 的基础上进行小的调整，分别引入经济周期阶段虚拟变量与货币政策替代变量的交互项 $Boom_t \times Money_{i,t}$ 和 $Reccesion_t \times Money_t$ 进行比较，模型见 6-9 和 6-10：

$$Dloan_{i,t} = \alpha + \beta_1 \cdot Dloan_{i,t-1} + \beta_2 \cdot LLP_{i,t} + \lambda_1 \cdot (Boom_t \times Money_t) + \lambda_2 \cdot Boom_t +$$
$$\lambda_3 \cdot Ddeposit_{i,t-1} + \lambda_4 \cdot LnAssets_{i,t-1} + \lambda_5 \cdot Equity_{i,t-1} + \lambda_6 \cdot GDPG_t +$$
$$\lambda_7 \cdot Money_t + \eta_i + \varepsilon_{i,t} \tag{6-9}$$

$$Dloan_{i,t} = \alpha + \beta_1 \cdot Dloan_{i,t-1} + \beta_2 \cdot LLP_{i,t} + \lambda_1 \cdot (Recession_t \times Money_t) + \lambda_2 \cdot Recession_t +$$
$$\lambda_3 \cdot Ddeposit_{i,t-1} + \lambda_4 \cdot LnAssets_{i,t-1} + \lambda_5 \cdot Equity_{i,t-1} + \lambda_6 \cdot GDPG_t +$$
$$\lambda_7 \cdot Money_t + \eta_i + \varepsilon_{i,t} \tag{6-10}$$

（三）研究样本与数据来源

本书的研究样本选取 Bankscope 数据库中截至 2013 年 12 月我国仍在经营的全部银行，缺失数据通过银行披露的年报加以补充，并按照如下原则对样本银行进行了筛选：（1）银行样本只保留商业银行；（2）同一银行至少有连续三年的数据；（3）考虑到我国统一的贷款损失准备制度始于 2001 年，因此，研究样本选取 2002 年之后数据，经过筛选最终样本包括 107 家商业银行[①]2003—2013 年的非平衡面板数据。此外，经济周期和货币政策等宏观经济数据来源于《中国统计年鉴》和中国人民银行网站、《中国金融年鉴》以及中国银监会年报。表 6-1 给出了模型中主要变量的名称、内涵或计算方法及其描述性统计结果。

---

① 样本银行具体涵盖 5 家大型国有商业银行、12 家股份制商业银行以及 65 家城市商业银行以及 25 家农村商业银行。

表 6-1 主要变量名称与描述性统计

变量名称	变量含义或计算方法	均值	标准差	最大值	最小值
LLP	贷款损失准备 / 贷款总额 ×100	0.519	0.652	6.372	-0.701
Dloan	贷款规模增长率	6.742	7.702	50.383	-28.695
NPL	不良贷款率	1.466	3.157	38.220	0
Ddeposit	存款规模增长率	90	12.074	69.423	-14.877
Rloan	贷款总额 / 总资产 ×100	31.737	24.728	71.369	0
EBTL	收入平滑，税前收入 / 总资产 ×100	0.834	0.852	3.920	-1.503
Sign	信号显示，税前收益变化率	0.391	0.819	6.393	-3.006
CM	资本管理，所有者权益 / 总资产 ×100	3.972	3.790	41.962	-11.831
LnAssets	银行资产总额的自然对数	16.516	6.704	30.500	0
Equity	所有者权益 / 总资产 ×100	3.972	3.789	41.960	-11.830
GDPG	人均实际 GDP 增长率，名义人均 GDP 增长率 /GDP 平减指数 ×100	4.006	2.799	7.290	-1.086
Money	中国人民银行一年期贷款基准利率	6.065	0.627	7.470	5.310
Boom	经济上行时期虚拟变量，当处于上行时期时	0.818	0.386	1	0
Recession	经济下行时期虚拟变量	0.182	0.386	1	0

（四）实证结果说明

贷款损失准备管理的周期性特征及其影响因素。表 6-2 中第 1—5 列是模型 6-1 的估计结果，其中第 1 列是对我国商业银行总体的样本估计结果，而 2—5 列则是将整体样本分为大型国有银行、股份制银行、城市商业银行以及农村商业银行分别进行考察的估计结果。从表中可以发现：（1）贷款损失准备与其滞后一期值显著正相关，表明贷款损失准备的正向调整压力确实存在，采用动态模型描述贷款损失准备调整行为是合理的；（2）我国人均 GDP 增长率与贷款损失准备的回归系数为正，且都在10% 的水平下显著，这表明我国商业银行贷款损失准备整体上是实行逆周期管理的，验证了假说 H1；（3）非相机抉择型计提动机的替代变量：

$NPL_{i,t}$ 和 $RLOAN_{i,t}$ 均呈现和贷款损失准备同向变化趋势，说明我国商业银行信贷损失风险的上升的同时伴有贷款损失准备计提的增加，贷款损失准备与信贷违约风险同方向变化；（4）而相机抉择型计提动机中，除了农村商业银行外，资本监管压力（$CM_{i,t}$）总体上均与贷款损失准备显著正相关，即我国商业银行采用了贷款损失准备来实现资本管理目标；同时，整体而言 $EBTL_{i,t}$ 以及 $SIGN_{i,t}$ 与贷款损失准备反方向变动，其中，仅有大型国有控股银行和股份制商业银行 $EBTL_{i,t}$ 的显著性较好，而 $SIGN_{i,t}$ 则不是十分显著，这表明：我国商业银行并未使用贷款损失准备调整来实现收入平滑和信号揭示的目标。

表 6-2　贷款损失准备的周期性特征及影响因素回归结果

	$LLP_{i,t}$				
	银行总体	大型国有银行	股份制银行	城市商业银行	农村商业银行
	（1）	（2）	（3）	（4）	（5）
$LLP_{i,t-1}$	0.380*** （0.000）	0.270*** （0.010）	0.428*** （0.000）	0.3553** （0.000）	0.231* （0.096）
$GDPG_t$	0.001** （0.029）	0.016** （0.014）	0.0065* （0.062）	0.005* （0.094）	0.006** （0.017）
$NPL_{i,t}$	0.027** （0.046）	0.008** （0.031）	0.008* （0.058）	0.013 （0.467）	0.032 （0.264）
$Rloan_{i,t}$	0.010*** （0.000）	−0.024*** （0.001）	0.001*** （0.003）	0.0121*** （0.000）	0.026*** （0.001）
$CM_{i,t}$	0.038*** （0.003）	0.042*** （0.000）	0.001** （0.035）	0.044*** （0.009）	0.044 （0.139）
$EBTL_{i,t}$	−0.195*** （0.000）	−0.088** （0.011）	−0.026*** （0.001）	−0.213*** （0.003）	−0.596 （0.725）
$Sign_{i,t}$	−0.005 （0.165）	−0.110* （0.082）	−0.165* （0.053）	−0.003 （0.166）	−0.019 （0.193）
Constant	−0.014 （0.637）	2.086 （0.260）	0.371 （0.110）	0.033 （0.328）	−0.120** （0.046）

	$LLP_{i,t}$				
	银行总体	大型国有银行	股份制银行	城市商业银行	农村商业银行
	（1）	（2）	（3）	（4）	（5）
AR(1)	0.000	0.096	0.096	0.000	0.002
AR(2)	0.253	1.000	0.682	0.352	0.122
Hasen	0.321	1.000	1.000	0.689	1.000
Sargan	0.686	1.000	1.000	0.564	1.000

注：***、**、*分别表示模型回归结果在 10%、5% 和 1% 的置信水平下显著。AR(1) 为 SYS-GMM 模型扰动项的一阶自相关性检验的 P 值；AR(2) 为 SYS-GMM 模型扰动项的二阶自相关性检验的 P 值。Sargan 为 Sargan 过度识别检验的 P 值。

贷款损失准备对商业银行信贷行为周期性特征的影响。表 6-3 显示了模型 6-6 在不同银行样本类型下的估计结果。首先，所有估计结果均显示贷款规模增长率的一阶滞后项系数显著为正，这种动态相关性表明贷款增速的调整受到来自上一期信贷增速的影响，同时还证明了采用动态模型是合理的。其次，我国贷款损失准备 $LLP_{i,t}$ 与银行业总体的回归系数为 0.6115 并且在 5% 的置信水平下显著，表明贷款损失准备的调整对银行信贷增速同方向变化，即具有逆周期影响效应，这符合假说 H2 的推断。再次，通过宏观经济层面的控制变量——人均 GDP 增长率与贷款增速的系数关系还可以发现，我国商业银行总体贷款增速与经济周期替代变量反向变化，只是并不显著，而从具体银行分类样本回归结果观察得出，股份制银行与城市商业银行的贷款增速呈顺周期变化特点，而大型国有银行与农村商业银行的贷款增速估计系数均为负，但是只有农村商业银行的系数显著，表明大型国有商业银行信贷的周期性变化特点并不显著，农村商业银行的信贷行为则是逆周期的，结合已有的研究成果，这一现象也许可以从我国银行业的股权结构以及政府对不同类型商业银行的干预力度的差异角度加以解释（布雷和斯克雷克，2013；潘敏和张依茹，2013 等），由于股份制银行与城市商业银行非国有股份构成相对较高，信贷变化受市场调节的作用要比大型国有银行和农村商业银行强，政府逆周期宏观调控的影响受到削弱并且政策时滞性要比大型国有银行和农村商业银行显著，因此，信贷增速在现有监管政策制度下表现出普遍的顺周期特征，而大型国有银行等政府控制程度较强的商业银行，则可能表现出一定的逆周期性；而宏观经济政策变量 $Money_{i,t}$ 显著的与贷款增速负相关，体现了货币政策的逆周期调节作用。此外，银行层面的控制变量银行资产规模 $LnAssets_{i,t-1}$ 与银行信贷增速反方向变化，即银行资产规模越大，信贷增长速度反而越慢，反之则相反，这与我国大型银行执行更加严格的监管要求现状相符合。而反映银行稳健程度的 $Equity_{i,t-1}$ 则与贷款损失准备变化方向一致，即银行经营越稳健，信贷增长速度越快。

表 6-3　贷款损失准备对银行信贷周期性特征影响的回归结果

	$Dloan_{i,t}$				
	银行总体	大型国有银行	股份制银行	城市商业银行	农村商业银行
	（1）	（2）	（3）	（4）	（5）
$Dloan_{i,t-1}$	0.132*** （0.001）	0.185*** （0.000）	0.186** （0.049）	0.131** （0.019）	0.075** （0.029）
$LLP_{i,t}$	0.612** （0.040）	0.747** （0.017）	0.805* （0.051）	0.499** （0.035）	0.976*** （0.009）
$GDPG_t$	−0.143 （0.136）	−0.135 （0.108）	0.051** （0.042）	0.017* （0.077）	−0.141** （0.037）
$Ddeposit_{i,t-1}$	0.388*** （0.000）	0.608** （0.062）	0.479*** （0.000）	0.377** （0.030）	0.330 （0.190）
$LnAssets_{i,t-1}$	−0.361* （0.069）	−0.298 （0.109）	−0.327** （0.031）	−0.311** （0.011）	−0.350 （0.231）
$Equity_{i,t-1}$	0.148*** （0.000）	0.017 （0.942）	0.275*** （0.003）	0.120*** （0.008）	0.144*** （0.009）
$Money_t$	−0.049** （0.037）	−0.055** （0.036）	−0.042* （0.059）	−0.037** （0.020）	−0.032* （0.093）

	$Dloan_{i,t}$				
	银行总体	大型国有银行	股份制银行	城市商业银行	农村商业银行
	（1）	（2）	（3）	（4）	（5）
Constant	0.484 （0.751）	−0.174 （0.958）	−0.161 （0.976）	−1.796 （0.273）	−0.709 （0.714）
AR(1)	0.001	0.000	0.008	0.000	0.001
AR(2)	0.456	0.142	0.534	0.815	0.881
Hasen	0.458	1.000	1.000	0.870	1.000
Sargan	0.582	1.000	0.994	0.872	1.000

注：***、**、* 分别表示模型回归结果在 1%、5% 和 10% 的置信水平下显著。AR(1)
为 SYS-GMM 模型扰动项的一阶自相关性检验的 P 值；AR(2) 为 SYS-GMM 模型扰动项的
二阶自相关性检验的 P 值。Sargan 为 Sargan 过度识别检验的 P 值。

贷款损失准备对银行信贷行为影响的异质性分析。表 6-4 中第一列和
第三列是模型 6-7 和 6-8 的估计结果。在经济上行时期，$LLP_{i,t}$ 与银行信
贷增速在 5% 的显著水平上负相关，而 $Boom_t \times LLP_{i,t}$ 在该水平上正相关，
再结合估计系数，可知繁荣时期贷款损失准备对贷款增速的影响为 0.7251
（−0.1707+0.8958），即在上行时期我国商业银行贷款损失准备计提对贷款
增长存在一定程度的顺周期影响，但是繁荣时期的某些特定因素减弱甚至
抵消了这种顺周期性，使之表现出一定逆周期特性；而在经济下行时期，
$LLP_{i,t}$ 和 $Reccesion_t \times LLP_{i,t}$ 的估计系数均显著为正，贷款损失准备对贷款增
速的影响为 1.0920（0.2550+0.8370），可知，衰退时期贷款损失准备与信
贷增速呈逆周期性质，而该时期我国金融环境中的某些因素对该逆周期效
应产生了强化作用。尽管在两个经济周期阶段，贷款损失准备调整最终对
信贷行为都具有逆周期效应，但是两种逆周期效应的产生机制和强度却是
不同的：衰退时期由强化作用产生的逆周期效应大于繁荣时期由抵消作用
产生的逆周期效应。实证结果支持假说 H3，即贷款损失准备对银行信贷
增长逆向调节作用在不同经济周期阶段是异质的。

同时，结合研究假设 H3 中的分析，我国银行系统信贷行为特殊的周期性特征与我国商业银行特殊股权结构所带来的政府高度干预密切相关，而政府干预的实现主要是依靠对经济的宏观调控。因此，有必要考察银行业宏观调控的最常用政策——货币政策在贷款损失准备计提与信贷行为周期性变动关系中所发挥的具体作用。结合表 6-4 中的第二列和第四列的估计结果，$Money_t$ 与 $Boom_t \times Money_t$ 的回归系数符号相反并在 5% 水平上显著，可以得出：经济上行时期，我国货币政策调控对商业银行贷款增速的影响系数为 0.2438（-7.1095+7.3533），表明调高贷款基准利率的逆周期货币政策调控政策未能有效降低贷款增长速度，调控效果不太显著；而在经济下行时期，$Money_t$ 与 $Reccesion_t \times Money_t$ 的回归系数分别为 0.2438 和 -5.3533，且均在 10% 的水平上显著，由此可得货币政策对信贷增速的影响系数为 -5.1095（0.2438-5.3533），并在 10% 的置信水平下显著，说明在衰退时期我国货币政策对银行信贷行为的逆周期宏观调控收效显著，扩张性的货币政策能够起到增加信贷供给的作用。

表 6-4　贷款损失准备对银行信贷周期性特征影响的回归结果

	$Dloan_{i,t}$			
	经济上行时期		经济下行时期	
	（1）	（2）	（3）	（4）
$Dloan_{i,t-1}$	0.138*** （0.004）	0.176*** （0.000）	0.177*** （0.000）	0.184*** (0.000)
$LLP_{i,t}$	-0.171** （0.011）	0.868* (0.056)	0.255** （0.012）	0.758** (0.016)
$Boom\_LLP_{i,t}$	0.896** （0.024）			
$Boom_t$	-1.313* （0.061）	-9.327 (0.309)		
$Recession\_LLP_{i,t}$			0.837** （0.014）	

续表

	Dloan$_{i,t}$			
	经济上行时期		经济下行时期	
	（1）	（2）	（3）	（4）
Recession$_t$			1.242** （0.023）	9.327 (0.309)
Ddeposit$_{i,t-1}$	0.402*** （0.000）	0.419*** (0.000)	0.418*** （0.000）	0.434*** (0.000)
LnAssets$_{i,t-1}$	0.032* （0.050）	0.022 (0.470)	0.024* （0.088）	0.021 (0.495)
Equity$_{i,t-1}$	−0.176 （0.156）	−0.196** (0.021)	−0.189* （0.051）	−0.175** (0.039)
GDPG$_t$	−0.065* （0.054）	−0.0892** (0.020)	−0.077* （0.062）	−0.089 (0.203)
Money$_t$	0.207** （0.049）	−7.110** (0.033)	0.203* （0.056）	0.244* (−0.087)
Boom_Money$_{i,t}$		7.353** (0.031)		
Recession_ Money$_{i,t}$				−5.353* (0.080)
Constant	1.024 （0.532）	4.905 (0.310)	−0.171 （0.909）	−0.277 (0.855)
AR(1)	0.000	0.000	0.298	0.000
AR(2)	0.529	0.425	0.808	0.821
Hasen	0.928	0.898	0.2230	0.9250
Sargan	0.957	0.300	0.1765***	0.3210

注：***、**、* 分别表示模型回归结果在 10%、5% 和 1% 的置信水平下显著。AR(1) 为 SYS–GMM 模型扰动项的一阶自相关性检验的 P 值；AR(2) 为 SYS–GMM 模型扰动项的二阶自相关性检验的 P 值。Sargan 为 Sargan 过度识别检验的 P 值。

四、贷款损失准备计提下我国商业银行信贷行为变化的相关结论

本部分以我国银行业 2003 年至 2013 年 107 家商业银行的年度数据

为样本，运用动态面板模型实证分析了贷款损失准备计提对不同类型银行信贷周期性行为的影响，并且分析了这种影响在不同经济周期阶段里的异质性及其主要成因，得到如下结论：

第一，我国所有类型商业银行贷款损失准备整体上是实行逆周期管理的，这是多重计提目标共同作用的结果。一方面，出于覆盖预期损失的非相机抉择型计提目标使商业银行在损失风险上升时增加计提贷款损失准备，而在损失风险降低时，减少计提。另一方面，相机抉择型计提目标中，除农村商业银行以外，资本管理目标对贷款损失准备的计提有一个同向影响，即商业银行的贷款损失准备计提会随着资本监管压力的增加而增加，反之则相反；而我国商业银行贷款损失准备计提尚未被用来实现收入平滑和信号揭示目标。

第二，贷款损失准备计提对我国全体商业银行信贷增速具有逆周期影响效应。同时，研究还表明我国商业银行信贷行为增速整体上未呈现出显著的周期性变化特征，具体来看，这一特性在大型国有银行与农村商业银行中尤为显著，这有别于发达国家银行系统所普遍表现出的顺周期效应；而对非国有股份构成相对较高的股份制银行和城市商业银行而言，贷款增速是呈顺周期变化的。贷款损失准备的逆周期效应是能够对其他因素导致的信贷行为顺周期性产生一定抵消作用，是我国信贷增速未表现显著周期性特征的影响因素之一。这一现象产生的原因可能与我国特殊的经济发展背景密切相关，即贷款损失准备制度自 2001 年在我国实施以来，我国宏观经济走势持续处于经济周期上升阶段且银行业的不良贷款率始终处于下降的通道。结合这些特点可推断：在 2001 年之后的经济周期上行阶段中，当我国银行倾向于根据即期或历史信贷损失信息（前期的不良贷款率较高）进行信贷风险的评估时，高估了信贷组合未来的预期损失，从而倾向于计提较多的贷款损失准备，供给了相对较少的信贷，引致了贷款损失准备的逆周期变动。

第三，贷款损失准备对商业银行信贷行为的逆周期影响在不同经济周期阶段表现具有异质性：在经济上行阶段由抵消作用产生的逆周期效应小于在经济下行阶段由强化作用产生的逆周期效应。

五、完善我国逆周期动态拨备制度的政策建议

金融危机的经验和教训使各国监管当局逐渐认识到传统贷款损失准备计提制度抵御未来信贷资产恶化所可能带来的损失风险的同时，还有着加剧银行信贷行为顺周期波动的明显副作用。逆周期的动态拨备机制被公认为是缓释贷款损失准备计提规则带来的顺周期性的有效措施。基于 2010 年 12 月巴塞尔委员会发布的《Basel Ⅲ》的指导，我国银监会于 2011 年 5 月的《中国银行业实施新监管标准的指导意见》中明确提出构建逆周期调整的动态拨备制度，并计划自 2012 年 1 月起正式执行，全国银行最晚应于 2018 年全面达到监管标准，现阶段动态拨备制度仍处于试探性执行阶段。具体来说，动态拨备制度要求银行监管当局在经济下行时期适度调低贷款损失准备的计提要求，而在经济上行阶段又相应的适度调高，以此实现平滑信贷增长波动的作用。

依据本节理论和对观测样本实证分析得出的结论，可知我国贷款损失准备计提对商业银行整体信贷扩张并未表现出顺周期效应，反而具有一定逆周期变动的特征，并且这种变化关系在经济下行时期更为显著，这与发达国家的研究经验存在差异。结合这种差异产生的原因，本书建议将贷款损失计提标准与经济走势（GDP）直接挂钩，构建动态贷款损失准备标准，在动态拨备制度实施的过程中应当更多关注中国银行业实际情况有选择地制定和实施。在此基础上还应在测量贷款损失准备对信贷扩张的实际影响效果后有选择地实施，而在经济持续增长和银行不良贷款率持续下降的时期，应当注意逆周期的动态拨备制度可能导致过度调控的风险。

第二节 公允价值会计准则对信贷周期性行为的影响

商业银行贷款人（贷款去向）和存款人（贷款来源）间信息的不对称是引发银行问题的重要原因，并且这种银行信息不透明性很大程度上是银行"精心设计"以降低银行信贷对信息敏感性，使得作为银行独有的"货币性证券"价值稳定且流通更为有效，财务会计记账作为减少信息不对称的有效措施应运而生。在过去十几年中，金融创新的发展使商业银行功能在传统金融中介单一业务的基础上向多样化经营转变。其中，最为显著的转变体现在商业银行将其最重要的信贷业务分离为发放贷款与将这些债权出售给外部投资者两个方面。从银行资金来源视角来看，这样的转变使商业资金来源变得多样化、降低了传统存款负债业务的份额，进而相应地增加了银行资产业务的比重，同时银行对公司和个人的金融服务业务也显著增加。这一变化提高了市场波动对银行利润的干预度程度，提高对银行经营绩效评估所需的会计信息要求，从而推动了国际会计准则由依照资产买入价格或初始价格记账的传统 HAC 向按照资产或负债的市场价值记账的公允价值计价法 FVA 转变。相较于历史成本记账法，在公允价值会计记账规则下由市场风险波动给商业银行造成的损益和信用等级改变，能够及时、真实地被反映，从而提高会计信息的准确性和与市场的相关性，使会计信息能够辅助投资决策以及优化企业的财务决策。

然而，在实践中人们逐渐发现公允价值会计制度记账在发挥"盯市"特征优势的同时，也不自觉地将实体经济宏观经济波动的影响带入财务记账。由于计记账规则会使得会计数据随市场价格波动，时常出现账面价格与实际价值不一致，从而影响以会计信息为经营决策重要参考依据的银行等金融系统的投资决策、薪酬激励制度以及投资者行为，最终再反馈回实体经济中，放大波动幅度，这种由公允价值会计准则导致会计账面价值与经济波动同步变化并对宏观经济波动幅度产生放大效应的特性就是公允价值计量的顺周期性。在对 2008 年金融危机的爆发原因的探索中，公允价值会计计量的顺周期效应遭到学者和监管者的大量诟病，后危机时代，各国金融监管机构均致力于提高银行系统稳健性，实现金融稳定目标，对公允价值计量顺周期性的改善也是目标之一，我国政府也对此高度重视，如"十二五"规划明确提出构建逆周期的金融宏观审慎管理制度框架，"十三五"规划进一步要求加强该制度框架的建设。改良后的巴塞尔资本协议——《Basel Ⅲ》，实际是针对资本监管引发的顺周期效应的改善措施，而目前对公允价值会计计量改革和完善措施还没有一个明确的办法出台，鉴于此，深入探究公允价值会计准则对我国银行系统和信贷行为的影响，对于提高金融稳定、防范危机发生具有重要价值。

一、公允价值会计准则的主要特征

当前世界主要会计准则制定机构是美国财务会计准则委员会（FASB）和国际会计准则委员会（IASB），它们各自负责和奉行的会计准则分别为美国公认会计准则（GAAP）和国际会计准则（IFRS），两个机构运作机制、会计处理原则和方法基本相似，只是前者 FASB 制定准则的出发点是为了满足美国本国经济活动需求，故而发布的会计准则是"规则导向型的"，内容细致具有较好的执行价值；而后者 FASB 意图是制定能够在全球范围内通用的会计准则，因而其采取"原则导向型"，兼顾不同国家情况，规则内容较为笼统和精练。显然 IFRS 作为会计准则的指导原则，给各个国家较大的自主调整空间，因而接受程度更高，当前全世界已经有 100 多个国家采用该准则。[①] 不过无论是 GAAP 还是 IFRS 对公允价值准则的定义相似，其他规则的主体部分也大体一致。具体来看，美国财务会计准则委员会（FASB）将公允价值定义为：计量日当天，在报告主体交易的市场上，市场参与者之间的有序交易中，出售资产所接受的价格和转移负债所

[①] 我国遵循的是国际会计准则（IFRS）：2005 年中国会计准则委员会秘书长与国际会计准则理事会主席签署了联合声明，确认了中国会计准则与国际财务报告准则实现实质性趋同。

支付的价格；^① 而公允价值在国际会计准则委员会（IASB）中是指公平交易中，熟悉情况的当事人自愿进行资产交换或负债清偿的金额。而我国在《企业会计准则第 39 号》中也对公允价值进行了界定：认为公允价值是指"市场参与者在计量日发生的有序交易中，出售一项资产或转移一项负债所需要支付的价格"。基于上述内容，本书主要结合两个准则共同采用的大体原则来对公允价值会计准则的主要特征展开分析：

首先，作为 20 世纪末会计规则制度的创新产物，其最大的特点在于公允价值内涵及其认定标准的特点。关于公允价值（Fair Value）的含义两个准则的界定基本一致：都认为公允价值是指买卖双方在公平的交易条件和有序的交易方式下对一种资产或负债进行交易或清偿的价格。对于市场交易活跃的金融工具，这一价格一般是采用市场价格来计价，而在缺乏市场牌价的活跃市场中，金融工具出售者则必须通过估值模型^② 来计量这一价格，GAAP 和 IFRS 框架按照公允价值计量结果的可靠和准确程度由高及低将其划分为三个不同层次：第一层次（Level 1）是指资产或负债价格直接采用市价估值；第二层次（Level 2）则包括对资产和负债价格采用市场上同类金融工具价格来估计或者采用可观测参数值输入估值模型进行估量得到的价格；最后一个层次（Level 3）同样采用估值模型来对资产和负债价格进行估量，但是输入参数无法直接观测得到。

其次，公允价值会计准则在不同金融工具中的计价方法主要取决于持有该资产的最终目的。这是因为机构或个人投资者持有金融资产往往具有不同目的，因此金融资产的价值及其在资产负债管理中发挥的作用关系密切。例如某投资者以固定利率持有某债券至到期日，那么这一过程中债券的记账价值会随着利率变化而变化，甚至可能导致会计账户信

---

① FASB 对公允价值的定义、计量准则和披露规定在 2006 年颁布的《财务会计准则公告第 157 号》（SFAS157）和 2007 年颁布的《财务会计准则公告第 159 号》（SFAS157）两份文件中进行了详述。

② 估值模型要求包含全体市场参与者在设定价格时所可能会考虑到的所有要素。

息一些不必要的波动。表 6-5 描述的是危机发生前国际会计准则委员会制定的金融资产或负债分类方法及其相关的记账价值确认标准。此外，公允价值会计准则还具有给予金融机构更多的会计陈述自由裁量权、强化金融工具价格对市场风险的敏感程度等特征。

表 6-5　国际会计准则下的金融工具分类和会计记账类型

会计记账类型	资产 / 负债类别	计量方法	
		资产负债表	损益
以摊余成本计量	贷款及应收款项（L&R）持有至到期资产（HTM）	摊余成本计量	不按市价变动，其价值变动不计入当期损益
以公允价值计量且其变动计入其他综合收益	可供出售金融资产 / 负债（AFS）	公允价值计量	不按市价变动，其价值变动计入所有者权益
以公允价值计量且其变动计入当期损益	交易性金融资产 / 负债（HFT）	公允价值计量	按市价变动，其价值变动计入当期损益

注：表中摊余成本是指金融资产或负债的初始确认金额减去已偿还的本金，加上或减去以实际利率对初始确认金额和到期金额间差额进行摊销产生的累计摊销额，最后再扣除发生的减值损失。AFS 包括交易性金融资产和指定为公允价值计量且其变动计入当期损益的金融资产。

二、公允价值会计准则顺周期效应的传导机制

公允价值会计准则会强化金融机构顺周期行为的观点在理论和实务界均得到广泛认同，尤其是在危机前应用最为广泛的《国际会计准则第39 号》（IAS39）[①] 被认为是此次危机的主要推动因素之一。虽然也有一小部分研究，如 Ball（2008）以及 Wallace（2009）等学者认为会计规则仅仅作为一种财务信号的传递工具，不应该与金融危机联系起来分析，然而主流的观点认为这种联系是存在的，大量学者通过理论和实证分析对会计规则和金融危机间的联系进行研究，这些研究中大部分学者着重探

---

① IAS39 是由国际会计准则委员会于 1998 年发布的。

讨公允价值计量法在危机期间的作用，并得到结论：公允价值计量方法会放大经济周期性波动（美国证券交易委员会，2008[①]；马尼安，2009[②]；巴斯和立兹曼，2010[③]；乌鲁吉·汗，2010[④]；伯大尼等，2012[⑤]）。但是，近期有学者认为前期研究忽视了次贷危机爆发前公允价值就可能已经对经济波动产生了负面影响，只是这些影响被高涨周期中公允价值带来的"泡沫收益"所掩盖（皮纳克，2012[⑥]）。

商业银行信贷行为是基于银行一定的制度框架，基于其所掌握的信息，对借款人的还贷能力和银行所能获得的盈利水平进行全面评估，从而决定是否放贷的行为，作为会计计量工具的公允价值准则可以影响银行本身的财务数据，从而影响银行对市场行情的判断，推动银行业务活动，尤其是信贷行为的顺周期变化，那么这一过程的具体作用机制是如何进行的，学者阿布迪等（David Aboody 等，2006）在研究中指出，历次金融危机中商业银行往往是危机爆发的中心环节，他认为公允价值在此过程中是通过与资本充足率监管的联系来发挥作用的，即在不同经济周期波动中，以公允价值会计计量的资产价值会随经济的上涨或衰退不同方向和程度的偏离其内在价值，从而导致银行的资本充足率增加或是无法满足最低按约束要求；使得商业银行进一步扩大（信贷）业务规模

---

① 美国证券交易委员会（United States Securities and Exchange Commission）在 2008 年的报告中提出的。United States Securities and Exchange Commission. *Report and Recommendations Pursuant to Section 133 of the Emergency Economic Stabilisation Act of 2008: Study on Mark-to-Market Accounting*, 2008.

② M. Magnan, Fair Value Accounting and the Financial Crisis: Messenger or contributor, Accounting Perspectives, 2009, 8(3), 189–213.

③ M. Barth, W. Landsman, How did Financial Reporting Contribute to the Financial Crisis, *European Accounting Review*, 2010, 19(3), pp. 399–423.

④ U. Khan, Does Fair Value Accounting Contribute to Systemic Risk in the Banking Industry, *Working paper of Yale School of Management*, 2010.

⑤ B. Badertscher, P. Easton, A Convenient Scapegoat: Fair Value Accounting by Commercial Banks during the Financial Crisis, *Accounting Review*, 2012, 87(1), pp. 59–90.

⑥ M. Pinnuck, A Review of the Role of Financial Reporting in the Global Financial Crisis, *Australian Accounting Review*, 2012, 60(2), pp.1–14.

或者低价抛售金融资产（Fire Sale）并紧缩贷款。普朗坦等（2008）则认为除了上述公允价值变动——资本充足率监管——银行经营行为的影响路径外，银行对管理人员实行的薪酬与短期利润总额相挂钩的激励机制会促使管理者出于降低损失的目的，在资产价格下跌时做出及时抛售资产的决策，此外，市场的错误低价也可能是顺周期性产生的原因之一。布朗克斯布等（Elizabeth Blankespoor 等，2013）基于美国银行数据，对比分析了公允价值会计信息和非公允价值会计信息与信贷风险的相关程度，结果发现公允价值计量下得出的财务数据与信贷风险相关性最强。伊顿（John Heaton 等，2010）、梅里尔等（Craig Merrill 等，2013）的研究进一步指出公允价值计量对银行行为的影响在下行周期中更加显著，它通过降低银行发放信贷的意愿和促使银行低价"甩卖"资产来进一步恶化本就下行的经济走势。

本书在之前学者研究的基础上归纳梳理，认为公允价值会计准则顺周期效应对银行行为的影响主要有两条传导途径：

第一，银行会计报表信息直接引发顺周期行为。以公允价值计量的金融资产，其价格的变动会及时在银行的资产负债表和损益账户的账面价值中得到直接反映，由于公允价值反映的是当时的市场价格，那么企业的财务状况和市场价格变动状况最终会趋于一致。由于资产或负债的市场价格是顺周期变化的，会出现资产负债表在经济繁荣时期规模扩张而在萧条时期大幅收缩的现象，并且由于公允价值计量法对市场价格反应迅速、记账信息采用盯市原则（Market-to-Market），市场的波动情况完全反映在记账信息中，因而市场价格顺周期波动带来的财务报表的扩张和收缩程度要远大于以历史成本法计量的结果。此时，银行的资产和负债水平也会相应地发生变化，从而使银行面对的监管约束放松（繁荣）或严格（萧条），此时银行管理层会相应地做出增持或者止损抛售金融资产的决策，导致金融资产价格在高涨时期的上涨或萧条时期的下跌，这一作用机制就是图6-4中的路径1。此外，由于当前的资本监管规则并未将可供出售类型金融资产公允价值的变动考虑到资本充足率指标的计算中，故而此类资产公允价值变动会直接影响到银行的资本水平，提高或弱化银行资本水平，进一步强化这一作用过程。

2008年国际金融危机的爆发和扩散反映的正是这一作用机制在经济下行时期的破坏效果：以公允价值估量的银行资产价值在经济走势严重下滑后出现迅速下降，并及时被反映到财务报表当中引起银行当期损益变动，进而降低银行的资本金规模、信贷总量以及证券需求，而这些最终将会反馈到经济活动中去，导致市场进一步衰退。

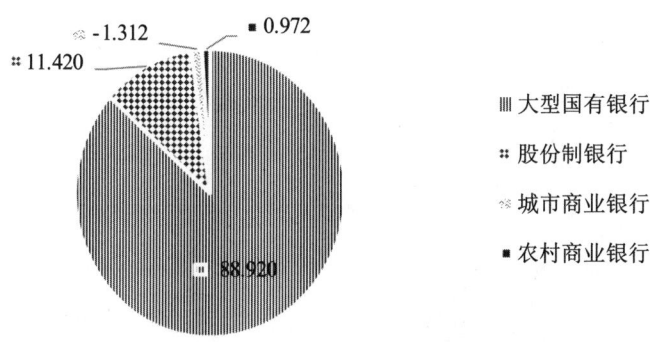

图6-2　2008年各类型样本银行资产减值损失占比

资料来源：2008年《银监会年报》。

进一步的，我们结合此次国际金融危机中我国商业银行的具体表现进行分析，表6-6列出了我国部分商业银行的资产减值损失和利润总额的关系数据，由于数据来源有限，银行样本选取了2008年[1]包括我国大型国有银行、股份制商业银行和城市商业银行在内的共计19家[2]上市银行和5家具有代表性农村商业银行的数据。首先选择反映各类银行的资产损失情况的减值损失占比（单个银行资产减值损失／全体银行资产减

---

① 我国受到国际金融危机影响始于2008年。

② 截至2015年12月31日我国共有20家上市银行，盛京银行由于2008年数据无法获得故未列示。

值）结合表 6-6 和图 6-2 分析可以得到，大型国有商业银行计提的资产减值损失占比在四类银行中最高，这一比例约为 88.92%，其他三类银行的占比分别为股份制商业银行约占 11.42%、农村商业银行不到 1%，城市商业银行则因为在危机期间的减值损失完全被前期多计提额度所冲销，因而数值为负。其次，由减值损失对利润总额的占比情况来看，大型国有银行和农村商业银行对利润总额的占比最大，都基本接近 23%，股份制银行次之，城市商业银行最少（见图 6-3），可知大型国有商业银行和农村商业银行的公允价值损益对样本银行系统的损益贡献突出，公允价值计量的顺周期效应可能在这两类银行中传递最为有效。

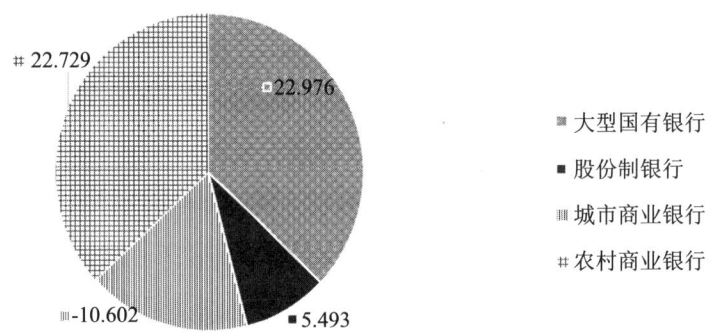

图 6-3　2008 年各类型样本银行资产减值损失对利润总额的占比情况（%）

资料来源：2008 年《银监会年报》。

第二，通过会计报表信息间接导致的顺周期行为。当某种市场冲击或者由于银行资本充足率降至不再符合金融监管当局最低要求的情况时，公允价值计量规则的顺周期效应会从两个方面传递并影响银行乃至金融系统：一方面，由于大量的银行资产出售行为会对该资产价格造成巨大冲击，带来减值压力，使该项资产价格下降；另一方面，其他持有类似金融资产的银行在资产减值压力的影响下会纷纷采取相同策略抛售该项资产，以避免资产贬值可能带来的损失。公允价值会计准则的引入使这一问题变得更加严重，这是因为公允价值计量的"盯市原则"会将资产减值的信息及时反映到银行当期的会计报表上，这会减少该银行金融产品的市场需求，使资产价格"螺旋式"下降，加剧经济恶化（图 6-4 中的路径 2）。而市场投资者通过银行财务报表信息，尤其是会计利润信息数据的变动会做出对投资前景的判断，从而购买或者抛售该银行股票，最终在"羊群效应"的作用下加剧经济的波动（图 6-4 中的路径 3）。商业银行这种传导途径往往发生在经济萧条时期，是危机发生后经济形势恶性循环的重要原因之一。（注：表中数据来源于各家商业银行 2008 年的年报以及 2008 年《中国银监会年报》信息，其中资产损失减至占比为计算所得。）

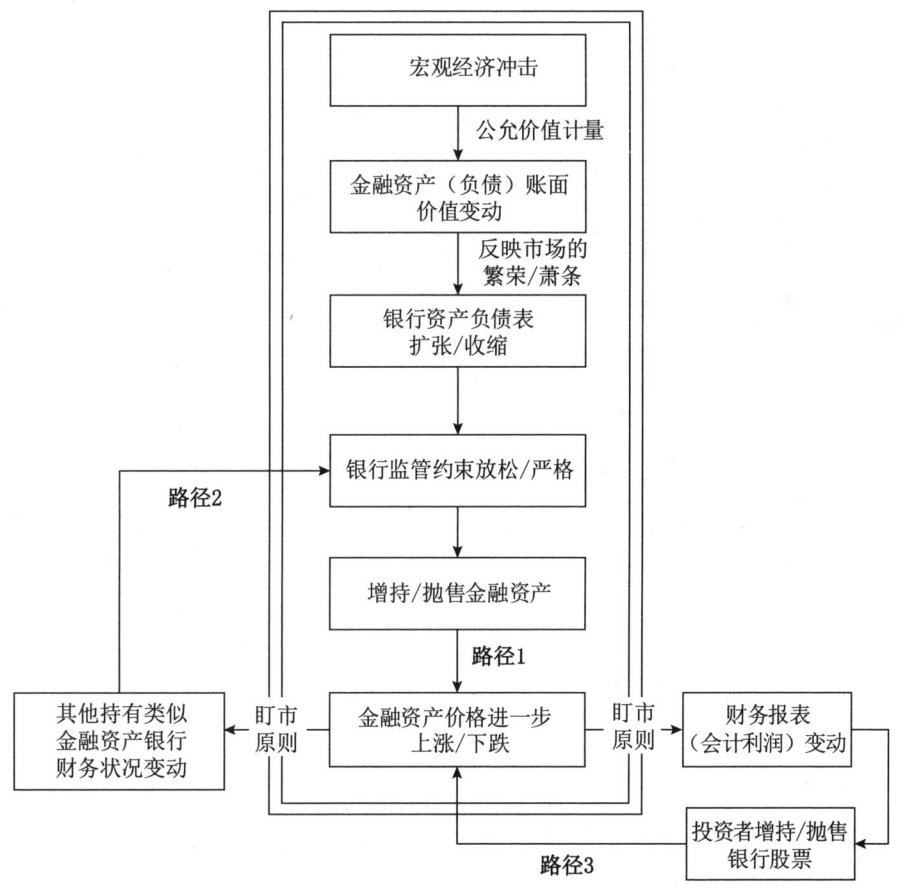

图 6-4 公允价值会计准则引致的顺周期性传导路径

此外，公允价值会计准则下企业财务状况描述具有较大的自由裁量权，尤其是在金融产品复杂化程度增加采用第三层公允价值进行会计估值时；会加重银行资产价值的不确定性并降低市场流动性。同时，公允价值准则关于风险和银行信誉无形资产的处理方法[①]等都会加强银行行为随经济周期的波动幅度。

表 6-6　我国部分商业银行金融危机时期资产减值损情况

银行名称	银行类型	资产减值损失（千元）	利润总额（千元）	资产减值损失/利润总额（%）
中国工商银行	大型国有	55528000	145301000	38.22
中国建设银行	大型国有	50829000	119741000	42.45
中国农业银行	大型国有	51478000	52349000	98.34
中国交通银行	大型国有	-11835000	35818000	-33.04
中国银行	大型国有	-45031000	86251000	-52.21
招商银行	股份制	-5154000	26759000	-19.26
平安银行	股份制	-269000	139803000	-0.19
兴业银行	股份制	3416422	14037288	24.34
中信银行	股份制	-6444000	17746000	-36.31
民生银行	股份制	6518000	10488000	62.15
光大银行	股份制	6287672	7920000	79.39
上海浦发银行	股份制	3718468	15303455	24.30
华夏银行	股份制	4894309	4006543	122.16
宁波银行	城商	256578		16.85
南京银行	城商	488281	1740609	28.05

①　公允价值会计方法在计量时理论上规定将所有风险因素包含其中，但在实际操作中风险不能够被全部覆盖，并且要求采用反映市场价值的"盯市"方法，这样会使银行财务报表在高涨的经济增长时期过于乐观地估计资产价值而在下行时期夸大风险造成悲观估计。而银行信誉作为重要的无形资产其价值也被记录在财务报表中，但是公允价值会计准则下信誉对于无形资产价值不再是历史成本法下的固定不变，而是需要在每年的减值评估后随市场估值进行调整的，实际也是"盯市"估值，即商誉也是随经济周期同方向变化，影响银行的周期性行为。

续表

银行名称	银行类型	资产减值损失（千元）	利润总额（千元）	资产减值损失／利润总额（％）
北京银行	城商	-1847299	6945176	-26.60
徽商银行	城商	-870088	1590634	-54.70
重庆银行	城商	228178	1122502	20.33
哈尔滨银行	城商	255035	1125724	22.66
北京农村商业银行	农商	-40640	1059430	-3.84
重庆农村商业银行	农商	-292000	1995200	-14.64
江阴农村商业银行	农商	298931	765438	39.05
吴江农村商业银行	农商	-226789	467483	-48.51
广州农村商业银行	农商	1363670	566112	240.88
商业银行业全体	-	2032950000	4864530000	41.79

资料来源：Bankscope 数据库。

三、公允价值计量对我国商业银行信贷行为影响的经验分析

我国财政部于 2006 年颁布《企业会计准则》，并要求于 2007 年 1 月 1 日起正式实施，这标志着公允价值计量方法在我国上市和非上市企业中正式开始运用，银行金融机构也不例外，该准则约在一半的细则中运用公允价值计量方法。尽管此次 2008 年的国际金融危机暴露了公允价值计量可能导致顺周期性的弊端，但是现阶段该计量方法仍然是银行系统的最优选择（普朗坦，2008；索尔等，2009[①]；格布哈特和法卡斯，2012[②]），为了适应我国企业和资本市场发展的实际需要，实现我国会计准则与国际财务报告准则的同步，财政部于 2014 年 1 月出台了《企业会计准则第 39 号——公允价值计量》，并于同年 7 月在对原有准则进行修改后颁布了

---

① J. Sole, A. Novoa, J. Scarlata, Procyclicality and Fair Value Accounting, *IMF Working Paper WP/09/39*, 2009.

② G. Gebhardt, Z. Novotny-Farkas, Mandatory IFRS Adoption and Accounting Quality of European Banks, *Journal of Business Finance & Accounting*, 2011, 38(3–4), pp. 289–333.

新的《企业会计准则——基本准则》，这项新准则最大的特点是对公允价值记账标准的调整，开始正式在我国企业会计计量中大规模引入公允计量模式。具体来说，并非所有的资产和负债项目均采用公允价值法进行确认，当前我国实施的《企业会计准则》中对不同资产和负债记账原则进行了区分，规定银行系统中交易性金融资产、买入返售金融资产、可供出售金融资产以及衍生金融资产等资产科目以及交易性金融负债和衍生金融负债等负债科目采用公允价值法核算，即银行的这些科目无法反映其持有成本，而仅能反映市场公允价值。并且准则还要求将交易性金融资产和负债的公允价值变动计入当期损益，而银行的市值或股价又会受到当期损益变动的影响，如果该银行是系统重要性银行或者在资本市场中占比较大就能够对金融系统带来负面冲击，破坏金融系统稳定。在我国大面积推广公允价值计量方法和我国银行系统拥有自身特殊性的背景下，厘清公允价值计量对我国商业银行系统的作用意义重大。

本章我们结合中国商业银行的财务数据分别对公允价值会计计量准则下银行的资产负债数据特征及其对银行财务波动的影响进行经验分析。由于我国公允价值计量方法的应用始于 2007 年，并且公允价值相关记账数据获取资料有限。因此本书选取了我国 20 家上市银行 2007—2014 年的数据为研究样本，以公允价值计量且其变动计入当期损益的金融资产和负债、总资产和总负债、公允价值变动损益、投资收益等数据均来源于各上市银行年报。表 6-7 描述了上述商业银行采用公允价值计量时会对银行市值产生影响的资产和负债比重。从图中可以得出，我国商业银行公允价值计量的资产负债数据具有三个主要特征：

第一，我国商业银行中以公允价值计量准则进行记账的资产和负债规模总体占比还很低，但从变化趋势来看，银行基本呈逐年上涨的态势，公允价值会计准则并未对我国银行资产和负债项目波动产生显著影响。根据表 6-7 中样本银行的数据可知，我国以公允价值计量且影响银行损益的金融资产占比最大没超过 21%，平均约为 1.3%，而以公允价值计量且其变动计入银行损益的金融负债占比很低，最大比例约为3%，平均占比在0.6%左右，也就是说公允价值计量对资产和负债账面价值的波动影响并不显著，这可能是由两方面的原因造成的：一是我国资本金融市场并不发达，与发达国家相比金融工具限制较大，以公允价值计量的衍生金融工具规模很小，银行业务中传统信贷业务仍然占据主要地位，但是随着金融市场的纵深发展，金融创新的不断涌现，这一比值会不断提升；二是公允价值在我国现阶段的运用受到较大的限制，从2006年颁布的《企业会计准则》到2014年推出的新准则，虽然已经在17个范围较广泛的具体准则中运用公允价值，但又同时对其适用的条件进行了严格限制。当前，我国资本市场仍不健全，活跃市场仍受到各种非市场因素的影响，市场监管还有待继续加强。虽然会计准则中有明确说明在某些情况下可以使用该计量属性，但还有相当一部分资产或负债缺乏完善的活跃市场，难以通过市场取得有关公允价值的完备信息。

第二，各类型银行间公允价值计量方法的使用情况差异显著。大型国有商业银行中公允价值计量且计入损益变动的金融资产占比在0.03%—3%间变动，公允价值计量的资产对大型国有银行影响较小。而股份制商业银行这一占比约在0.5%—1.5%的范围，比大型国有银行更少，但是规模较小的6家上市城市商业银行公允价值计量在资产中计量占比却高很多，最大占比高达20.45%（重庆银行），平均占比保持在3%左右，上述现象表明我国商业银行中公允价值计量在小规模的地方性银行使用更多，这可能是城市商业银行出于逐利性目标，进行资产配置时选择了更高回报率的金融资产这一原因造成的。

第三，各类商业银行在金融负债的计量方面以公允价值计量且变动计入损益的金融负债在银行负债中占比均很小。这一特征的产生与我国商业银行资金来源主要依赖存款，融资金融工具种类较少密切相关。

表 6-7 我国上市银行运用公允价值计量资产和负债的情况（2007—2014 年）

银行名称	年份	资产占比（%）	负债占比①（%）	银行名称	年份	资产占比（%）	负债占比（%）	银行名称	年份	资产占比（%）	负债占比（%）
中国工商银行	2007	0.395	0.192	平安银行	2007	0.419	0.367	华夏银行	2007	0.514	0.000
	2008	0.345	0.129		2008	0.009	0.009		2008	0.658	0.000
	2009	0.170	0.143		2009	0.193	0.005		2009	0.091	0.061
	2010	0.095	0.053		2010	0.051	0.045		2010	0.010	0.000
	2011	0.983	1.184		2011	0.272	0.062		2011	0.269	0.004
	2012	1.263	1.948		2012	0.324	0.176		2012	0.655	0.000
	2013	1.969	−3.247		2013	0.730	0.371		2013	0.523	0.000
	2014	0.168	−3.217		2014	1.377	0.337		2014	0.497	0.000
中国建设银行	2007	0.357	0.175	兴业银行	2007	1.001	0.000	宁波银行	2007	0.000	0.000
	2008	0.589	0.056		2008	0.655	0.066		2008	1.526	0.000
	2009	0.107	0.088		2009	0.252	0.000		2009	0.381	0.000
	2010	0.028	0.128		2010	0.299	0.000		2010	0.134	0.000
	2011	0.071	0.270		2011	0.336	0.000		2011	0.760	0.000
	2012	0.116	0.265		2012	0.663	0.000		2012	0.478	0.000
	2013	2.323	2.644		2013	1.153	0.035		2013	0.255	0.000
	2014	1.914	1.889		2014	1.008	0.046		2014	1.602	0.245
中国农业银行	2007	0.324	0.174	中信银行	2007	0.643	0.000	南京银行	2007	8.862	0.000
	2008	0.570	0.337		2008	0.653	0.013		2008	8.340	0.000
	2009	1.263	1.334		2009	0.202	0.175		2009	5.356	0.000
	2010	0.486	0.357		2010	0.117	0.581		2010	4.331	0.000
	2011	0.583	1.890		2011	0.299	0.000		2011	2.507	0.000
	2012	1.348	1.271		2012	0.430	0.000		2012	1.717	0.000
	2013	2.217	2.233		2013	0.314	0.000		2013	0.806	0.000
	2014	2.596	2.493		2014	0.694	0.015		2014	1.459	0.000

① 以公允价值计量且其变动计入当期损益的金融负债包括交易性金融负债，以及该银行指定的以公允价值计量且其变动计入当期损益的金融负债。占比为 0 表示目前该银行尚无指定的以公允价值计量且其变动计入当期损益的金融负债。

续表

银行名称	年份	资产占比（%）	负债占比①（%）	银行名称	年份	资产占比（%）	负债占比（%）	银行名称	年份	资产占比（%）	负债占比（%）
中国交通银行	2007	0.808	0.340	民生银行	2007	0.280	0.000	北京银行	2007	1.766	0.000
	2008	0.832	0.171		2008	0.419	0.000		2008	4.031	0.000
	2009	0.797	0.207		2009	0.338	0.000		2009	2.159	0.000
	2010	1.040	0.248		2010	0.338	0.000		2010	2.274	0.000
	2011	0.929	0.298		2011	0.944	0.000		2011	0.561	0.000
	2012	0.866	0.292		2012	0.848	0.000		2012	0.630	0.000
	2013	0.991	0.216		2013	0.718	0.000		2013	0.990	0.000
	2014	1.686	0.324		2014	0.703	0.000		2014	0.781	0.000
中国银行	2007	2.488	1.876	光大银行	2007	1.016	2.805	徽商银行	2007	0.839	0.000
	2008	1.446	1.202		2008	1.487	2.527		2008	1.981	0.000
	2009	2.517	0.607		2009	0.868	0.701		2009	1.707	0.000
	2010	0.892	2.256		2010	1.513	2.393		2010	1.301	0.000
	2011	0.704	0.022		2011	1.317	2.852		2011	1.960	0.000
	2012	0.637	0.134		2012	1.292	1.968		2012	1.110	0.000
	2013	0.611	0.067		2013	0.521	2.921		2013	0.472	0.000
	2014	0.772	0.104		2014	0.161	2.070		2014	0.614	0.000
招商银行	2007	0.019	0.000	上海浦发银行	2007	0.417	0.000	重庆银行	2007	0.000	0.000
	2008	0.156	0.123		2008	0.000	0.000		2008	0.000	0.000
	2009	0.231	0.059		2009	0.000	0.015		2009	0.000	0.000
	2010	0.131	0.051		2010	0.000	0.000		2010	0.000	0.000
	2011	0.556	0.180		2011	0.219	0.000		2011	0.000	0.000
	2012	0.748	0.214		2012	0.590	0.000		2012	0.000	0.000
	2013	0.578	0.584		2013	0.910	0.000		2013	17.369	2.496
	2014	0.849	0.303		2014	0.892	0.009		2014	20.446	1.547
哈尔滨银行	2007	0.000	0.000	盛京银行	2007	0.000	0.000				
	2008	0.000	0.000		2008	0.000	0.000				
	2009	0.000	0.000		2009	0.000	0.000				
	2010	0.000	0.000		2010	0.000	0.000				

续表

银行名称	年份	资产占比（%）	负债[①]占比（%）	银行名称	年份	资产占比（%）	负债占比（%）	银行名称	年份	资产占比（%）	负债占比（%）
哈尔滨银行	2011	0.000	0.000	盛京银行	2011	0.000	0.000				
	2012	2.917	0.000		2012	0.000	0.000				
	2013	0.780	0.000		2013	0.009	0.000				
	2014	0.557	0.000		2014	0.029	0.000				

资料来源：2007—2014 年各家银行年报披露的财务报表信息。

注：这里指以公允价值计量且其变动计入当期损益的金融资产占总资产的比例，而"资产负债"则是指以公允价值计量且其变动计入当期损益的金融负债占比。

为了探究公允价值会计计量对银行财务信息的作用效果，需要首先对公允价值记账范围有一个大致了解。商业银行开设的资产账户包括两大类：交易性账户和资产性账户，其中交易类账户专门用来记录包括交易性金融资产、可供出售金融资产和投资性房地产这三种自由交易金融资产，资产性账户主要记录负债业务。而交易性金融资产是该类资产中唯一被要求将其变动计入银行当期损益账户项目，表明其变动会对银行利润产生影响。如果以公允价值记录的该项资产价格变动剧烈，那也将对银行利润项目的变动产生影响，这个影响的大小取决于银行利润对该资产公允价值变动的敏感程度，一般来说财务报表的波动程度与敏感程度高低同向变化，最终这种财务报表波动会传递给银行管理者和社会投资者。

表 6-8　2008 年我国上市银行公允价值变动对银行利润的影响情况[①]

银行名称	公允价值变动损益（百万元）	投资收益（百万元）	净利润（百万元）	（公允价值变动损益＋投资收益）/净利润[①]（%）
中国工商银行	−71.00	3348.00	110766.00	2.96

① 根据会计准则的相关规定，原计入公允价值变动损益的部分在处置该交易性金融资产时要确认为投资收益，因而只有公允价值变动损益与投资收益之和才是某项金融资产或负债的实际收益。

续表

银行名称	公允价值变动损益（百万元）	投资收益（百万元）	净利润（百万元）	（公允价值变动损益＋投资收益）/净利润[①]（％）
中国建设银行	1047.00	−875.00	92642.00	0.19
中国农业银行	−8651.00	4640.00	51453.00	−7.80
中国交通银行	339.00	566.00	28423.00	3.18
中国银行	1104.00	40133.00	67873.00	56.01
招商银行	−94.00	−478.00	20412.00	−2.80
平安银行	65.80	421.56	614.04	79.37
兴业银行	−124.37	450.81	11385.02	2.87
中信银行	654.00	−7.00	13320.00	4.86
民生银行	206.00	20.00	7831.00	2.89
光大银行	−321.61	214.38	7316.30	−1.47
上海浦发银行	297.33	159.74	12515.83	3.65
华夏银行	67.66	2949.75	3070.00	98.29
宁波银行	94.88	55.67	1331.74	11.30
南京银行	213.30	144.25	1456.10	24.56
北京银行	434.96	226.70	5417.50	12.21
徽商银行	57.70	995.28	1755.48	59.98
重庆银行	—	—	—	—
哈尔滨银行	—	—	—	—
盛京银行	—	—	—	—

资料来源：各家上市银行《年度报告》信息。表中的"**—**"表示数据缺失[①]。

下面我们结合经济在下行周期的 2008 年中上市银行财务数据来对公允价值计量的周期性特征进行大致分析。从表 5-8 中的数据可以发现，公允价值变动损益的加总为负数，即金融资产相对于市值发生了减值，上市银行公允价值变动给上市银行整体带来的损失大于收益，也就

---

① 由于重庆银行、哈尔滨银行和盛京银行分别于 2013 年 6 月、2014 年 3 月和 2014 年 12 月才陆续上市，信息披露工作于最近两年才逐步完善，2008 年这三家银行的年报并未公布。

是说 2008 年金融危机时期，公允价值计量对银行损益带来负面影响，放
大了经济周期的波动。同时，通过观察我们发现 2008 年期间，平安银
行、华夏银行和徽商银行公允价值损益的小幅变动都对其利润水平产生
了显著影响，是上市银行中程度最高的，分别达到了 79.37%、98.29%
和 59.98%，而它们各自的公允价值变动却仅仅只有 0.6 亿元人民币左右，
此外，五大国有银行的公允价值变动损益普遍较大，但是所带来的净利
润变化程度却要小得多，其中最为显著的是中国建设银行和中国农业银
行，前者以 10.47 亿元的公允价值变动损益仅带来了 0.19% 的净利润变化；
类似的，农业银行的公允价值变动损益高达 −86.51 亿元，但其净利润却
仅改变了 −7.8%，由此可知，公允价值变动损益对大型国有商业银行的
作用是有限的。鉴于此，可以得到两个结论：（1）2008 年经济下行时期，
公允价值计量对我国商业银行产生了顺周期效应；（2）这种顺周期性对
规模较小的股份制商业银行和城市商业银行的作用较大，这与不同类型
银行在风险资产配置时的不同选择习惯相关。

表 6-9　我国上市银行净利润对公允价值变动的敏感系数（2007—2014 年）

银行名称 / 年份	2007	2008	2009	2010	2011	2012	2013	2014
中国工商银行	0.42	0.30	0.15	0.08	0.73	0.93	1.42	1.26
中国建设银行	0.34	0.48	0.10	0.02	0.05	0.08	1.66	1.40
中国农业银行	0.39	0.78	1.73	0.53	0.56	1.23	1.94	2.31
中国交通银行	0.83	0.78	0.87	1.05	0.84	0.78	0.95	1.61
中国银行	2.01	1.35	0.73	0.74	0.57	0.49	0.46	0.59
招商银行	0.02	0.12	0.26	0.12	0.43	0.56	0.45	0.72
平安银行	0.56	0.07	0.23	0.06	0.33	0.39	0.91	1.52
兴业银行	0.99	0.59	0.20	0.23	0.24	0.47	1.07	0.98
中信银行	0.78	0.58	0.23	0.11	0.26	0.40	0.29	0.71
民生银行	0.41	0.56	0.40	0.35	0.74	0.71	0.54	0.62
光大银行	1.49	1.73	1.36	1.75	1.27	1.26	0.47	0.15

续表

银行名称 / 年份	2007	2008	2009	2010	2011	2012	2013	2014
上海浦发银行	0.69	—	—	—	0.22	0.54	0.70	0.70
华夏银行	1.45	1.57	0.20	0.02	0.43	0.76	0.56	0.51
宁波银行	—	1.18	0.43	0.15	0.61	0.44	0.24	1.58
南京银行	7.41	5.37	5.18	4.13	2.19	1.46	0.77	1.49
北京银行	1.87	3.10	2.04	2.45	0.60	0.61	0.98	0.76
徽商银行	0.59	1.42	1.03	0.78	1.09	0.63	0.37	0.52
重庆银行	—	—	—	—	—	—	15.42	19.63
哈尔滨银行	—	—	—	—	—	2.74	0.75	0.50
盛京银行	—	—	—	—	—	—	0.01	0.04

资料来源：笔者计算整理所得。

进一步的，为了探究上市银行损益受公允价值变动影响的程度，这里引入敏感系数概念，可以通过测算我国商业银行的这一敏感系数指标来对我国财务报表受公允价值影响的情况进行大致判断。关于敏感程度的判断我们通过计算银行净资产对交易性金融资产公允价值变动的敏感系数 K，即净利润变化率（ΔNP）与交易性金融资产公允价值变化率（TFA）的比值：$K=\Delta NP/TFA$，为简化计算过程，我们假设某家商业银行交易性金融资产账户公允价值变化率为 X，如果其原有公允价值为 A，那么交易性金融资产的变化将对银行净利润产生 AX 的作用，假设原有净利润额为 B，那么银行净利润的变化率 $\Delta NP=AX/B$，从而敏感系数 K 满足：

$$K=A/B \tag{6-11}$$

下面我们将依照式 6-11 所示计算每家银行的敏感系数 K，结果如表 6-9 所示。

$$K=\Delta NP/\Delta TFA = \left(\frac{AX}{B}\right)\Big/(X) = A/B \tag{6-12}$$

由表 6-9 中数据可知，我国上市商业银行净利润变动对公允价值的敏感系数全部显著大于零，这表明公允价值变动对银行利润水平确实存在影响。在此基础上我们进一步绘制气泡图①来综合反映以公允价值计量且其变动计入当期损益的金融资产（*FA*）、净利润（*NP*）以及敏感系数间的相互关系，图6-5和图6-6分别是国有大型商业银行和资产规模相对较小的上市商业银行的敏感系数气泡图，其中所有数据均为2007年至2014年的均值，X轴和Y轴分别是$\overline{FA}$和$\overline{NP}$，而气泡大小表示的净利润对公允价值变动的敏感系数$\overline{K}$，气泡大小由$\overline{K}$值大小来决定。首先，由图6-5可知大型国有商业银行的敏感系数气泡大小均比较接近，除了中国农业银行的$\overline{K}$大于1，其余均在1以下。

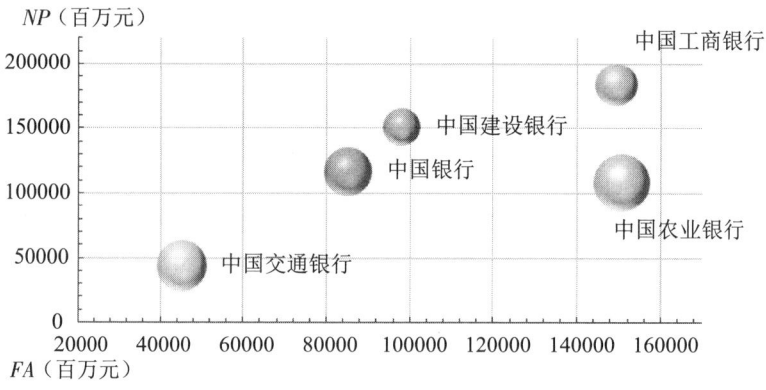

图6-5　我国国有商业银行历年平均敏感系数的气泡图分布

其次，图6-6中的敏感系数大小差异显著，股份制商业银行的$\overline{K}$普遍小于城市商业银行。最后，通过两个图的对比可以得知，大型国有银行的敏感系数相对小于规模较小的商业银行，尤其是上市的城市商业银行，如图中数据显示南京银行、北京银行和哈尔滨银行的平均敏感系数分别达到了3.50、1.55和1.33，均超过1。此外，结合图6-7中描绘的2007年至2014年间我国商业银行平均净利润对公允价值变动的平均敏

---

① 气泡图与XY轴的散点图类似，但是它们对成组的三个数值而非两个数值进行比较，第三个数值由气泡数据点的大小决定。

感系数的走势图可以发现从 2007 年初公允价值计量被引入我国企业会计计量规则中，平均敏感系数仅在第一年保持在一个相对稳的水平，而在2008 年至 2011 年间，即金融危机爆发到后危机经济低迷时期敏感系数都呈现下降趋势，这与经济下行时期对风险较高的金融资产投资减少有关，2012 年才开始回升并保持增加的态势，并且敏感程度超过初值，即 2007 年至 2014 年间我国以公允价值计量对银行利润水平的影响整体增强，即在经济复苏时期我国商业银行净利润对公允价值变动的敏感度呈正向变

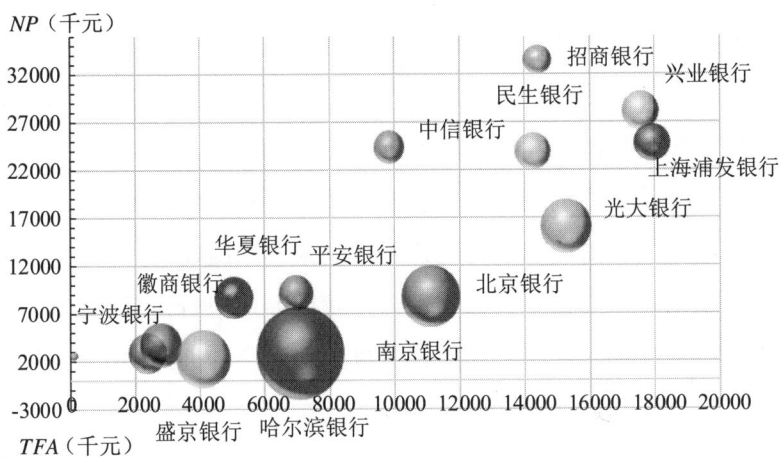

图 6-6　我国其他类型商业银行平均敏感系数的气泡图分布

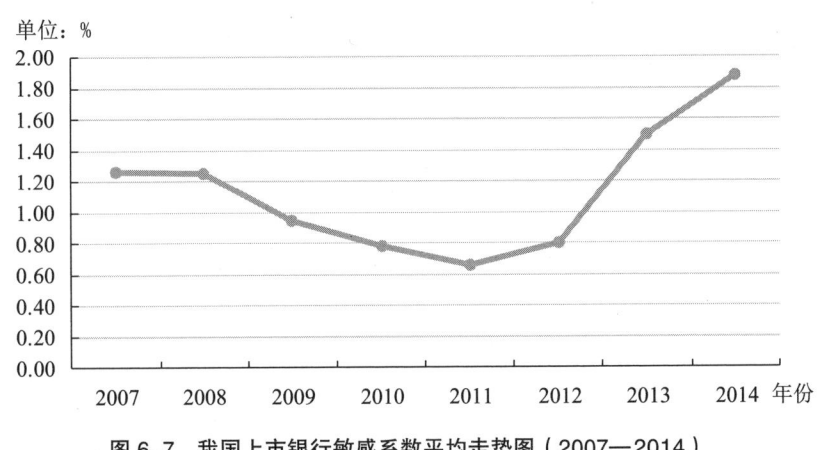

图 6-7　我国上市银行敏感系数平均走势图（2007—2014）

化，而在下行和危机时期会随着高风险资产投资的锐减而降低。

四、公允价值会计准则下信贷行为周期性波动的应对措施

基于危机所暴露的公允价值会计度量规则对金融系统带来的顺周期负面影响。后危机时代，美国财务会计准则委员会（FASB）和国际会计准则委员会（IASB）在参考巴塞尔委员会对公允价值会计准则指导原则的基础上，提出了若干缓释会计计量规则导致的金融体系顺周期效应的改革措施，如对金融资产进行重新再分类以期将市场极端行为导致资产价格失真干预进行排除，进一步完善公允价值会计准则以及对可供出售金融资产剔除非信用风险来计提资产减值等。根据上述对我国公允价值会计准则的统计分析，可知，自 2007 年公允价值会计计量正式实施以来一直表现为显著的顺周期性特征，这主要是由资产的市场价值与真实价值相偏离造成的。对此，笔者建议尽可能采取措施使公允价值计价标准的市场价值趋近真实价值，以实现弱化我国商业银行信贷扩张行为中的会计加速器效应的目的。具体措施可以采用以会计期间的平均市场价值来替代某个会计时点的市场价值。

第七章　商业银行政府干预、信贷行为与经济周期

除了银行资本监管、会计信息规则以及银行内部经营机制这三方面的因素外，商业银行信贷行为的变化还与政府对银行的干预以及这种干预的程度密切相关。本章主要针对我国商业银行信贷行为变化与银行运行的宏观政府干预二者的关系展开分析，文中对宏观政府干预效果的衡量具体包括两个方面：一是体现政府直接干预的政府股权影响因素，二是体现政府间接干预的宏观调控因素，将具体结合这两种干预因素研究信贷行为的周期性变化

第一节　政府股权对商业银行信贷行为周期性变化的影响

2008 年国际金融危机的爆发使许多国家的银行系统相继陷入流动性和偿付能力困境，其中遭受打击尤为沉重的发达国家纷纷开展救助。一方面，各国央行通过行使最后贷款人职责和购买"有毒资产"来对货币市场进行直接干预①。另一方面，财政当局相应推出包括"直接注资"、债务担保以及银行国有化等一系列财政救助计划，主要发达国家如美国、英国、德国和日本等，相继采用政府直接注资或者股份收购的形式对银行进行救助，直接对某些银行进行国有化或增加政府持股，政府认购银

---

① P. Mehrling, *The New Lombard Street*, Princeton University Press, 2011.

行股份等措施使陷入危机的银行扭转颓势，避免由系统性重要银行破产而给整个金融系统造成进一步打击。危机发生后许多国家银行中的政府股份占比明显增加，根据世界银行的调查统计，在 2007 年危机爆发前全球 71 个样本国家中的国有银行占银行全体的比例为 9.3%，到了 2012 年这一比重增加到了 10%，并且这一比例发达国家和发展中国家差异显著，发展中国家的国有银行比例显著高于发达国家，如"金砖四国"中俄罗斯、中国、巴西以及印度的国有银行占比分别为 41%、69%、44% 和 74%[①]，政府股份在维护金融稳定时所发挥的作用开始受到重视。

一、国有股份对商业银行信贷行为影响的新研究视角

有关政府股权对银行经营行为的影响，学术界早期的大量研究都集中在探讨政府持有银行股份而产生政府干预行为存在诸多弊端：克鲁格（1974）、施莱弗和维西里（1994）、拉波塔等（2002）等提出政府持有银行股份会降低银行经营效率和金融发展程度，自由化的银行部门更具竞争力、高效和稳健的。贝克等（Thorsten Beck 等，2007）认为银行政府股权会限制银行部门业务的拓展，增大中介差价和金融不稳定性。在银行产出方面，已有文献也对政府股权持消极态度，认为国有银行相比与其他银行表现出较低的盈利性和更高的经营成本（米恩，2005[②]；米科等，2007[③]；科耐特等，2010[④]）。此外，还有研究表明政府持股或者国家控

---

① 数据来源于世界银行 2012 年公布的 "New Bank Regulation and Supervision Survey"（银行监管调查报告）。

② A. Mian, *Private Domestic, and Government Banks: New Evidence from Emerging Markets*, Mimeo, University of Chicago, 2005.

③ A. Micco, U. Panizza, M. Yanez, Bank Ownership and Performance: Does Politics Matter, *Journal of Banking and Finance*, 2007, 31(1), pp. 219–241.

④ M. Cornett, L. Guo, S. Khaksari, et al., The Impact of State Ownership on Performance Differences in Privately–owned versus State–owned Banks: An International Comparison, *Journal of Financial Intermediation*, 2010, 19(1), pp. 74–94.

股银行的信贷行为政治周期特征显著（努塞拉等，2013[①]），并且在贷款对象选择上具有较强的"政治庇护性"造成信贷资源配置的低效（科勒，2009[②]；恩吉娜等，2011[③]；卡瓦略，2014[④]）。

然而，有关政府持股或者国家控股银行在经济周期性波动中表现的研究却十分稀少，直到此次危机后才开始逐渐受到重视，可以说金融危机的爆发为理论和实践界为对商业银行经营中的国有股权研究提供了信贷视角。近年来，从金融稳定视角对发达国家商业银行股权结构和信贷行为关系的研究逐渐成为热点，其中多数研究发现，银行中的政府股份能够对信贷行为的周期性特征产生显著影响。米科和帕尼萨(2006)、博泰等（2015）结合银行财务报表对信贷行为进行研究，得到结论：国有银行的信贷顺周期性显著小于私有银行。卡尔和佩里亚（2013）认为国家控股银行具有主动平滑经济周期性波动的功能。布雷和斯克雷克（2013）的研究甚至指出，国有银行的业务经营具有逆周期性质，且这种性质在危机时期更为显著。林宇鹏等（2012）、达维多夫（2013）、恩多和奥斯迪瑞姆（2013）、费莱等（Giovanni Ferri 等，2014）以及科勒曼和菲勒（2015）等学者结合具体国家数据进行实证研究，结论均支持上述研究结果。在此基础上，也有学者试图从理论研究方面寻找依据，布雷和斯克雷克（2015）通过理论模型推导发现：危机时期国有银行为实体经济提供的贷款多于私人银行，私人银行在危机时期更倾向于减少信贷供给、增加手持流动性，因此，国有银行相较于私人银行具有一定的逆周期性质，更有利于维护金融稳定。梅里莱恩（Jari-Mikko Meriläinen，2016）

① G. Nocera, G. Iannotta, A. Sironi, The Impact of Government Ownership on Bank Risk and Lending Behaviour, *Journal of Financial Intermediation*, 2013, 22(2), pp.152–176.

② S. Cole, Financial Development, Bank Ownership, and Growth. Or, Does Quantity Imply Quality, *Review of Economics & Statistics*, 2009, 91(1), pp. 33–51.

③ G. Jiménez, S. Ongena, J. Peydró, et al., Credit Supply: Identifying Balance-Sheet Channels with Loan Applications and Granted Loans, *Social Science Electronic Publishing*, 2010(7655), pp.9–45.

④ D. Carvalho, The Real Effects of Government-owned Banks: Evidence from An Emerging Market, *Journal of Finance*, 2014, 69(2), pp. 577–609.

对西欧国家 2004 年至 2013 年银行信贷增长情况进行研究，得到结论：虽然总体而言西欧国家的信贷增速是顺周期的，但是欧洲近年来遭遇的两次危机中国有银行的信贷增速并未出现减慢，而其他银行信贷增速均发生不同程度的减缓，梅里莱恩因此认为国有银行逆周期干预有维护银行稳健的作用。当前，国内学者对该问题的研究还处于初始阶段，仅有研究初步探明，我国商业银行信贷总量增速具有逆周期特征，并且信贷的期限结构差异会对宏观经济波动产生不同的影响（储著贞等，2012；范从来，2012；潘敏和张依茹，2013）。

　　上述研究结果为重新审视政府股权在银行经营活动中的作用机制提供了新的思路，但是仍存在几方面不足：第一，已发表文献主要研究对象是发达国家银行系统，结论是否能普遍适用于我国银行系统尚不明确。第二，已有文献并没有考虑到我国银行业股权结构的特殊性。第三，整体而言，缺乏对政府股权和信贷行为周期性波动两者关系的研究，政府股权对银行信贷行为的作用机制尚不明确。基于这一思路，在我国特殊的银行业股权结构背景下，探究政府股权对银行信贷行为周期性波动的影响以及政府股权与银行经营稳健性的关系对进一步完善金融监管制度意义重大。

二、我国商业银行的股权结构特征

　　根据第四章第一节的内容可知，原银监会将我国银行业主要划分为由政府完全持股的政策性银行和国家开发银行、国家控股的大型股份制商业银行以及政府参股的股份制商业银行、城市商业银行和农村商业银行等，其中，商业银行主要是五大国有商业银行、股份制商业银行以及城市和农村商业银行。如果要研究政府股权对银行行为的影响需要从股权结构的视角重新考察商业银行类型划分，根据国外已有研究经验，这类研究主要是从区分国有银行和私有银行的角度展开的，然而，我国银行系统设置的特殊性使得该划分方法在我国并不适用。1996 年以前我国的银行全部为国有银行[①]，随着 1996 年第一家非国有银行——民生银行的成立，这一结构被打破，同时政府对银行的干预使得大量的政策性贷款累积、内部管理混乱，以至于在 20 世纪 90 年代不良贷款升高和银行技术性破产成为经济发展的瓶颈，1998 年，财政部为大型国有商业银行注资高达 270 亿元人民币，并将不良贷款转化后成立了四家资产管理公司。此后，2005 年又通过银行股份制改革，股份制银行上市以及引入外资等方式，对商业银行的治理结构和股权结构进行改革调整。现阶段，我国的商业银行系统依据最终控股人的股权性质可以分为三个层面：政府控制的银行、地方政府或国有企业控制的银行以及民营和外资企业控制的银行。其中，政府控制制度是国家财政部与中央汇金公司直接持股并为第一大股东的银行；地方政府或国有企业控制是指第一大股东为地方财政、政府机构、政府融资平台公司或者国有企业；最后，民营和外资企业控制是指第一大股东为民营企业或者国外投资法人。这三种类型的银行各具不同的治理结构和经营特点：（1）以财政部和汇金公司为第一大股东的商业银行股权份额一般较大，尤其是在五大国有商业银行中国有股份占据绝对优势，国家虽然对银行行使所有权，但是又将实际经营权下放给行政任命的经理人，缺乏有效的监督管理机制并且激励机制更多地与经理人的政治前途相关而市场化导向较弱。（2）在这一背景下，我国商业银行经营目标的确定方面，国家控股的银行往往具有多重目标性。除了一般的盈利目标外，还包括承担一些宏观调控目标以及社会责任，例如盈利能力极低的政策性贷款业务，以及为保持一定经济增速而在经济衰退时期投入的大量信贷资金等，受相关目标的影响其经营盈利水平降低（杨记军，2009），而民营银行则以市场为导向并以利润最大化为目的进行经营（何贤杰等，2008）。（3）在银行治理结

---

① 国有银行，又称为国家全资拥有的银行或者国有股份占绝对控制地位的银行，这里的国有包括政府、地方政府以及国有企业。

构方面，中央国家控股银行的管理者与政府部门类似都采用行政任命的方式，而地方国家控股的银行管理者的产生以董事会推举的形式为主，地方政府直接任命为辅，民营银行的管理者则完全由董事会选举决定。（4）政府直接控股的商业银行还因为拥有"政府隐性担保"，使得外部银行监管指标的信号提示功能减弱，"大而不能倒"的普遍预期使得投资者忽视银行风险，政府在危机时期的频繁注资也会削弱资本监管压力，总体来说政府的隐性担保使中央国家控股的商业银行信贷行为所受的资本约束弱于其他银行。以上这些特点都会对商业银行的信贷行为变化产生影响，不同股权性质控股银行的信贷行为可能存在差异。

　　表7-1列出了我国上市银行2014年的股权结构特征信息，可以发现政府直接控股的银行包括五大国有银行和光大银行，并且第一大股东持股比例都占有绝对优势，股权集中程度较高。其他上市的股份制银行和城市商业银行的控股方大多为地方政府和国有企业，且股权集中程度普遍较低。

表 7-1　我国上市银行的股权结构信息（2014 年）

银行名称	政府股权占比（%）	第一大股东名称	第一大股东性质	第一大股东持股比例（%）
中国工商银行	72.96	中央汇金投资有限公司	政府	35.12
中国建设银行	57.03	中央汇金投资有限公司	政府	57.03
中国农业银行	83.33	中央汇金投资有限公司	政府	40.28
中国交通银行	40.08	中华人民共和国财政部	政府	26.53
中国银行	65.52	中央汇金投资有限公司	政府	65.52
招商银行	0.15	招商局轮船股份有限公司	国有企业	12.54
平安银行	0.13	中国平安保险股份有限公司	民营企业	50.20
兴业银行	0.00	福建省财政厅	地方政府	17.86
中信银行	0.00	中国中信有限公司	国有企业	67.13

续表

银行名称	政府股权占比（%）	第一大股东名称	第一大股东性质	第一大股东持股比例（%）
民生银行	0.00	安邦人寿保险股份有限公司①	民营企业	4.97
光大银行	41.24	中央汇金公司	政府	41.24
上海浦发银行	0.21	中国移动通信集团广东有限公司	国有企业	20.00
华夏银行	0.00	首钢总公司	国有企业	20.28
宁波银行	0.00	新加坡华侨银行有限公司	外资企业	18.58
南京银行	0.00	南京紫金投资集团有限责任公司	国有企业	12.73
北京银行	0.00	ING BANK N.V.（荷兰商业银行）	外资企业	13.64
徽商银行	0.00	安徽国元控股有限责任公司	国有企业	7.19
重庆银行	0.00	重庆渝富资产经营管理有相似	国有企业	15.05
哈尔滨银行	0.00	哈尔滨经济开发投资公司	国有企业	19.65
盛京银行	0.00	潘阳恒信国有资产经营集团有限公司	国有企业	8.50

资料来源：表中各家银行 2014 年《年度报告》。

表 7-2 进一步对本章研究样本包含的 107 家商业银行的股权结构信息进行统计，可以看出：中央银行直接控股的银行数量仅占样本银行总量的 6.54%，但是平均持股比高达 48.72%；地方政府和国有企业为银行第一大股东的银行数量最多，占比共计达到 63.56%，且股权持有比例在 17.05%—20.02% 之间，第一大股东为民营企业和外资企业的商业银行共计 33 家，在全样本银行中占比约为 30%，平均持股比例相对另外两大类较小。总体来看，我国商业银行 70% 以上的第一大股东为政府或各级地

① 《民生银行 2014 年年报》前十大股东的资料显示，名义上的第一大股东为香港中央结算有限公司，但是由于该公司是港交所全资附属公司。投资者股份集中存放在香港中央结算有限公司。实际上香港中央结算（代理人）有限公司其所持有的股份为其代理的在香港中央结算（代理人）有限公司交易平台上交易的 H 股股东账户的股份总和，这些股份的权益仍旧归属投资者本身所拥有，因此本书选取第一大股东信息时如果是香港中央结算有限公司则向下顺延一位股东。

方政府和国有企业，并且政府对银行的持股比例也相对高于民营企业和外资企业，这些都表明政府对我国商业银行的高度干预特点。

表 7-2　变量的说明与描述性统计结果

第一大股股东性质	数量（家）	股权类型占比（%）	平均持股比例（%）
政府	7	6.54	48.72
地方政府	21	19.63	17.05
国有企业	47	43.93	20.02
民营企业	22	20.56	12.44
外资企业	10	9.35	17.75

资料来源：根据 107 家商业银行样本 2014 年的银行年报数据和信息计算而得。

三、研究假设的提出

基于以上分析，本节结合发达国家经验从影响金融与实体部门最深远的银行信贷业务入手，探究我国银行的政府股权是否会干预银行信贷在经济周期性波动中的表现，试图回答：政府股权调整能否成为一种有效的银行危机救助措施、政府股权能否使我国银行经营更加安全稳健以及政府干预程度较高[①]的银行在经济周期性波动中的表现和干预程度较低的银行相比有何不同等问题。进而提出本节的第一个研究假设：

H1：我国商业银行的不同股权结构会对银行信贷行为的周期性波动产生影响，中央国家控股的商业银行其信贷行为的顺周期性波动低于其他股权性质的银行，甚至可能表现一定的逆周期性质。

此外，由于宏观调控政策的调控效果具有非对称性，尤其是银行调控最常用的货币政策工具，即在应对经济体系中负向冲击和正向冲击时反应程度并不一致（弗里德曼，1986）。当前学术界的研究结论都比较一致，普遍肯定非对称效应的存在，并认为这种非对称性具体表现在货币

---

① 本书采用政府是否对银行直接控股来区分政府对银行的干预程度。

政策工具对经济的调控作用，在经济衰退时期比扩张时期更为显著。鉴于此，宏观调控政策对银行信贷行为变化的作用可能在不同经济周期中效果不同，衰退时期的刺激政策可能比过度繁荣时期的抑制政策效果显著，为了探究这一内涵关系故提出本书第二个研究假设：

H2：宏观调控对银行信贷行为的调控效果在不同经济周期时表现并不相同。衰退时期的宏观调控往往更有效。

第二节　宏观调控对商业银行信贷行为周期性的干预

一、我国宏观调控对商业银行信贷行为的影响

所谓宏观调控是指国家依据市场经济的一系列规律，实现总量平衡，保持经济持续、稳定、协调增长，而对货币收支总量、财政收支总量、外汇收支总量和主要物资供求的调节与控制。改革开放之初，我国不存在真正意义上的宏观调控，政府管理和调控宏观经济的手段主要是行政和计划，直到1984年才引入财政与货币政策的理念和做法来调控宏观经济，总体来说改革开放以来我国始终坚持兼顾中国特色的社会主义市场经济发展方针，过去几十年我国经济持续稳定增长。然而，处于转轨发展时期诸多历史遗留问题和发展中的现实困难使得我国经济中难免还存在很多不均衡因素。基于这样的背景，我国的宏观调控是市场手段和行政手段调控相结合，总量调控以外辅以结构性调控的一种双轨并行的宏观调控机制（邹东涛，2008；中国经济增长与宏观稳定课题组，2010）。商业银行作为我国金融系统中的最重要组成部分，其主要业务——银行信贷一直是宏观调控的重点管理对象。具体来说，这种调控体现在对信贷规模的总量调控以及信贷对象、期限、用途等的结构性调控上。以维护经济稳定为导向的宏观调控政策，在经济过热并发生较严重通货膨胀的时期，以缩减信贷供给的方式进行调控；在经济衰退时，以扩张信贷供给规模、放松借贷条件的方式来进行逆向调控。

二、宏观调控、政府股权与信贷行为周期性的联系

以维护经济稳定、持续和健康发展的逆周期性宏观调控，对以利润最大化市场原则为导向的商业银行信贷内生的顺周期性（海蒂，2007[①]；德娃科和勒瓦瑟，2007[②]；约克皮和米尔恩，2009 等）会产生一种抵消作用，这种作用的大小还受具体政府干预程度的影响。这主要是因为商业银行中的政府股权作为政府对银行控制强弱的一种衡量标准，会影响银行行为决策目标中考虑承担政治目标和社会功能的多寡，并最终干预银行的信贷行为决策，一般来说，政府股权越多越集中，即受政府控制程度越高，宏观调控政策在该银行的执行就越迅速，效果也越显著。因此，在宏观调控对银行信贷行为周期性效应的差异化研究中还应将政府股权类型因素纳入研究范畴。也就是说，研究"宏观调控对银行信贷行为周期性的影响"以及"这一影响效果究竟与商业银行的政府干预程度有什么样的联系"这两个问题，对厘清我国信贷行为的周期性特征以及逆周期监管政策的完善有着重要指导价值。

现阶段针对后一个问题的理论分析还十分有限，已有的有限研究又基本集中在讨论宏观调控的货币政策对信贷行为的影响方面。自 1988 年伯南克和布莱登（Alan Blinder）提出货币政策的信贷传导渠道理论后至此次金融危机爆发前，有关政府宏观调控与银行信贷行为关系的研究主要集中在对货币政策传导的信贷渠道的研究方面，这些研究围绕货币政策传导机制所内含的货币政策调控利率与贷款利率间的相互作用关系展开（伯南克和布莱登，1992；艾尔曼等，2003[③]；格罗迪克，2006[④]；戴

---

　　① F. Heid, The Cyclical Effects of the Basel II Capital Requirements, *Journal of Banking & Finance*, 2007, 31(12), pp. 3885–3900.

　　② F. D'Avack, S. Levasseur, The Determinants of Capital Buffers in CEECs. *OFCE Centre de recherche en économie Working Paper 28*, 2007.

　　③ M. Ehrmann, L. Gambacorta, J. M. Pagés, et al., Financial Systems And the Role of Banks in Monetary Policy Transmission in the Euro Area, *ECB Working Paper No. 105*, 2001.

　　④ I. Golodniuk, Evidence on the Bank-lending Channel in Ukraine, *Research in International Business & Finance*, 2006, 20(2), 180–199.

夫等，2009[①]；贝克等，2012[②]；鲍曼等，2015[③]），我国学者结合中国银行系统的运行数据也做了许多类似研究，较具代表性的成果包括蒋瑛琨等（2005）、盛朝晖（2006）、汪川等（2011）、熊启跃和张依茹（2012）以及许友传（2012）等的研究。

　　此次金融危机的爆发为货币政策与银行信贷行为的关系研究打开了新的思路。在对危机的治理和反思中，各国监管者逐渐发现货币政策在防范经济衰退中的重要作用，尤其是在迅速稳定经济的需求出现时，货币政策由于操作便捷和反应迅速成为此次危机发生后各国政府的首要选择。鉴于此，近期的研究更多的关注货币政策对经济周期波动是否发挥的逆周期调控作用，并且这种稳定经济的调控受到哪些因素的影响。当前，我国仅有少数学者对相关问题进行了初探，结果不尽相同：中国人民银行杭州中心支行课题组（2009）认为商业银行顺周期性是银行体制性问题和内部机制性缺陷共同导致的；同时商业银行顺周期性不仅会造成信贷增长大起大落，而且会给经济运行带来损害。因此加强和完善金融宏观调控，提高货币政策的执行效率，需要健全和完善商业银行经营管理机制，实施逆周期金融宏观调控政策。储著贞等（2012）选用 21 家银行 2003 年至 2010 年间的面板数据分析得出政府控制、民营化程度低且大股东持股比例高的银行具有更强的信贷扩张冲动。李连发和辛晓岱（2012）的研究发现商业银行的信贷扩张能够扩大产出缺口，但是这种政策刺激效应持续的时间较短，而由此带来的通货膨胀问题会对经济带来较长时间的不利影响。吴言林等（2013）通过研究发现政府逆周期的宏观调控政策使得银行信贷估计偏差发生影响，认为政府逆周期的宏观政策调控反而加剧了经济波动，给

①　C. Dave, S. Dressler, L. Zhang, The Bank Lending Channel: A FAVAR Analysis, *Journal of Money Credit & Banking*, 2009, 45(8), pp. 1705–1720.

②　R. Becker, D. Osborn, D. Yildirim, A Threshold Cointegration Analysis of Interest Rate Pass-through to UK Mortgage Rates, *Economic Modelling*, 2012(29), pp. 2504–2513.

③　D. Bowman, F. Cai, S. Davies, et al, Quantitative Easing and Bank Lending: Evidence from Japan, *Journal of International Money and Finance*, 2015（57）, pp. 15–30.

宏观经济造成了伤害。熊启跃和黄宪（2015）选取我国27家商业银行数据进行了实证检验，研究结果表明，中央银行的货币政策能够显著影响商业银行的信贷行为，并且信贷渠道的传导效果存在非对称效应，扩张性政策的效果要强于紧缩性的货币政策。

三、研究假设的提出

进入2003年以来，我国宏观经济开始持续保持着两位数的超高速经济增长，并且伴有一定的成本拉动型[①]通货膨胀，尤其是在金融危机爆发前的2007年GDP增长速度达到了峰值14.2%[②]，美国次贷危机演化而来的国际金融危机在我国的影响直到2008年第三个季度才开始显现。随即在出口行业产生大幅冲击，同时其他行业均受到不同程度的负面影响，2008年底国家宏观调控政策迅速反应，相继采取一系列措施来调控经济：首先，将稳健财政政策变为积极的财政政策，货币政策也由治理通货膨胀的"从紧"调整为"适度宽松"。其次，又推出了持续两年总金额为"四万亿"经济刺激计划。紧接着央行采取大幅降息策略鼓励信贷扩张。此外，地方政府也纷纷制定调控计划，试图通过扩大内需来缓解经济的下滑。综上所述，2008年是我国宏观经济政策大幅调整的一年，同时也是后危机时期我国经济走势的一个转折点。那么，"2008年的宏观调控究竟对我国商业银行系统产生了怎样的影响？"以及"2008年宏观调控政策出台前后银行信贷行为有何不同表现？""这种表现在不同股权类型控制的银行间是否存在差异？"等问题对金融监管和宏观调控领域的决策者具有重要参考价值。由此，我们提出本节最后一个研究假设：

H3：2008年开始的宏观调控政策对银行信贷行为具有逆周期的调

---

① 从供给需求各个方面来看，通货膨胀分两类，一类叫作需求拉动的通货膨胀，一类被称为成本推进的通货膨胀。在20世纪90年代我们遇到的通货膨胀主要是需求拉动的通货膨胀。进入21世纪以后更多的是成本推进的通货膨胀。

② 资料来源于国家统计局官方网站：http://www.stats.gov.cn/。

控效果，并且这种调控效果在政府控制、民营化程度较低的银行中最为显著。

第三节　政府干预对商业银行
信贷行为周期性影响的实证分析

一、研究模型的设定

研究假说的内容主要涉及三个部分，一是银行信贷行为周期性波动在不同股权性质下的表现，即 H1。根据国外已有研究经验，考察政府股权对信贷周期性影响的研究主要是采用"两分法"从区分国有银行和私有银行[①]展开的。然而，我国银行系统总体的国有化程度很高、股权分配集中并且对私有银行划分界限模糊，直到 2014 年民营银行在我国的建设才开始进入实质阶段，并于同年 3 月原银监会确定了首批试点民营银行的名单，在此之前我国不存在真正自担风险的民营银行，由此可知这种"两分法"在我国银行业并不适用。鉴于此，结合我国银行业分类特点，从银行股权结构视角本书将商业银行划分为政府直接控制、地方政府或国有企业控制以及民营或外资控制三种类型。其中政府控制银行是指财政部以及中央汇金投资有限公司作为第一大股东的商业银行。为验证 H1，我们借鉴斯皮恩撒（Paola Sapienza，2004）以及卡尔和佩里亚（2013）的设计思路，在引入我国特殊的银行业股权结构划分变量的基础上，构建银行信贷行为影响因素基准模型：

$$Creditg_{i,t} = \alpha_i + \beta_1 \cdot Creditg_{i,t-1} + \beta_2 \cdot Owns_{i,t} + \beta_3 \cdot Owns_{i,t} \cdot GDPG_t + \sum \lambda_i \cdot Control_{i,t} + \eta_t + \varepsilon_{i,t} \qquad (7\text{--}1)$$

式 7-1 中被解释变量 $Creditg_{i,t}$ 是第 i 家银行第 t 年的贷款增长率，主要解释变量包括：被解释变量的一阶滞后项 $Creditg_{i,t-1}$ 反映信贷增速受

---

① 从产权结构论的角度出发，私有银行（民营银行）是指由民间资本控股的商业银行。

上期贷款增长调整影响，$Owns_{i,t}$ 为股权结构虚拟变量，本书将分别对 $CGO_{i,t}$、$SOEs_{i,t}$ 以及 $PO_{i,t}$ 这三种类型的股权性质影响进行验证，具体来说当第 i 家银行第 t 年的最终控制人是政府则 $CGO_{i,t}$ 取值"1"，否则取"0"；类似的，当最终控制人性质为国有企业或者地方政府则 $SOEs_{i,t}$ 取"1"，其他情况为"0"，若为商业银行由民营企业或外资企业控制则 $PO_{i,t}$ 为"1"，否则为"0"，同时我们还设定了股权类型虚拟变量和经济周期替代变量的交叉项 $CGO_{i,t} \cdot GDPG_t$、$SOEs_{i,t} \cdot GDPG_t$ 和 $PO_{i,t} \cdot GDPG_t$，以更准确地对比观测各类型股权结构下银行信贷行为周期性变化的异同。控制变量 $\sum \lambda_{q,t} \cdot Control_{i,t}$ 的选取仍然从宏观经济环境和银行微观环境两个层面进行选取，宏观层面的控制变量包括：经济周期阶段替代变量 $GDPG_t$ 表示由 GDP 平减指数平滑处理后的实际人均 GDP 增长率，同时还引入宏观调控政策的替代变量银行贷款基准利率 Rb_t。而微观银行层面我们主要从资本规模、风险程度、流动性水平、稳健程度和资产盈利能力五个方面来反映银行规模大小对贷款行为影响资产规模变量，用第 i 家银行第 t 年的资产总额自然对数表示，同时考虑到该比率影响的时滞性因而采用一阶滞后项 $Size_{i,t-1}$ 表示；度量银行风险程度的替代变量[①]——贷款净额占总资产的比率的一阶滞后项 $Loans_{i,t-1}$；由于存款是我国商业银行资金的最重要来源，稳定充足的存款供给是银行经营稳健性的重要体现，因此我们在模型中引入控制变量银行存款与负债总额比率 $Deposit_{i,t-1}$；最后，我们还选取了反映银行资产质量的变量 $NPL_{i,t-1}$，该变量由银行的不良贷款率表示；以及银行资产质量的度量指标——净资产收益率 $ROE_{i,t}$ 来控制模型，银行净资产收益率越大银行信贷行为就会越活跃。a_i 和 η_t 则分别代表可观测但不随时间变化的银行个体异质性要素的个体固定效应和只与时间

---

① 商业银行的贷款资产由于风险较大在我国现行的资本充足率计算规则中被设置了较高的风险权重，如果贷款在总资产中的占比越大，银行的资本充足水平就会降低，与此同时，上一期的银行贷款资产占比越大，那么银行承担的风险可能就越高，此时银行如果根据风险程度来调整信贷增速，那么当期的贷款增长率就会出现下降。

变化有关的时间效应，$\varepsilon_{i,t}$ 是模型的随机误差项。

第二个部分的研究是围绕考察上述影响关系在不同经济周期阶段中的表现是否存在差异以及这种差异的具体体现。为考察政府股权对银行信贷周期性行为的影响是否在经济周期的不同阶段存在差异，我们将经济周期区分为经济上行时期变量 $Upswing_t$ 和经济下行时期变量 $Downswing_t$，基于本书第四章第二节中对我国经济周期走势的分析可知 2008 年和 2011 年为本书定义的经济下行时期，因此当时间 t 为 2008 年和 2011 年时，$Upswing_t$ 取值为 0，而其他时期取人均 GDP 增长率原值；$Downswing_t$ 取值正好相反，在 2008 年和 2011 年取 GDPG 原值，其他时期为 0。同时还分别引入上行时期经济周期变量和下行时期经济周期变量与股权结构虚拟变量 $CGO_{i,t}$、$SOEs_{i,t}$ 以及 $PO_{i,t}$ 的交叉项，用以考察不同经济周期运行阶段中不同股权类型控制对银行信贷行为影响的异质性。那么，基于研究假设 H2 和基础模型（7–1），可以将 H2 的基础模型设定如下：

$$Creditg_{i,t} = \alpha_i + \beta_1 \cdot Creditg_{i,t-1} + \beta_2 \cdot Owns_{i,t} + \beta_3 \cdot Owns_{i,t} \cdot Upswing_t +$$
$$\sum \lambda_i \cdot Control_{i,t} + \eta_t + \varepsilon_{i,t} \qquad （7-2）$$

$$Creditg_{i,t} = \alpha_i + \beta_1 \cdot Creditg_{i,t-1} + \beta_2 \cdot Owns_{i,t} + \beta_3 \cdot Owns_{i,t} \cdot Downswing_t +$$
$$\sum \lambda_i \cdot Control_{i,t} + \eta_t + \varepsilon_{i,t} \qquad （7-3）$$

上述两个方程分别是经济上行时期（7–2）和经济下行时期（7–3）的面板模型，其中模型 7–2 中 $Owns_{i,t} \cdot Upswing_t$ 是上行周期中经济增速和银行股权类型的交叉项。核心解释变量是 $Owns_{i,t}$ 和 $Owns_{i,t} \cdot Upswing_t$，控制变量包括：上行时期人均 GDP 增长率 $Upswing_t$、银行贷款基准利率 Rb_t 以及微观银行层面的资产规模变量 $Size_{i,t-1}$、贷款净额与总资产比例 $Loans_{i,t-1}$、银行资产质量的变量 $NPL_{i,t-1}$、存款与负债总额比率 $Deposit_{i,t-1}$ 以及净资产收益率 $ROE_{i,t}$。

类似的，模型 7–3 中 $Owns_{i,t} \cdot Upswing_t$ 是下行周期中经济增速和银行股权类型的交叉项，主要解释变量是$Owns_{i,t}$和$Owns_{i,t} \cdot Downswing_t$，控制变量包括：经济下行时期人均 GDP 增长率 $Downswing_t$、Rb_t 以及微观银行层面的 $Size_{i,t-1}$、$Loans_{i,t-1}$、$NPL_{i,t-1}$、$Deposit_{i,t-1}$ 以及 $ROE_{i,t}$。

　　上述的研究涉及在考察不同股权机构对银行信贷行为影响的同时通过控制变量中的宏观调控替代变量也间接对宏观货币政策在经济周期内总体的调控作用进行了验证，在此基础上在最后一个阶段，为了进一步探究 2008 年我国宏观调控巨幅调整对银行信贷行为变化的具体影响，我们选用更为有效的倍差法（DID）对比评估 2008 年前后宏观调控政策对不同股权类型商业银行信贷行为周期性变化趋势的影响。本书使用倍差法的"自然实验"环境包括两方面的内容：一方面，2008 年开始的宏观经济调控政策对银行信贷行为产生了冲击，形成了"自然实验"环境，因此本书选用 2008 年前后商业银行信贷增速的变化来识别危机后的宏观经济调控对信贷行为的影响；另一方面，全国不同类型控制权的银行受到相同宏观调控政策的影响，政策在不同类型股权结构的银行中推进，便于找到"自然实验"的实验组和对照组。基于上述分析，本书以政府控制、民营化程度较低（国有企业或地方政府为第一大股东，但是第一大股东持股比例大于 20%）的商业银行为实验组，而把非政府控制、和民营化程度较高（民营企业为第一大股东以及国有企业或地方政府为第一大股东，但是持股比例小于 20%）的商业银行为对照组。

　　研究设计中，基本思路是利用实验组减去控制组银行在政策实施的前后年份银行信贷增速的变化，来识别宏观政策调整的效应。那么基于 H3 可以考虑如下宏观调控政策对银行信贷增长影响的 DID 模型：

$$Creditg_{i,t} = \alpha_i + \beta_1 \cdot Creditg_{i,t-1} + \beta_2 \cdot Macro_t + \beta_3 \cdot Group_i + \beta_4 \cdot DID_{i,t} +$$
$$\sum \lambda_i \cdot Control_{i,t} + \eta_t + \varepsilon_{i,t} \qquad (7\text{-}4)$$

在模型 7-4 中，$DID_{i,t}$ 是模型的重点解释变量——倍差估计量（Difference-in-Difference Estimator），且 $DID_{i,t}=Macro_t \cdot Group_i$ 的系数 β_4 即为倍差估计量或者双重差分系数。$Macro_t$ 为 2008 年宏观调控虚拟变量，2008 年以前取值为"0"，2008 年宏观调控政策转变后取"1"。$Group_t$ 包括 $Group\_treat_i$ 和 $Group\_control_i$ 两类，分别代表银行观测样本的组别虚拟变量，当估计样本为银行实验组时 $Group\_treat_i$ 取值为"1"，其他情况为"0"，类似的当样本银行为控制组时 $Group\_control_i$ 取值为"1"，如果是非控制组样本时则取"0"。控制变量与前文相似：银行贷款基准利率 Rb_t，微观银行层面的资产规模变量 $Size_{i,t-1}$、贷款净额与总资产比例 $Loans_{i,t-1}$、存款与负债总额比率 $Deposit_{i,t-1}$ 以及不良贷款率 $NPL_{i,t-1}$、净资产收益率 $ROE_{i,t-1}$。a_i、η_t 和 $\varepsilon_{i,t}$ 分别代表银行个体固定效应、时间效应以及模型的随机误差项。

二、研究方法

由于模型 7-1、7-2 以及 7-3 采用的都是动态方程形式，滞后变量的固有内生性问题不可避免，而传统的消除内生性问题所常用的差分 GMM 估计法较易出现弱工具变量的问题，并且这种问题在样本观测值较少的情况下尤其严重，给估计结果带来显著偏差。因此，本节在对研究假设 H1 和 H2 的动态面板模型进行估计时，主要采用能够有效克服差分 GMM 估计的弱工具变量问题并对样本数量要求具有降低作用的系统广义矩估计（System GMM）方法。

表 7-3　宏观调控政策对信贷行为冲击效应的倍差法分析

	$Macro_t=0$	$Macro_t=1$	差分
$Group\_treat_{i,t}$	$Credit_{t1}$	$Credit_{t2}$	$\Delta Credit_t = Credit_{t2} - Credit_{t1}$
$Group\_control_{i,t}$	$Credit_{c1}$	$Credit_{c2}$	$\Delta Credit_c = Credit_{c2} - Credit_{c1}$
差分			$\Delta(\Delta Credit) = \Delta Credit_t - \Delta Credit_c$ $(Credit_{t2} - Credit_{t1}) - (Credit_{c2} - Credit_{c1})$

　　在对研究假设 H3 验证的模型设定中采用了能够对宏观调控政策调整这一实验前后被解释变量变化的倍差法（Difference-in-Difference，DID）。倍差法的主要思想是在面板数据模型中通过求解实验组的平均变化与控制组的平均变化之差，消除实验组和控制组在"自然实验"之前就已经存在的差异（Pretreatment Differences），从而对宏观政策变动冲击的效果进行更合理判断和评估的一种方法。表 7-3 以表格的形式列出了我国商业银行实验组和控制组在宏观调控前后倍差估计量的推导原理，我们关注的系数 β_4 就是表格中的倍差估计量 $\Delta(\Delta Credit)$，也可以用更直观的函数图像表示（见图 7-1）。由于面板模型的个体固定效应和时间固定效应均在差分过程中被消除，从而对 DID 模型运用 OLS 回归即可得到一致估计量。

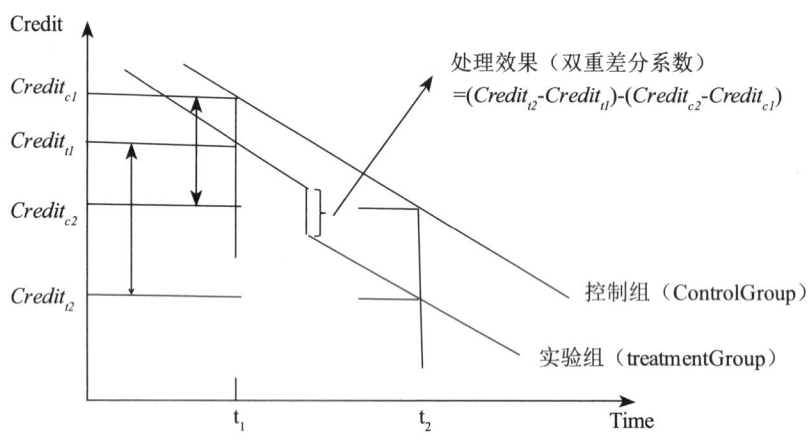

图 7-1　倍差估计量的函数图像推导

三、数据来源与说明

　　由于动态面板模型对银行样本数量和截面时间序列的长度都有一定的数量要求，由此本研究选取的研究样本起点为我国商业银行业经营和监管逐渐规范[①]的 2003 年，截止期为 2014 年，研究样本具体包括国有大型商业银行、股份制商业银行以及农村和商业银行共 107 家。数据来源主要是 Bankscope 数据库、各商业银行年报财务数据以及《中国统计年鉴》和中国人民银行网站。表 7-4 为主要变量的描述性统计结果。由表中的数据可以看出，样本银行的平均贷款增速为 13.64%，这表明我国商业银行总体在样本观测期间内的贷款增速较高。同时 16.33% 的标准差也反映了贷款增速在不同银行和年份中变化差异可能较大。其中，第一大股东为国有商业银行 7 家、以国有企业和地方政府为第一大股东的商业银行 68 家，而以外资企业为第一大股东的商业银行是 32 家，占比分别是 6.54%、63.55% 和 29.91%。

表 7-4　变量的说明与描述性统计结果

变量名称	含义和计算方法	观测样本数	平均值	标准差	最小值	最大值
Creditg	经 GDP 平减指数处理后的银行贷款净额增长率	776	13.642	16.329	-42.380	134.78
GDPG	实际人均 GDP 增长率	1284	4.006	2.798	-1.090	7.290
CGO	银行股权类型虚拟变量，政府控制的商业银行取值为 1，其他银行为 0	1284	0.120	0.347	0	1
SOEs	银行股权类型虚拟变量，国有企业或者地方政府控制的商业银行取值为 1，其他银行为 0	1284	0.591	0.445	0	1
PO	银行股权类型虚拟变量，民营或外资企业控制的商业银行取值为 1，其他银行为 0	1284	0.198	0.490	0	1
Rb	一年期贷款基准利率	1284	6.065	0.627	5.310	7.470

①　2003 年我国银行业开始进行股份制改革，银行市场化水平大幅提高，与此同时随着 2003 年银行业监督管理委员会的成立标志着我国银行业监管全面进入资本监管时代，监管要求大幅提高，逐渐符合国际标准。

续表

变量名称	含义和计算方法	观测样本数	平均值	标准差	最小值	最大值
Size	银行资产规模变量，总资产取自然对数的滞后一期值	871	25.428	1.767	21.340	30.500
Equity	银行稳健性变量，银行所有者权益与总资产比率的滞后一期值	870	6.128	2.991	-11.830	41.960
Loans	银行风险程度变量，银行贷款净额占总资产比率的滞后一期值	870	48.937	10.381	14.370	76.270
Liquidity	流动资产占总资产比率的滞后一期值	867	27.925	14.430	2.120	85.080
Deposits	资金来源稳定性变量，银行存款与负债总额比值的滞后一期值	870	82.245	11.782	15.620	90.530
Upswing	时间虚拟变量，经济危机时期取1，其他时期为0	1284	0.091	0.288	0	1
Downswing	经济周期虚拟变量，当经济处于下行时期时取1，否则取0	1284	0.094	0.292	0	1
Macro	宏观调控虚拟变量，在2008年以前取0，2008年以后（包括2008年）取值为1	1284	0.598	0.490	0	1

四、实证结果分析

表7-5描述了股权结构对商业银行信贷增速变化作用关系，即模型7-1的系统广义矩估计结果，其中列（1）和（2）是考察政府股权对信贷行为变化的影响，而（3）和（4）考察的是国有企业和地方政府股权；（5）和（6）则是对民营股权或者外资股权作用的探讨。由列示的结果可知，在整个研究期间内，信贷增速的变化均显著受到其一阶滞后项的影响，并且所有回归的二阶序列自相关均无法拒绝不存在二阶序列自相关的原假设，这满足了使用广义矩估计方法的矩条件，表明使用GMM方法的合理性。下面对不同股权结构类型的回归结果分别进行考察，首先我

们结合核心解释变量的回归系数和显著性水平进行分析：（1）由经济周期替代变量 GDPG 及其与股权类型虚拟变量 $CGO_{i,t}$ 的交互项的系数分别是 −0.168 和 −0.084，可知国家控股的商业银行信贷增速与经济周期的影响系数大致为 −0.252—−0.235，两者呈反方向变化关系，这表明国家控股的商业银行信贷行为表现出一定的逆周期性，只是这种关系在统计上的显著性较弱；（2）国有企业或地方国家控股的商业银行信贷变化与经济周期的回归系数为 0.038—0.045，即股权结构类型为 $SOEs_{i,t}$ 的商业银行其信贷行为具有一定的顺周期性，并且这种顺周期性在 10% 的置信水平上显著；（3）民营的商业银行该回归系数约在 0.120—0.139 之间，并在 5% 的置信水平上显著。综上可知，中央控股的商业银行其信贷行为表现不具有顺周期效应，甚至表现出一定的逆周期变化特征，只是该特征不具有统计上的显著性；民营化程度越高的商业银行其信贷增速具有越强的顺周期性，而国有企业控股的商业银行信贷行为也表现为顺周期性，只是这种顺周期性显著弱于民营的商业银行。

表 7-5　我国商业银行股权结构对信贷行为变化影响的回归结果

	$Creditg_{i,t}$					
	（1）	（2）	（3）	（4）	（5）	（6）
$Creditg_{i,t-1}$	0.280** (0.013)	0.216** (0.018)	0.128*** (0.001)	0.155*** (0.000)	0.231** (0.043)	0.205* (0.059)
$GDPG_t$	−0.168** (0.015)	−0.160*** (0.040)	0.106* (0.060)	0.092** (0.045)	0.065** (0.032)	0.057** (0.041)
$CGO_{i,t}$	−3.850** (0.042)	−3.056** (0.033)				
$CGO \cdot GDPG_{i,t}$	−0.084 (0.138)	−0.075* (0.085)				
$SOEs_{i,t}$			1.581*** (0.001)	1.133** (0.012)		
$SOEs \cdot GDPG_{i,t}$			−0.061* (0.081)	−0.054* (0.065)		

续表

	$Creditg_{i,t}$					
	（1）	（2）	（3）	（4）	（5）	（6）
$PO_{i,t}$					0.806* (0.076)	0.652* (0.065)
$PO \cdot GDPG_{i,t}$					0.074* (0.055)	0.063** (0.039)
Rb_t	−1.690* (0.090)	−1.135** (0.040)	−0.804* (0.064)	−0.674* (0.069)	−0.107* (0.093)	−0.094** (0.044)
$Size_{i,t-1}$	1.013* (0.097)	1.142* (0.069)	1.017** (0.037)	0.933** (0.082)	0.843* (0.014)	0.763* (0.021)
$Loans_{i,t-1}$	0.036 (0.320)	0.041 (0.462)	−0.034* (0.089)	−0.031* (0.078)	−0.049** (0.035)	−0.041** (0.037)
$Deposit_{i,t-1}$	0.407** (0.029)	0.394** (0.031)	0.450** (0.012)	0.375*** (0.007)	0.471*** (0.007)	0.503*** (0.007)
$NPL_{i,t-1}$	−0.053 (0.129)	−0.045 (0.113)	−0.065** (0.023)	−0.058** (0.016)	−0.083** (0.014)	−0.074*** (0.009)
$ROE_{i,t-1}$	−0.019 (0.290)	−0.015 (0.229)	−0.016* (0.045)	−0.013* (0.074)	−0.020* (0.192)	−0.018 (0.160)
AR(1)	0.201	0.027	0.085	0.874	0.098	0.091
AR(2)	0.430	0.506	0.794	0.735	0.810	0.827
Sargan	0.893	0.880	0.657	0.695	0.756	0.740

注：***、**、* 分别表示模型回归结果在 1%、5% 和 10% 的置信水平下显著。AR(1) 为 SYS-GMM 模型扰动项的一阶自相关性检验的 P 值；AR(2) 为 SYS-GMM 模型扰动项的二阶自相关性检验的 P 值。Sargan 为 Sargan 过度识别检验的 P 值。

　　其次，再对控制变量的回归结果逐一进行分析。通过观察可以发现：贷款增速的滞后一期值回归系数在（1）—（6）的回归中均显著为正，说明各商业银行信贷增速调整的影响具有持续性以及本书动态方程设定是合理的。首先，对于政府控制的商业银行，银行资产规模变量 $Size_{i,t-1}$ 的回归系数为正，显著性相对较弱，表明国有商业银行的信贷增速与银行规模正相关，只是可能由于总体资产规模水平普遍较高，因而影响并不十分显著；衡量银行资金来源稳定程度的变量 $Deposit_{i,t-1}$ 回归系数显著为正，表明银行的信贷资金来源越稳定，信贷总量的扩张速度越快，反之则反。而贷款规模占比 $Loan_{i,t-1}$、不良贷款率 $NPL_{i,t-1}$ 以及净资产收益率 $ROE_{i,t-1}$ 对该类股权结构银行不存在显著影响；其次，在国有企业或地方国家控股的商业银行中，规模因素对信贷扩张的正向影响十分显著，银行风险程度变量 $Loan_{i,t-1}$ 与信贷增速变化负相关，信贷扩张速度会随风险程度的升高而下降，$Deposit_{i,t-1}$ 与信贷增速也是表现为同向变化，而不良贷款率的系数 $NPL_{i,t-1}$ 显著为负说明资产质量的优劣对信贷扩张变化正相关，$ROE_{i,t-1}$ 作为股权资本成本的替代变量其回归结果则表明资本持有成本的升高会对国有企业控制的商业银行信贷扩张带来抑制效应；最后，对于民营银行而言，$Size_{i,t-1}$、$L.Deposit_{i,t-1}$、$L.Loan_{i,t-1}$、$NPL_{i,t-1}$ 的回归系数和影响效果和国有商业银行基本类似，而净资产收益率 $ROE_{i,t-1}$ 的影响并不显著。此外，宏观经济政策替代变量 Rb_t 的回归系数对三类银行的信贷扩张均存在显著的负向影响，即宏观调控政策的逆周期调控效应显著发挥了作用，只是这种作用效果的大小依照政府股权、国有企业股权和民营股权的顺序依次递减。

表 7-6　不同经济周期阶段中股权结构对信贷行为作用效果

	$Creditg_{i,t}$					
	（1）	（2）	（3）	（4）	（5）	（6）
$Creditg_{i,t-1}$	0.253** (0.013)	0.230*** (0.009)	0.146*** (0.000)	0.137*** (0.000)	0.213** (0.038)	0.208* (0.031)
$Upswing_t$	0.750* (0.089)		0.895* (0.059)		1.195* (0.062)	
$Downswing_t$		0.871* (0.052)		1.230** (0.045)		1.035 (0.113)
$CGO_{i,t}$	−3.375** (0.045)	−3.162** (0.028)				
$CGO \cdot Upswing_t$	−0.127 (0.163)					

续表

	$Creditg_{i,t}$					
	（1）	（2）	（3）	（4）	（5）	（6）
$CGO \cdot Downswing_t$		-1.385^* （0.069）				
$SOEs_{i,t}$			1.416^{***} （0.006）	1.309^{**} （0.012）		
$SOEs \cdot Upswing_t$			-0.024 （0.116）			
$SOEs \cdot Downswing_t$				-0.058^{**} （0.036）		
$PO_{i,t}$					0.819^* （0.065）	0.750^{**} （0.047）
$PO \cdot Upswing_t$					0.056^{**} （0.026）	
$PO \cdot Downswing_t$						0.020^* （0.083）
Rb_t	-0.960^* （0.090）	-1.309^{***} （0.007）	-0.604^* （0.071）	-0.845^* （0.050）	-0.770^* （0.091）	-0.902^{**} （0.034）
$Size_{i,t-1}$	0.910^* （0.090）	0.814^* （0.080）	0.917^{**} （0.027）	0.835^{***} （0.009）	0.630^* （0.071）	0.663^{**} （0.021）
$Loans_{i,t-1}$	0.039 （0.320）	0.043 （0.462）	-0.036^* （0.089）	-0.031^{**} （0.048）	-0.027^{**} (0.035)	-0.035^{**} (0.047)
$Deposits_{i,t-1}$	0.426^* （0.059）	0.380^* （0.065）	0.510^{**} （0.014）	0.462^{***} （0.007）	0.671^{***} (0.010)	0.584^{***} (0.008)
$NPL_{i,t}$	-0.127 （0.206）	-0.057 （0.126）	-0.071^{**} （0.037）	-0.064^{**} （0.026）	-0.083^{**} （0.017）	-0.078^{***} （0.006）
$ROE_{i,t-1}$	-0.009 （0.127）	-0.011 （0.097）	-0.012^* （0.087）	-0.009^* （0.084）	-0.006 （0.202）	-0.004^{**} （0.260）
AR(1)	0.064	0.085	0.078	0.084	0.069	0.072
AR(2)	0.170	0.950	0.847	0.607	0.918	0.916
Sargan	0.745	0.780	0.857	0.892	0.756	0.804

注：***、**、* 分别表示模型回归结果在 1%、5% 和 10% 的置信水平下显著。AR(1) 为 SYS-GMM 模型扰动项的一阶自相关性检验的 P 值；AR(2) 为 SYS-GMM 模型扰动项的二阶自相关性检验的 P 值。Sargan 为 Sargan 过度识别检验的 P 值。

　　进一步结合模型 7-2 和 7-3 的回归结果对不同股权结构类型银行信贷扩张行为在不同经济周期阶段中的具体表现进行分析（如表 7-6 所示）：第一，在政府控制的商业银行中，上行经济周期信贷扩张的影响系数为正，但是由于经济周期与银行股权类型变量的交叉项 $CGOU \cdot Upswing_t$ 回归结果并不显著，因而上行周期政府控制的商业银行信贷扩张行为不具有显著的周期性特征，而观察经济下行时期经济周期替代变量及其与股权结构类型交叉项的回归系数可知政府控制商业银行的信贷增速是逆周期变化，影响系数为 −0.714（−1.385+0.871），且在 10% 的置信水平上显著；第二，对于国有企业或地方政府控制的商业银行而言，由于经济上行周期的回归并不显著，可知上行周期股权类型为 SOEs 的商业银行信贷扩张不存在显著的周期性特征，而在下行周期中，经济周期替代变量及其股权类型的交叉项回归系数分别为 1.230 和 −0.058，即下行时期该类银行的信贷扩张具有顺周期特征，交叉项系数为负，表明 SOEs 股权对信贷增长的顺周期性发挥了一定的抵消作用；第三，通过分别观察模型（5）和（6）中，$PO \cdot Upswing_t$ 和 $UPswing_t$ 以及 $PO \cdot Upswing_t$ 和 $Downswing_t$ 的回归系数，可以得到结论：民营企业控制的商业银行其信贷扩张在整个经济周期中都表现出显著的顺周期特征，并且通过比较回归系数量纲的大小可知下行时期信贷扩张的顺周期性小于上行时期，这与研究假设 H2 相符。

　　此外，控制变量的回归结果也说明宏观经济政策与信贷扩张变化存在显著的负向关系；银行资产规模 $Size_{i,t-1}$ 和信贷资金来源稳定程度变量 $Deposit_{i,t-1}$ 是我国商业银行信贷扩张行为调整的重要影响因素；信贷扩张对银行风险程度 $Loan_{i,t-1}$ 大小的变化在国有企业和民营企业控制的银行中反应更为敏感；而银行资产质量 $NPL_{i,t}$ 对国有企业和民营企业控制的银行存在显著的负向影响。

表 7-7　宏观调控政策对信贷行为冲击效应的 DID 回归结果

	Creditgi,t			
	（1）	（2）	（3）	（4）
$Creditg_{i,t-1}$	0.197** (0.011)	0.180*** (0.009)	0.214*** (0.005)	0.193*** (0.002)
$Macro_t$	0.108** (0.047)	0.125** (0.036)	0.078*** (0.007)	0.059*** (0.007)
$Group\_treat_{i,t}$	0.074 (0.127)	0.065* (0.084)		
$DID\_treat_{i,t}$	0.055* (0.056)	0.049** (0.038)		
$Group\_control_{i,t}$			0.021 (0.206)	0.018 (0.135)
$DID\_control_{i,t}$			0.044*** (0.008)	0.042*** (0.006)
$Size_{i,t-1}$	1.220 (0.150)	1.114* (0.095)	0.859** (0.047)	0.835** (0.029)
$Loans_{i,t-1}$	−0.026 (0.270)	−0.022 (0.162)	−0.047** (0.049)	−0.050** (0.035)
$Deposits_{i,t-1}$	0.426* (0.059)	0.380** (0.065)	0.510** (0.020)	0.462*** (0.007)
$NPL_{i,t-1}$	−0.079 (0.148)	−0.068 (0.103)	−0.121** (0.017)	−0.116** (0.008)
$ROE_{i,t-1}$	−0.020 (0.127)	−0.018 (0.136)	−0.015* (0.068)	−0.009** (0.045)
时间效应	不控制	控制	不控制	控制
AR(1)	0.035	0.029	0.047	0.041
AR(2)	0.720	0.830	0.763	0.652
Sargan	0.850	0.925	1.000	0.892

注：***、**、* 分别表示模型回归结果在 1%、5% 和 10% 的置信水平下显著。AR(1) 为 SYS-GMM 模型扰动项的一阶自相关性检验的 P 值；AR(2) 为 SYS-GMM 模型扰动项的二阶自相关性检验的 P 值。Sargan 为 Sargan 过度识别检验的 P 值。

表 7-7 列出了按照是否由国家控股、民营化程度高低分为实验组和控制组考察了 2008 年我国宏观调控对信贷扩张冲击效果的双重差分模型估计结果，模型（1）和（2）是实验组——国家控股且民营化程度较低的估计结果，而模型（3）和（4）则是非国家控股且民营程度较高的控制组的回归结果。总体来看估计结果表明，实验组和控制组的双重差分系数分别在 10% 和 1% 的置信水平上显著为正，也就是说 2008 年的扩张性宏观政策调控后我国商业银行整体信贷增速出现了显著增加，并且从回归系数的绝对值可知国家控股且民营化程度低的商业银行其信贷增速扩张大于非国家控股且民营化程度较低的银行。与此同时，我们还通过对两个分组引入年份虚拟变量来对时间效应进行控制，结果发现 DID 项的系数并未发生大幅变化，由上述分析可以得到结论：2008 年的扩张性宏观调控政策下我国商业银行的信贷增速出现显著的增长，并且由政府控制且民营程度低的银行信贷增速的扩张幅度显著大于非中央银行控制且民营程度更高的商业银行的信贷增速。

五、对实证结果的经济解释

表 7-5 至表 7-7 的实证估计结果，可以对我国商业银行信贷增速变化的主要影响因素和信贷行为周期性特征在金融危机表现出的不同周期性特征这一事实做出相应的解释。无论是政府直接控股的商业银行还是民营程度较高的非国家控股银行，宏观调控政策都会对其信贷扩张行为调整产生影响，并且这种影响的作用大小在不同股权结构类型的商业银行中存在差异。这主要是由三个方面的因素导致的。首先，由于政府股权对商业银行的控制会通过将政府对经济社会的一些政治和社会管理目标纳入银行经营行为调整的考虑框架之中，使得银行的信贷扩张行为一定程度也承担了政府调控目标；其次，较低的民营化程度使得现代企业的市场化导向的经营决策机制受到弱化，政府计划决策的比重增加，银行经营目标的利润最大化原则不再是唯一标准，政府调控目标也被纳入

考量范畴。再次，由于这类银行的高管人员也主要由政府直接任命，银行高管与政府官员以及政府关系密切，在银行经营决策中不可避免地受到政府调控意志的干预，宏观调控政策的变化相较于其他类型银行会更加快速地传递、实施和发挥效果。鉴于此可以得到结论，一方面，国家控股且民营程度低的商业银行信贷增速的变化相较于非国家控股且民营程度较高的商业银行更能体现和符合逆周期宏观调控政策；另一方面，所有权结构不仅在一般的企业治理过程中发挥重要作用，而且在政府宏观调控政策（如货币政策、财政政策或者行政手段等）在对信贷行为周期性的影响中也发挥重要作用。

第四节　宏观政府干预环境下
我国商业银行逆周期政策的调整建议

　　本章创新性地从政府干预的视角探讨了信贷行为周期性效应的特点，这与我国政府高度干预的商业银行系统现实相符，得到的结论对逆周期监管政策的完善和监管效率的提高具有实践参考价值。自 2013 年逆周期思想开始被运用于金融监管[①]以来，相关的逆周期监管规则并未对商业银行中的政府干预作用进行考虑，只是在认定我国商业银行信贷行为顺周期变化的基础上，采用逆周期监管工具或者是在传统监管工具中引入逆周期思想以"一刀切"的方式来缓释银行的顺周期效应，防范系统性风险的过度累积。但是，我国银行经济的特殊环境决定了商业银行信贷行为的周期性并不完全按照市场的内在规律自发地表现出顺周期性，除了要受到市场外其他相关规则和安排的影响外，还受政府干预的影响，由此可知，我国银行的信贷行为周期性从形成到表现都与西方发达国家存

---

　　① 这主要是指《中国银监会关于中国银行业实施新监管标准的指导意见》，即中国版的新巴塞尔资本协议于 2013 年开始在我国银行系统中逐步实施。

在明显差别。鉴于此，我们建议逆周期监管规则的完善和改革可以从以下几个方面展开：

第一，本章研究告诉我们政府干预会通过影响信贷行为的周期性表现而使监管当局制定的逆周期政策的针对性和作用效果大幅下降，因此，有必要适度减少商业银行经营中的政府干预，增加市场对信贷行为的自发调节功能，提高当前逆周期监管的效率。

第二，政府干预中的宏观货币调控对银行信贷行为周期性的调节作用在不同经济周期阶段存在差异，因此，可以考虑在现象逆周期监管规则中加入差异性监管，在经济上行时期实施更严格的监管标准防范系统性风险的快速积累，而在宏观调控效果更好的经济下行时期，逆周期监管规则应当考虑宏观调控的逆周期调节作用，防止出现过度监管的问题。

最后，本章政府干预对信贷行为周期性影响的研究，实际上也是对逆周期金融监管政策如何提高监管效率问题的思考。后危机时期逆周期金融监管已然成为实现金融稳定的一个常规政策，监管当局和宏观调控应当加快实现宏观调控政策与逆周期监管政策的相互协调和搭配，明确各自的作用范围，提高逆周期监管在金融系统性风险防范上的效率。

第八章　研究结论与政策建议

在经济周期理论和国内外学者对银行行为顺周期性问题研究成果的基础上，本书对我国商业银行信贷行为与经济周期的变化关系进行再测度，并在此基础上对这种变化产生的根本原因和三个层面的影响因素展开深入分析，本书重点讨论并回答了如下四方面的问题：第一个问题，分析了银行信贷扩张行为周期性变化产生的内在机理和我国商业银行信贷行为的周期性特征。第二个问题，研究了巴塞尔资本协议框架下资本监管规则对我国商业银行信贷行为变化的影响。第三个问题，从会计信息计量规则角度出发，研究我国商业银行信贷行为周期性波动受到的干预。最后一个问题，结合我国银行系统的高度政府干预性特点，将宏观经济环境中的政府宏观调控、银行的政府股权类型以及信贷扩张行为周期性变化间的内在关系纳入统一分析框架，进行了综合讨论。本章将对上述几个方面的研究结论进行总结和回顾，并提出相应的改革和完善金融监管的政策建议，并结合不足之处指出今后进一步的研究方向。

第一节　主要研究结论

一、信贷行为周期性形成机理方面的结论

笔者将商业银行信贷行为周期性波动产生的原因系统地总结为内生性根本原因和信贷市场外生性影响因素。一方面，认为金融市场的内生固有缺陷是信贷行为随经济周期变化的根本原因，并且金融加速器效应

是此次金融危机产生和蔓延的重要原因，即信贷行为顺周期效应产生的根源。具体而言，金融市场的固有缺陷可以概括为：商业银行借贷双方信息不对称、市场羊群行为的存在、银行的"制度记忆"、银行管理者或借贷人的"灾难近视"以及"认知失调"这四个方面。另一方面，本书还将商业银行信贷市场外生因素中包括银行监管规则、会计信息规则以及外部宏观经济环境中政府干预在内的三个层面的主要影响因素，归纳为信贷市场固有顺周期性发生改变的重要原因。商业银行信贷行为的周期性表现是内生因素和外生影响因素共同作用的结果。

二、我国商业银行信贷行为周期性特征方面的结论

根据 2003—2014 年间我国银行财务数据和相关宏观经济数据的统计和实证分析发现我国商业银行信贷增长速度随经济周期的变化具有如下趋势与特征：（1）总体上我国商业银行信贷增速的变化未表现出显著的周期性特征。（2）具体从银行分类视角出发，加入银行类型虚拟变量及其与经济走势变化的交互项后，发现股份制商业银行和城市商业银行的信贷行为具有显著的顺周期性，农村商业银行的信贷增速具有微弱的与经济周期反向运动的特征，而国有大型股份制银行的信贷行为周期性特征并不显著。（3）描述性统计的粗略结果显示在 2008 年金融危机发生前后信贷增速和经济周期的变化规律存在明显差异，危机后信贷扩张行为出现反常的逆周期变化特征与危机前大体的顺周期变化特征形成鲜明对比，我国银行信贷行为的周期性特征属于"阶段"顺周期或者"阶段"逆周期。笔者认为上述统计和实证结果中所得到的信贷行为特征应当与导致信贷行为周期性变化的三类外生影响因素密切相关，后续内容围绕三类外生因素逐一深入展开，分析其对信贷行为周期性的影响。

三、资本监管对信贷行为周期性影响的相关结论

从第一个层面的外生因素——监管规则出发，具体讨论资本监管规

则中资本充足率要求和内部评级法对信贷扩张行为调整的作用。研究结果表明：（1）资本充足率监管对不同类型商业银行信贷行为的影响不尽相同，大型国有商业银行的资本充足率要求会刺激信贷扩张与经济周期反方向变化；股份制银行和城市商业银行的资本充足率监管对信贷行为产生了约束作用，表现出了顺周期性，而农村商业银行的这一影响却并不显著。但是，对商业银行整体而言，资本充足率监管下信贷行为的顺周期效应并不显著，这可能与不同类型商业银行作用效果相互抵消相关。（2）商业银行历史经验数据的统计特征表明，我国商业银行内部评级制度会导致银行信贷行为的顺周期变化。

四、会计信息规则对信贷行为周期性影响的相关结论

本书从第二个层面的外生因素——会计信息规则出发，选取商业银行重要的财务应计费用计提规则——贷款损失准备计提制度和会计报表记账规则——公允价值会计准则这两个主要被诟病的，可能加剧经济周期波动程度的会计信息因素入手，分别对其与我国银行信贷行为变化的相互关系展开研究。一方面，从对贷款损失准备计提制度的影响研究中，得到结论，我国贷款损失准备计提对银行信贷增速的变化具有逆周期影响效果。进一步，在考虑这种作用效果在不同经济周期阶段是否存在差异的研究中，我们还发现这种逆周期影响在不同经济周期阶段的表现具有异质性，即在经济上行阶段的逆周期效应弱于经济下行阶段。

同时，在对公允价值计量规则的研究中，从理论层面将公允价值会计计量规则顺周期效应的影响路径总结为：（1）银行资产负债表中以公允价值计量的资产负债数据变动直接引发的，以及（2）公允价值会计准则"盯市原则"对资产"减值"和"增值"信息的及时反映，导致投资者羊群行为间接引发的。在此基础上，本书还通过对公允价值计量准则相关财务数据进行统计分析，得到结论我国公允价值会计计量准则对

商业银行信贷行为具有显著顺周期效应，这种影响在2008年的经济下行时期尤为显著。只是这种顺周期性在横向和纵向的对比分析中表现存在差异：在不同类型商业银行间的横向对比研究中，发现资产规模相对较小的股份制商业银行和城市商业银行中公允价值会计计量的顺周期影响显著大于规模较大的五大国有商业银行；而在跨经济周期阶段的纵向对比研究中，得到结论，公允价值计量的顺周期影响在经济扩张阶段十分显著，而随着经济的衰退顺周期性会大幅减弱。这是由商业银行在繁荣和衰退时期对高风险资产投资的选择差异决定的。

五、政府干预对信贷行为周期性影响的相关结论

本书还从商业银行宏观政府干预的视角探究了其对信贷行为周期性的影响。具体的宏观政府干预因素选取的是：能够体现支付宏观调控意图的货币政策以及能够反映银行经营行为中，政府干预程度的政府股权两个要素进行理论和实证分析。得到结论：（1）从股权结构类型划分的角度，国家控股的商业银行信贷扩张行为不具有显著的周期性特征，而国有企业或地方国家控股的商业银行信贷扩张的顺周期效应相对较弱，并且信贷扩张行为的顺周期性随商业银行民营化程度的提高而加强。（2）宏观货币政策调控对商业银行信贷增速变化具有逆周期调控效果，并且这种逆周期调控效果在经济下行时期比在经济上行时期更显著。（3）为探究2008年国际金融危机爆发后，我国大幅度的逆周期宏观调控政策对商业银行信贷扩张的冲击影响，本书运用DID双重差分模型对政策效应进行模拟，结果发现，股权结构类型为国家控股且民营程度较低的银行信贷扩张行为受逆周期政策调控的影响显著大于非国家控股且民营化程度高的商业银行。这一结论进一步地反映出信贷行为的周期性变化特征在不同类型银行间的差异性。

第二节　完善商业银行逆周期监管的政策建议

逆周期监管政策的制定主要是通过在多种金融制度安排中植入逆周期因素，以"逆风向调节"为原则对金融系统进行监管。后危机时代，在全球主要发达经济体和标准制定机构相继进行"逆周期"监管改革、推行《Basel Ⅲ》的新时期。我国也依据上述思路，积极地在参照新巴塞尔资本协议的基础上，调整和改革我国的金融监管规则。2012 年 6 月银监会正式发布《商业银行资本管理办法》，标志着中国版《Basel Ⅲ》的落地，2013 年 1 月 1 日起我国开始进入逆周期监管时代。我国监管当局制定并推行了包括留存资本缓冲、逆周期的资本缓冲机制和动态拨备制度等在内的资本类逆周期监管工具，以及包括压力测试和杠杆率监管等的非资本类逆周期监管工具这两大类逆周期监管改革措施。这些工具目标是在经济衰退、银行资产收缩的阶段降低拨备和资本要求，以缓解信贷紧缩，平滑经济波动；并在经济快速增长、银行资产扩张过快的阶段增加拨备和资本要求，以加强系统性风险防范，提高金融持续支持经济发展的能力。

但是，在我国商业银行自身的特殊性和现实的宏观经济背景下，信贷扩张行为内生的顺周期效应还会受到多种外生因素的干预，导致我国商业银行信贷行为周期性特征的改变。因此，从提高逆周期监管针对性和监管效率的思路出发，结合上述结论，分别从资本监管、会计信息监督以及宏观政府干预三个层面分别提出改革和完善现行监管制度的政策建议，并简要地将其归纳为如下三个方面：

一、资本监管层面的政策建议

一方面，在采用逆周期资本缓冲制度来缓释资本充足率监管产生的顺周期效应时，监管当局还应当将资本充足率监管约束的作用效果在我国各类商业银行中的差异性纳入政策制定的参考范畴。基于实证研究的结论，本书建议对股份制的商业银行和城市商业银行制定更严格的逆周期资本缓冲机制，而对大型国有商业银行则应当主要考虑在资本充足水平下降较快的经济下行时期计提更多的逆周期资本缓冲，以缓释信贷急剧收缩而对经济周期产生的放大效用。另一方面，针对内部评级制度导致的信贷行为顺周期变化，本书建议通过使用更长的违约概率参数计算时间区间和提高商业银行压力测试在银行风险的预测重要性来进行缓释。

二、会计信息规则层面的政策建议

首先，针对我国商业银行贷款损失准备计提的政策建议。依据第五章中的研究结论可知，我国贷款损失准备计提对商业银行整体信贷扩张并未表现出顺周期效应，反而具有一定逆周期变动的特征，并且这种变化特点在经济下行时期更为显著，这与发达国家的研究经验存在明显差异。结合这种差异产生的原因，建议将贷款损失计提标准与经济走势（GDP）直接挂钩，构建动态贷款损失准备计提标准。在此基础上，还应当在测量贷款损失准备对信贷扩张的实际影响效果，并考虑到商业银行系统的实际运行情况后，有选择地制定和实施。其次，改善公允价值会计计量对银行行为顺周期影响的政策建议。为了缓释公允价值会计准则引起的顺周期影响，建议尽可能采取如以会计期间的平均市场价值来替代某个会计时点的市场价值的措施，使公允价值计价标准的市场价值趋近真实价值，以达到弱化我国商业银行信贷扩张行为中"会计加速器"效应的目的。与此同时，考虑到公允价值变动对我国银行信贷行为的顺周期影响的程度在不同类型银行间和在不同经济周期阶段中的差异，还应当对不同商业银行的公允价值顺周期性进行差异化防范和缓释：（1）重点缓释资产规模相对较小的股份制商业银行和城市商业银行的会计加速器效应。（2）对正处于经济上行时期商业银行信贷行为及其表现要进行重点监督和逆周期缓释。

三、政府干预层面的政策建议

政府干预对我国商业银行信贷行为周期性的影响和调节作用的研究表明，我国银行经济的特殊环境决定了商业银行信贷行为周期性并不完全按照市场的内在规律自发地表现出顺周期性，除了要受到市场外其他相关规则和安排的影响外，还强烈地受政府干预的影响，由此可知，我国银行信贷行为周期性从形成到表现都与西方发达国家存在明显差别。鉴于此，笔者认为可以从以下两个方面来提高逆周期监管规则的针对性和监管的有效性：（1）政府干预会通过影响信贷行为的周期性表现而使监管当局制定的逆周期政策的作用效果大幅下降，因此，可以适度减少商业银行经营中的政府干预，增强市场对信贷行为的自发调节功能，提高当前逆周期监管政策的效率；（2）在逆周期金融监管已然成为实现金融稳定的一个常规政策的后危机时期，监管当局和宏观调控应当加快实现宏观调控政策与逆周期监管政策的相互协调和搭配，明确各自的作用范围，提高逆周期监管在金融系统性风险防范上的效率。

第三节　进一步研究的说明

虽然上述研究初步探明了我国商业银行信贷行为的周期性变化的特征，以及这种特征产生的根本原因。同时也得到了对来自资本监管和会计信息监管层面以及宏观政府干预层面因素的影响机理和影响效果的相关研究结论。但是本书的研究只是初步的，仍然存在许多地方有待改进和深入挖掘，相关的研究方法也有进一步提高的空间，一些研究结论有待更进一步的理论支撑和使用更长时期的数据进行检验。

其一，有关内部评级法影响下银行信贷增速变化的周期性效应研究，由于无法获得银行样本的相关违约概率数据，故无法对理论和统计分析的结论进行实证检验。因此，如果从信息披露更完全且观测样本充足的上市公司角度出发，考虑作为银行信贷需求者——各类型上市公司的违约风险大小，基于企业的财务报表数据综合运用风险概率计算模型计算这些公司的平均违约概率，并以此来替代银行机构贷款发放的违约概率，以贷款需求者的角度出发测算违约来替代直接从贷款攻击者——银行本身的角度来评估违约概率，这显然是未来值得探索的一个研究方向。

其二，本书对影响信贷行为周期性变化的三个层面因素对信贷扩张行为影响的讨论方式是通过设定相应的实证模型分别考察的。在今后的研究中，如何能将三个层面的因素纳入到统一的研究模型中，综合考察各类因素的相对影响是一个值得进一步探讨的问题。

其三，由于银行观测样本的时间区间是 2003—2014 年，观测时间长度尚不足以形成一个完整的经济周期，估计结果可能存在一定误差。因此本研究的结论还需要在基于未来更长的时间区间来对其进行再验证。

最后，现阶段国内学者关于银行信贷行为顺周期性相关问题的研究主要集中在从银行本身的内外部环境角度研究信贷扩张行为的调整和变化。但是，我国商业银行运行体制中的高度政府干预特征使得信贷行为的调整出现不完全符合西方发达国家的经验，我国宏观经济环境对信贷扩张行为的影响还有许多因素未被考虑到，本书仅对我国商业银行中的政府股权因素进行了初探。但相关的因素还有诸如商业银行的政治关联、银行腐败以及政府隐性担保等，它们对我国商业银行行为周期性调整有着怎样的影响机理？以及这些作用的效果是什么？这些因素对我国逆周期监管改革的启示是什么？对这些问题的考察具有较强的理论和现实意义，值得进一步展开深入研究。

参考文献

[1]　巴曙松、刘海博:《信贷周期理论研究综述》,《湖北经济学院学报》2009 年第 3 期。

[2]　巴曙松:《巴塞尔资本协议 Ⅲ 研究》, 中国金融出版社 2011 年版。

[3]　边宽江、程波、王蕾蕾:《收益分布尖峰厚尾问题的统计检验》,《统计与决策》2009 年第 7 期。

[4]　陈昆亭、周炎、龚六堂:《信贷周期: 中国经济 1991—2010》,《国际金融研究》2011 年第 12 期。

[5]　陈旭东、何艳军、张镇疆:《货币政策、银行信贷行为与贷款损失准备——基于中国商业银行的实证研究》,《国际金融研究》2014 年第 10 期。

[6]　陈元:《开发性金融与逆经济周期调节》,《财贸经济》2010 年第 12 期。

[7]　陈忠阳、刘志洋:《Basel Ⅲ 逆周期资本缓冲机制表现好吗? ——基于国际与中国的实证分析》,《吉林大学社会科学学报》2014 年第 3 期。

[8]　储著贞、梁权熙、蒋海:《宏观调控、所有权结构与商业银行信贷扩张行为》,《国际金融研究》2012 年第 3 期。

[9]　范从来、盛天翔、王宇伟:《信贷量经济效应的期限结构研究》,《经济研究》2012 年第 1 期。

[10]　方先明、权威:《信贷型影子银行顺周期行为检验》,《金融研究》

2017 年第 6 期。

[11] 高国华、潘英丽：《我国商业银行资本充足率顺周期效应研究》，《经济与管理研究》2010 年第 12 期。

[12] 辜子寅：《基于周期效应评估的我国上市银行稳健性特征分析》，《南方金融》2014 年第 7 期。

[13] 何贤杰、朱红军、陈信元：《政府的多重利益驱动与银行的信贷行为》，《金融研究》2008 年第 6 期。

[14] 黄静如、黄世忠：《资产负债表视角下的公允价值会计顺周期效应研究》，《会计研究》2013 年第 4 期。

[15] 黄世忠：《公允价值会计的顺周期效应及其应对策略》，《会计研究》2010 年第 11 期。

[16] 黄宪、王露璐、马理：《货币政策操作需要考虑银行资本监管吗》，《金融研究》2012 年第 4 期。

[17] 黄宪、吴克保：《我国商业银行对资本约束的敏感性研究——基于对中小企业信贷行为的实证分析》，《金融研究》2009 年第 11 期。

[18] 霍华德·戴维斯、大卫·格林：《全球金融监管》，中国金融出版社 2009 年版。

[19] 蒋瑛琨、刘艳武、赵振全：《货币渠道与信贷渠道传导机制有效性的实证分析——兼论货币政策中介目标的选择》，《金融研究》2005 年第 5 期。

[20] 金雯雯、杜亚斌：《我国信贷是持续顺周期的吗——基于期限结构视角的时变参数研究》，《当代经济科学》2013 年第 5 期。

[21] 李连发、晓岱：《银行信贷、经济周期与货币政策调控：1984—2011》，《经济研究》2012 年第 3 期。

[22] 李嵩然、马德功：《贷款损失准备、银行信贷行为与经济周期——来自我国不同类型商业银行的经验证据》，《山西财经大学学报》2015 年第 11 期。

[23]　李文泓、罗猛：《巴塞尔委员会逆周期资本框架在我国银行业的实证分析》，《国际金融研究》2011 年第 6 期。

[24]　李文泓、罗猛：《关于我国商业银行资本充足率顺周期性的实证研究》，《金融研究》2010 年第 2 期。

[25]　李文泓：《宏观审慎监管框架下的逆周期政策研究》，中国金融出版社 2011 年版。

[26]　李向前：《宏观审慎监管政策与货币政策》，中国金融出版社 2013 年版。

[27]　刘斌：《资本充足率对我国贷款和经济影响的实证研究》，《金融研究》2005 年第 11 期。

[28]　刘灿辉、周晖、曾繁华：《中国上市银行缓冲资本的顺周期实证研究——基于 A 股 6 家上市银行的动态面板数据研究》，《管理世界》2012 年第 3 期。

[29]　刘红忠、赵玉洁、周冬华：《公允价值会计能否放大银行体系的系统性风险》，《金融研究》2011 年第 4 期。

[30]　刘明康：《中国特色银行业监管的理论与实践》，《求是》2011 年第 18 期。

[31]　刘辛元：《中国上市银行信贷行为的周期性研究》，《技术经济与管理研究》2015 年第 6 期。

[32]　刘志洋：《银行信贷顺周期性产生机制及其逆周期调控》，《现代财经：天津财经大学学报》2013 年第 6 期。

[33]　罗平：《资本监管制度的顺周期性及其补救方法》，《国际金融研究》2009 年第 6 期。

[34]　梅波：《顺周期效应下公允价值计量的价值相关性研究——兼论多重计量属性》，《山西财经大学学报》2014 年第 4 期。

[35]　南召凤：《基于资产负债表探讨公允价值会计顺周期效应》，《财政研究》2015 年第 10 期。

[36] 潘敏、张依茹：《股权结构会影响商业银行信贷行为的周期性特征吗——来自中国银行业的经验证据》，《金融研究》2013 年第 4 期。

[37] 潘希宏等：《公允价值计量与银行信贷风险——来自当前金融危机的思考》，《河北经贸大学学报》2013 年第 2 期。

[38] 盛朝晖：《中国货币政策传导渠道效应分析：1994—2004》，《金融研究》2006 年第 7 期。

[39] 宋科：《金融体系制度性顺周期机制：理论与实证分析》，《经济理论与经济管理》2015 年第 1 期。

[40] 宋玉华：《世界经济周期理论与实证研究》，商务印书馆 2007 年版。

[41] 谭燕芝、丁浩：《经济周期、所有权与银行盈利的实证研究——基于我国 17 家主要商业银行的分析》，《湘潭大学学报（哲学社会科学版）》2012 年第 1 期。

[42] 汪川、黎新、周镇峰：《货币政策的信贷渠道：基于"金融加速器模型"的中国经济周期分析》，《国际金融研究》2011 年第 1 期。

[43] 王胜邦、陈颖：《新资本协议内部评级法对宏观经济运行的影响：亲经济周期效应研究》，《金融研究》2008 年第 5 期。

[44] 王晓枫、熊海芳：《贷款损失准备对商业银行顺周期性的影响》，《国际金融》2011 年第 2 期。

[45] 王晓明：《银行信贷与资产价格的顺周期关系研究》，《金融研究》2010 年第 3 期。

[46] 魏宇、黄登仕：《中国股票市场价格波动特征及其可预测性研究》，《管理工程学报》2004 年第 4 期。

[47] 温信祥：《银行资本监管对信贷供给的影响研究》，《金融研究》2006 第 4 期。

[48] 吴言林、白彦、尹哲：《经济周期、信贷扩张与政府逆周期宏观调控效果研究》，《广东社会科学》2013 年第 1 期。

[49] 夏凡、姚志勇：《评级高估与低估：论国际信用评级机构"顺周期"

行为》,《金融研究》2013 年第 2 期。

[50]   项后军、陈简豪、杨华:《银行杠杆的顺周期行为与流动性关系问
        题研究》,《数量经济技术经济研究》2015 年第 8 期。

[51]   项后军、陈简豪:《公允价值影响了银行杠杆的顺周期行为吗》,
        《现代财经:天津财经大学学报》2016 年第 1 期。

[52]   熊启跃、黄宪:《资本监管下货币政策信贷渠道的"扭曲"效应研
        究——基于中国的实证》,《国际金融研究》2015 年第 1 期。

[53]   熊启跃、张依茹:《货币政策信贷渠道的经济区域效应研究——基
        于我国 31 个省际面板数据的经验证据》,《投资研究》2012 年第 7
        期。

[54]   徐海涛、林学冠:《银行资本监管的亲周期性研究》,《上海金融》
        2015 年第 3 期。

[55]   徐晟:《金融稳定性与公允价值会计准则的优化——基于动态减值
        准备的思考》,《会计研究》2009 年第 5 期。

[56]   许友传:《商业银行对货币政策的信贷行为反应与分布特征》,《上
        海经济研究》2012 年第 9 期。

[57]   许友传:《中国银行后瞻性的贷款损失准备管理及其逆周期效应》,
        《经济科学》2011 年第 6 期。

[58]   闫丽瑞:《资本监管对商业银行信贷行为的影响研究》,《宏观经济
        研究》2014 年第 5 期。

[59]   杨记军、逯东、杨丹:《银行政府所有权研究述评》,《经济学动
        态》2009 年第 7 期。

[60]   杨柳、李力、韩梦瑶:《逆周期资本缓冲机制在中国金融体系应用
        的实证研究》,《国际金融研究》2012 年第 5 期。

[61]   袁鲲、王娇:《贷款损失准备计提、管理动机与商业银行顺周期
        性——基于中国上市银行的实证研究》,《财经论丛》2014 年第 7 期。

[62]   张宗新、徐冰玉:《监管政策能否抑制商业银行亲周期行为——基

于中国上市银行面板数据的经验证据》,《财贸经济》2011 年第 2 期。

[63]　赵宏:《量化监管下商业银行顺周期行为及其矫正机制研究》,《财经问题研究》2014 年第 7 期。

[64]　赵锡军、王胜邦:《资本约束对商业银行信贷扩张的影响:中国实证分析(1995—2003)》,《财贸经济》2007 年第 7 期。

[65]　中国经济增长与宏观稳定课题组:《后危机时代的中国宏观调控》,《经济研究》2010 年第 11 期。

[66]　中国人民银行杭州中心支行课题组、郑南源等:《商业银行顺周期性与金融宏观调控研究》,《浙江金融》2009 年第 7 期。

[67]　周莉萍:《影子银行体系的顺周期性:事实、原理及应对策略》,《财贸经济》2013 年第 3 期。

[68]　周小川:《关于改变宏观和微观顺周期性的进一步探讨》,《中国金融》2009 年第 8 期。

[69]　周晖、张萍、高赛:《商业银行贷款损失准备具有顺周期性吗》,《经济与管理研究》2015 年第 1 期。

[70]　朱国庆、张维、程博:《关于上海股市收益厚尾性的实证研究》,《系统工程理论与实践》2001 年第 21 期。

[71]　邹传伟:《对 Basel Ⅲ 逆周期资本缓冲效果的实证分析》,《金融研究》2013 年第 5 期。

[72]　邹东涛:《中国经济发展和体制改革报告——中国改革开放 30 年(1978—2008)》,社会科学文献出版社 2009 年版。

[73]　D. Aboody, M. Barth, R. Kasznik, Do Firms Understate Stock Option-based Compensation Expense Disclosed Under SFAS 123, *Review of Accounting Studies*, 2006, 11(4).

[74]　S. Acharya, Charter Value, Minimum Bank Capital Requirement and Deposit Insurance Pricing in Equilibrium, *Journal of Banking & Finance*, 1996, 20(2).

[75] V. Acharya, S. T. Bharath, A. Srinivasan, Does Industry—wide Distress affect Defaulted Firms? Evidence from Creditor Recoveries, *Journal of Financial Economics*, 2007, 85(3).

[76] V. Acharya, T. Yorulmazer, Information Contagion and Bank Herding, *Journal of Money, Credit and Banking*, 2008, 40(1).

[77] T. Adrian, M. K. Brunnermeier, CoVaR, *Federal Reserve Bank of New York Staff Reports No. 348*, 2011.

[78] T. Adrian, S. Shin, Liquidity and Leverage, *Journal of Financial Intermediation*, 2010, 19(3).

[79] P. Agenor, R. Zilberman, Loan Loss Provisioning Rules, Procyclicality, and Financial Volatility, *Working Paper No. 184, Centre for Growth and Business Cycle Research, University of Manchester*, 2013.

[80] P. Agenor, K. Alper, P.D. Silva, Capital Requirements and Business Cycles with Credit Market Imperfections, *Journal of Macroeconomics*, 2012, 34(3).

[81] S. Aiyar, C. W. Calomiris, T. Wieladek, How Does Credit Supply Respond to Monetary Policy and Bank Minimum Capital Rquirements, *Bank of England Working Papers*, No. 8, 2014.

[82] U. Albertazzi, D. Marchetti, Credit Supply, Flight to Quality and Evergreening: An Analysis of Bank—firm Relationships after Lehman, *Bank of Italy Temi di Discussione (Working Paper Series) No. 756*, 2010.

[83] F. Allen, A. Babus, E. Carletti, Financial Crises: Theory and Evidence. *SSRN Working Papers No.44*, 2009.

[84] F. Allen, K. Jackowicz, O. Kowalewski, The Effects of Foreign and Government Ownership on Bank Lending Behavior During a Crisis in Central and Eastern Europe, *Wharton Financial Institutions Center*

Working Paper No. 13–25, 2013.

[85] M. Altman, Involuntary Unemployment, Macroeconomic Policy, and A Behavioral Model of the Firm: Why High Real Wages Need Not Because High Unemployment, *Research in Economics*, 2006, 60(2).

[86] Y. Altunbas, L. Gambacorta, D. Marques–Ibanez, Does Monetary Policy Affect Bank Risk–Taking, *ECB Working Paper Series No. 1166*, 2010.

[87] J. D. Amato, C. H. Furfine, Are Credit Ratings Procyclical, *Journal of Banking & Finance*, 2004, 28(11).

[88] A. Anandarajan, I. Hasan, C. Mccarthy, The Use of Loan Loss Provisions for Capital, Earnings Management and Signalling by Australian Banks, *Journal of Accounting & Finance*, 2007,47(3).

[89] H. Andersen, Procyclical Implications of Basel II: Can the Cyclicality of Capital Requirements Be Contained, *Journal of Financial Stability*, 2011, 7(3).

[90] S. Andrianova, P. Demetriades, A. Shortland, Government Ownership of Banks, Institutions, and Financial Development, *Journal of Development Economics*, 2008, 85(1).

[91] Friedrich A. Von Hayek, *Monetary Theory and the Trade Cycle*, Augustus Kelley Publications, 1966.

[92] A. Spiethoff, *Vorbemerkungen zu einer Theorie der Überproduktion*, Schmollers Jahrbuch für Gesetzgebung, Verwaltung und Volkswirtschaft im Deutschen Reiche, 1902, 26.

[93] Thomas Robert Malthus, *Principles of Political Economy*, William Pickering, 1836.

[94] Simonde De Sismondi J. C. L, Nouveaux Principes D'Economie Politique, 1819.

[95] Joseph A. Schumpeter, *Business Cycles: A theoretical, Historical,*

and Statistical Analysis of the Capitalist Process. Mansfield Centre, Connecticut: Martino Pubishing, 1939.

[96]　W. S. Jevons, Investigations in Currency and Finance. Edited and with an introduction by H. S. Foxwell. London: Macmillan.

[97]　John Maynard Keynes, The General Theory of Employment, Interest, and Money, Palgrave Macmillan Publisher, 1963.

[98]　Milton Friedman, A Monetary History of the United States, 1867–1960, Princeton University Press, 1971.

[99]　T. Tooke, An Inquiry into the Currency Principle, Leopold Classic Library, 1844.

[100]　N. Andries, S. Billon, The Effect of Bank Ownership and Deposit Insurance on Monetary Policy Transmission, Journal of Banking & Finance, 2010, 34(12).

[101]　J. Andritzky, J. Kiff, L. Kodres, et al., Policies to Mitigate Procyclicality, IMF Staff Position Notes, 2009.

[102]　P. Angelini, A. Enria, S. Neri, et al., Pro–Cyclicality of Capital Regulation: Is it a Problem? How to Fix it, Bank of Italy Occasional Paper No. 74, 2010.

[103]　S, Angklomkliew, J. George, F. Packer, Issues and Developments in Loan Loss Provisioning: The Case of Asia, BIS Quarterly Review, December, 2009.

[104]　M. Arellano, S. Bond, Some Tests of Specification for Panel Data: Monte Carlo Evidence and an Application to Employment Equation, Review of Economic Studies, 1991(58).

[105]　N. Arjani, G. Paulin, Lessons from the Financial Crisis: Bank Performance and Regulatory Reform. Bank of Canada Discussion Papers 2013–4, 2013.

[106] P. Athanasoglou, N. Brissimis, M. Delis, Bank–specific, Industry–specific and Macroeconomic Determinants of Bank Profitability, *Journal of International Financial Markets, Institutions & Money*, 2008, 18(18).

[107] J. Ayuso, D. Pérez, J. Saurina, Are Capital Buffers Pro–cyclical? Evidence from Spanish Panel Data, *Journal of Financial Intermediation*, 2004, 13(2).

[108] B. Badertscher, P. Easton, A Convenient Scapegoat: Fair Value Accounting by Commercial Banks during the Financial Crisis, *Accounting Review*, 2012, 87(1).

[109] W. Bagehot, *Lombard Street: A Description of The Money Market (1st Edition)*, New York: Scribner, Armstong & Co., 1873.

[110] A. Baglioni, E. Beccalli, A. Boitani, Is the Leverage of European Banks Procyclical, *Empirical Economics*, 2013, 45(3).

[111] S. Bakshi, B, Madan, X. Zhang, Understanding the Role of Recovery in Default Risk Models: Empirical Comparisons and Implied Recovery Rates, *SSRN Electronic Journal*, 2006.

[112] R. Ball, Don't Blame the Messenger or Ignore the Message.*University of Chicago Working Paper*, 2008.

[113] A. Bangia, F. Diebold, A. Kronimus, et al., Ratings Migration and the Business Cycle, with Application to Credit Portfolio Stress Testing, *Journal of Banking & Finance*, 2002, 26(2).

[114] Bank European Central, The New Basel Capital Accord: Main Features and Implications, *ECB Monthly Bulletin January*, 2005.

[115] M. Barth, W. Landsman, How did Financial Reporting Contribute to the Financial Crisis, *European Accounting Review*, 2010, 19(3).

[116] M. Barth, "Fair values and Financial Statement Volatility" , in *The Market Discipline across Countries and Industries*, The MIT Press, 2004.

[117] Basel Committee On Banking Supervisions (BCBS), *International Convergence of Capital Measurement and Capital Standards. A Revised Framework*, Basel, 2004.

[118] Basel Committee on Banking Supervisions (BCBS), *Supervisory Guidance for Assessing Banks´ Financial Instrument Fair Value Practice*, 2009(April).

[119] Basel Committee on Banking, Capital Requirements and Bank Behaviour: Impact of The Basel Accord. *BCBS Working Papers No.1*, 1999.

[120] A. Beatty, S. Liao, Regulatory Capital Ratios, Loan Loss Provisioning and Procyclicality, *Journal of Accounting and Economics*, 2011, 52(3).

[121] H. Beaver, E. Engel, Discretionary Behavior with Respect to Allowances for Loan Losses and the Behavior of Security Prices, *Journal of Accounting & Economics*, 1996, 22(s1 - 3).

[122] R. Bebczuk, T. Burdisso, J. Carrera, A New Look into Credit Procyclicality: International Panel Evidence, *BIS CCA Conference on Systemic risk, bank behaviour and regulation over the business cycle*, BIS CCA-001-2010, 2010.

[123] T. Beck, A. Demirguc-Kunt, S. M. Peria, Reaching Out: Access To and Use of Banking Services Across Countries, *Social Science Electronic Publishing*, 2005, 85(1).

[124] R. Becker, D. Osborn, D. Yildirim, A Threshold Cointegration Analysis of Interest Rate Pass-through to UK Mortgage Rates, *Economic Modelling*, 2012(29).

[125] A. Berger, G. Udell, The Economics of Small Business Finance: The Roles of Private Equity and Debt Markets in the Financial Growth Cycle, *Finance & Economics Discussion*, 1998, 22(6).

[126] A. Berger, G. Udell, The institutional memory hypothesis and the procyclicality of bank lending behavior, *Journal of Financial Intermediation*, 2003,13(4).

[127] M. Berlin, Bank Credit Standards Federal Reserve Bank of Philadelphia, *Business Review*, 2009, 21(3).

[128] B. Bernanke, A. Blinder, The Federal Funds Rate and the Channels of Monetary Transmission, *American Economic Review*, 1989, 82(82).

[129] B. Bernanke, M. Gertler, S. Gilchrist, "The Financial Accelerator in A Quantitative Business Cycle Framework" in Handbook of *Macroeconomics*, Elsevier, 1999, Volume 1, Part C.

[130] Jose Berrospide, Rochelle Edge. The Effects of Bank Capital on Lending: What Do We Know, and What Does It Mean, *International Journal of Central Banking*, 2010, 6(4).

[131] A. Bertay, A. Demirg ü c-Kunt, P. Huizinga, Do We Need Big Banks? Evidence on Performance, Strategy and Market Discipline, *Journal of Financial Intermediation*, 2013, 22(4).

[132] A. Bertay, A. Demirgüç-Kunt, H. Huizinga, Bank ownership and credit over the business cycle: Is lending by state banks less procyclical, *Journal of Banking & Finance*, 2015, 50.

[133] G. Bhat, J. Lee, G. Ryan, Using Loan Loss Indicators by Loan Type to Sharpen the Evaluation of the Determinants and Implications of Banks' Loan Loss Accruals, *SSRN Working Paper No. 49*, 2014.

[134] J. A. Bikker, H. Hu, Cyclical Patterns in Profits, Provisioning and Lending of Banks and Procyclicality of the New Basel Capital Requirements, *DNB Supervision Research Series No. 39*, 2001.

[135] J. Bikker, P. Metzemakers, Bank Provisioning Behaviour and Procyclicality, *Journal of International Financial Markets Institutions*

& *Money*, 2005, 15(2).

[136] E. Blankespoor, T. J. Linsmeier, K. R. Petroni, et al, Fair Value Accounting for Financial Instruments: Does It Improve the Association between Bank Leverage and Credit Risk, *The Accounting Review*, 2013(88).

[137] J. Blum, M. Hellwig, The Macroeconomic Implications of Capital Adequacy Requirements for Banks, *European Economic Review*, 1995, 39(3-4).

[138] R. Blundell, S. Bond, Initial Conditions and Moment Restrictions in Dynamic Panel Data Models, *Jounal of Econometrics*, 1998, 87(1).

[139] E. Bordeleau, W. Engert, Procyclicality and Compensation, *Financial System Review*, 2009(6).

[140] C. Borio, C. Furfine, P. Lowe, Procyclicality of The Financial System and Financial Stability: Issues and Policy Options, *BIS Working Paper Series No. 1*, 2001.

[141] C. Borio, P. Lowe, To Provision or Not to Provision. *BIS Working Papers*, 2001.

[142] C. Borio, H. Zhu, Capital Regulation, Risk-taking and Monetary policy: A Missing Link in the Transmission Mechanism, *BIS Working Papers No 268*, 2008.

[143] C. Borio, Implementing the Macroprudential Approach to Financial Regulation and Supervision, *Financial Stability Review*, 2009, 13(13).

[144] C. Borio, Towards a Macroprudential Framework for Financial Supervision and Regulation. *BIS Working Paper Series No.128*, 2003.

[145] V. Bouvatier, L. Lepetit, Banks' Procyclical Behavior: Does Provisioning Matter, *Journal of International Financial Market*s, Institutions and Money, 2008, 18(5).

[146] V. Bouvatier, L. Lepetit, Provisioning Rules and Bank Lending: A Theoretical Model, *Journal of Financial Stability*, 2012, 8(1).

[147] D. Bowman, F. Cai, S. Davies, et al., Quantitative Easing and Bank Lending: Evidence from Japan, *Journal of International Money and Finance*, 2015(57).

[148] M. Brei, A. Schclarek, A Theoretical Model of Bank Lending: Does Ownership Matter in Times of Crisis, *Journal of Banking & Finance*, 2015(50).

[149] M. Brei, A. Schclarek, Public Bank Lending in Times of Crisis, *Journal of Financial Stability*, 2013, 9(4).

[150] R. M. Bushman, C. D. Williams, Accounting Discretion, Loan Loss Provisioning, and Discipline of Banks' Risk-taking, *Journal of Accounting and Economics*, 2012, 54(1).

[151] R. M. Bushman, C. D. Williams, Delayed Expected Loss Recognition and the Risk Profile of Banks, *Journal of Accounting Research*, 2015, 53(3).

[152] R. Cantor, C. Mann, *Measuring the Performance of Corporate Bond Ratings*, Social Science Electronic Publishing, 2007.

[153] J. Caouette, E. Altman, N. Paul, et al., *Default Recovery Rates and LGD in Credit Risk Modeling and Practice*, John Wiley & Sons, Inc., 2011.

[154] G. M. Caporale, S. Di Colli, J. S. Lopez, Bank Lending Procyclicality and Credit Quality during Financial Crisis, *Economic Modelling*, 2014(43).

[155] G. Caprio, Safe and Sound Banking: A Role for Countercyclical Regulatory Requirements.*The World Bank Policy Research Working Paper No. 5198*, 2010.

[156] M. Carey, M. Gordy, Measuring Systematic Risk in Recoveries on

Defaulted Debt. *Federal Reserve Board Working paper*, December 17, 2004.

[157] Ben Bernanke, Mark Gertler, Agency Costs, Net Worth, and Business Fluctuations: A Computable General Equilibrium Analysis, *The American Economic Review*, 1997, 87(5).

[158] Ben Bernanke, Mark Gertler, Simon Gilchrist, The Financial Accelerator in a Quantitative Business Cycle Framework, *NBER Working Paper* No. 6455, 1998.

[159] D. Carvalho, The Real Effects of Government-owned Banks: Evidence from An Emerging Market, *Journal of Finance*, 2014, 69(2).

[160] E. Catarineu-Rabell, P. Jackson, D. Tsomocos, Procyclicality and the New Basel Accord-Banks' Choice of Loan Rating System, *Bank of England Working Paper* No. 181, 2003.

[161] R. Chami, T. F. Cosimano. Monetary Policy with A Touch of Basel, *Journal of Economics & Business*, 2010, 62(3).

[162] L. Christiano, R. Motto, M. Rostagno, Financial Factors in Business Cycles, *European Central Bank and North-western University Mimeo*, 2007.

[163] A. Clark, Prudential Regulation, Risk Management and Systemic Stability, *Risk Management and Systemic Stability, Bank of England Quarterly Bulletin*, 2006.

[164] P. Clement, The Term "Macroprudential": Origins and Evolution, *BIS Quarterly Review*, 2010(March).

[165] S. Cole, Financial Development, Bank Ownership, and Growth. Or, Does Quantity Imply Quality, *Review of Economics & Statistics*, 2009, 91(1).

[166] N. Coleman, L. Feler, Bank Ownership, Lending, and Local Economic Performance During the 2008 - 2009 Financial Crisis, *Journal of*

Monetary Economics, 2015, 71.

[167] United States Securities and Exchange Commission. *Report and Recommendations Pursuant to Section 133 of the Emergency Economic Stabilisation Act of 2008: Study on Mark–to–Market Accounting*, 2008.

[168] M. Cornett, L. Guo, S. Khaksari, et al., The Impact of State Ownership on Performance Differences in Privately–owned versus State-owned Banks: An International Comparison, *Journal of Financial Intermediation*, 2010, 19(1).

[169] R. Craig, E. Davis, A. Pascual, Sources of Pro–Cyclicality In East Asian Financial Systems, *Economics & Finance Discussion Papers*, 2006.

[170] R. Cull, P. Soledad, M. Martinez, Bank Ownership and Lending Patterns During the 2008–2009 Financial Crisis: Evidence from Latin America and Eastern Europe, *Journal of Banking & Finance*, 2013, 37(12).

[171] F. D' Avack, S. Levasseur, The Determinants of Capital Buffers in CEECs. *OFCE Centre de recherche en économie Working Paper 28*, 2007.

[172] T. Dang, G. Gorton, B. Holmstrom, et al., Bank as Secret Keepers, *American Economic Review*, 2017, 107(4).

[173] C. Dave, S. Dressler, L. Zhang, The Bank Lending Channel: A FAVAR Analysis, *Journal of Money Credit & Banking*, 2009, 45(8).

[174] D. Davydov, Should Public Banks be Privatized, Evidence from the Financial Crisis, *Journal of Emerging Market Finance*, 2018, 17(2).

[175] R. De Haas, Y. Korniyenko, E. Loukoianova, et al., Foreign Banks and the Vienna Initiative: Turning Sinners into Saints, *IMF Working Paper Series, No. 12/117*, 2012.

[176] M. Delis, K. C. Tran, E. G. Tsionas, Quantifying and Explaining Parameter Heterogeneity in the Capital Regulation–Bank Risk Nexus,

Journal of Financial Stability, 2012, 8(2).

[177] D. Diamond, R. Rajan, Banks, Short Term Debt and Financial Crises: Theory, Policy Implications and Applications, *CRSP Working Papers*, 2000, 54(1).

[178] M. Drehmann, C. Borio, L. Gambacorta, et al., Countercyclical Capital Buffer: Exporing Options, *BIS Working Paper Series No.317*, 2010.

[179] I. Drumond, J. Jorge, Basel Capital Requirement, Firms' Heterogeneity, and the Business Cycle, *FEP Working Papers No. 215*, 2009.

[180] I. Drumond, Bank Capital Requirements, Business Cycle Fluctuations and the Basel Accords: A Synthesis, *Journal of Economic Surveys*, 2009, 23(5).

[181] M. Ehrmann, L. Gambacorta, J. M. Pagés, et al., Financial Systems And the Role of Banks in Monetary Policy Transmission in the Euro Area, *ECB Working Paper No. 105*, 2001.

[182] R. Elul, Collateral, Credit History, and the Financial Decelerator, *Journal of Financial Intermediation*, 2008, 17(1).

[183] A. Enria, L. Cappiello, F. Dierick, et al., Fair Value Accounting and Financial Stability, *European Central Bank Occasional Paper Series No. 13*, 2004.

[184] A. Estrella, The Cyclical Behavior of Optimal Bank Capital, *Journal of Banking & Finance*, 2004, 28(3).

[185] European Central Bank, Monetary Policy and Loan Supply in the Euro Area, *ECB Monthly Bulletin October*, 2009.

[186] G. Ferri, P. Kalmi, E. Kerola, Does Bank Ownership Affect Lending Behavior? Evidence from the Euro Area, *Journal of Banking & Finance*, 2014(48).

[187] I. Fisher, The Debt – Deflation Theory of Great Depressions,

Econometrica, 1933(1).

[188] W. Francis, M. Osborne, Bank Regulation, Capital andCcredit Supply: Measuring the Impact of Prudential Standards, *UK Financial Service Authority Occasional Paper Series No.36*, September, 2009.

[189] X. Freixas, J. Rochet, *Microeconomics of Banking (2nd Edition)*, The MIT Press, 2008.

[190] B. M. Friedman, Money, Credit and Interest Rates in the Business Cycle, University of Chicago Press, 1986.

[191] J. Frye, Collateral Damage Detected, *Federal Reserve Bank of Chicago Emerging Issues Series*, 2000, October.

[192] G. Gebhardt, Z. Novotny–Farkas, Mandatory IFRS Adoption and Accounting Quality of European Banks, *Journal of Business Finance & Accounting*, 2011, 38(3–4).

[193] A. Gerali, S. Neri, L. Sessa, et al., Credit and Banking in a DSGE Model, *Bank of Italy Meeting Papers*, 2008, 42(Supplement S1).

[194] M. Giannetti, A. Simonov, On the Real Effects of Bank Bailouts: Micro-Evidence from Japan, *American Economic Journal Macroeconomics*, 2010, 5.

[195] I. Golodniuk, Evidence on the Bank–lending Channel in Ukraine, *Research in International Business & Finance*, 2006, 20(2).

[196] M. Goodfriend, B. T. Mccalluma, Banking and Interest Rates in Monetary Policy Analysis: A Quantitative Exploration, *Journal of Monetary Economics*, 2007, 9.

[197] C. Goodhart, B. Hofmann, M. Segoviano, Macroeconomic, Bank Regulation and Fluctuations, *Oxford Review Of Economic Policy*, 2004, 20(4).

[198] M. B. Gordy, B. Howells, Procyclicality in Basel II: Can We Treat

the Disease without Killing the Patient, *Journal of Financial Intermediation*, 2006, 15(3).

[199] D. Greenlaw, J. Hatzius, A. Kashyap, et al., Leveraged Losses: Lessons from the Mortgage Market Meltdown, *US Monetary Policy Forum Report*, 2008.

[200] J. M. Guttentag, R. J. Herring, *Disaster Myopia in International Banking*, *J.Reprints Antitrust L. & Econ*, 1997.

[201] J. I. Halvorsen, D. H. Jacobsen, How important can bank lending shocks be for economic fluctuations, *The North American Journal of Economics and Finance*, 2014, 29.

[202] G. Hardouvelis, Actions for A Less Procyclical Financial System, *Eurobank Research Economy & Markets*, 2010, 5(5).

[203] J. Heaton, D. Lucas, L. Mcdonald, Is Mark–to–Market Accounting Destabilizing? Analysis and Implications for Policy, *Journal of Monetary Economics*, 2010, 57(1).

[204] F. Heid, The Cyclical Effects of the Basel II Capital Requirements, *Journal of Banking & Finance*, 2007, 31(12).

[205] T. Helbling, R. Huidrom, M. A. Kose, et al., Do Credit Shocks Matter? A Global Perspective, *European Economic Review*, 2011, 55(3).

[206] G. Hoggart, S. Sorensen, L. Zicchino, Stress Tests of UK Banks Using a VAR Approach. *Bank of England Working Papers No. 282*, 2005.

[207] B. Holmstrom, J. Tirole, Financial Intermediation, Loanable Funds and the Real Sector, *Quarterly Journal of Economics*, 1997, 112(3).

[208] M. Iacoviello, R. Minetti, The Credit Channel of Monetary Policy: Evidence from the Housing Market, *Journal of Macroeconomics*, 2008, 30(1), pp. 69–96.

[209] M. Iacoviello, S. Neri, Housing Market Spillovers: Evidence from an

Estimated DSGE Model, *American Economic Journal Macroeconomics*, 2010, volume 2(2).

[210] M. Iacoviello, House Prices, Borrowing Constraints, and Monetary Policy in the Business Cycle, *American Economic Review*, 2005, 95(3).

[211] M. Jacobs, An Empirical Study of Exposure at Default, *Journal of Advanced Studies in Finance*, 2010, 126(3).

[212] K. T.Jacques, Capital Shocks, Bank Asset Allocation, and the Revised Basel Accord, *Review of Financial Economics*, 2008, 17(2).

[213] P. Jager, Fair Value Accounting, Fragile Bank Balance Sheets and Crisis: A Model, *Accounting, Organizations and Society*, 2014, 39(2).

[214] H. Jeong, *The Procyclicality of Bank Lending and Its Funding Structure: The Case of Korea*. Paper prepared for the Bank of Korea International Conference on "The Credit Crisis: Theoretical Perspective and Policy Implications" May, 2009.

[215] G. Jim é nez, J. Lopez, J. Saurina, EAD Calibration for Corporate Credit Lines, Federal Reserve Bank of San Francisco Working Paper No. 2009 - 02.

[216] G. Jim é nez, S. Ongena, J. Peydr ó , et al., *Credit Supply: Identifying Balance-Sheet Channels with Loan Applications and Granted Loans*, Social Science Electronic Publishing, 2010(7655).

[217] Jim é nez G, Saurina J. Credit Supply and Monetary Policy: Identifying the Bank Balance-Sheet Channel with Loan Applications. *American Economic Review*, 2012, 102(5).

[218] T. Jokipii, A. Milne, The Cyclical Behaviour of European Bank Capital Buffers, *Journal of Banking & Finance*, 2009, 32(8).

[219] A. Kashyap, R. Rajan, J. Stein, *Rethinking Capital Regulation*, Paper prepared for Federal Reserve Bank of Kansas City Symposium on

"Maintaining stability in a changing financial system" Jackson Hole, Wyoming, 2008, August.

[220] Kevin Jacques. Capital Shocks, Bank Asset Allocation, *And the Revised Basel Accord*, *Review of Financial Economics*, 2008, 17(2).

[221] U. Khan, Does Fair Value Accounting Contribute to Systemic Risk in the Banking Industry, *Working paper of Yale School of Management*, 2010.

[222] R. Kishan, T. P. Opiela, Bank Size, Bank Capital, and the Bank Lending Channel, *Journal of Money Credit & Banking*, 2000, 32(1).

[223] J. Krainer, J. Lopez, Do Supervisory Rating Standards Change over Time, *Economic Review*, 2009, 81(2).

[224] A. Krueger, The Political Economy of the Rent−Seeking Society, *American Economic Review*, 1974, 64(64).

[225] L. Laeven, R. Levine, Bank Regulation, Governance and Risk−taking, *Journal of Financial Economics*, 2009, 93(2).

[226] L. Laeven, G. Majnoni, Loan Loss Provisioning and Economic Slowdowns: Too Much, Too Late, *Journal of Financial Intermediation*, 2003, 12(2).

[227] J. Landau, *Bubbles and Macroprudential Supervision: The Future of Financial Regulation,* Paris, Banque de France and Toulouse School of Economics, January 28th, 2009.

[228] R. LaPorta, F. Lopez−Silanes, A. Shleifer, Government Ownership of Banks, *Journal of Finance*, 2002, 57(1).

[229] C. H. Lim, A. Costa, F. Columba, et al, Macroprudential Policy: What Instruments and How to Use them? Lessons From Country Experiences, *IMF Working Paper Series No. 85*, 2011.

[230] Y. Lin, A. Srinivasan, T. Yamada, *The Bright Side of Lending by State*

Owned Banks: Evidence from Japan, National University of Singapore, Department of Finance, manuscript, 2012.

[231] G. Liu, N. E. Seeiso, Basel II procyclicality: the case of South Africa, *Economic Modelling*,2012, 29(3).

[232] G. Lobo, D. Yang, Bank Managers, Heterogeneous Decisions on Discretionary Loan Loss Provisions, *Review of Quantitative Finance & Accounting*, 2001, 16(3).

[233] G. Loffler, Can Rating Agencies Look Through the Cycle, *Review of Quantitative Finance & Accounting*, 2013, 40(4).

[234] F. Longin, Bruno Solnik. Extreme Correlation of International Equity Markets, *Journal of Finance*, 2001, 56(2).

[235] M. Lucchetta, G. D, Nicol ó Systemic Risks and the Macroeconomy, *Nber Working Papers*, 2011, 10(2).

[236] M. Magnan, Fair Value Accounting and the Financial Crisis: Messenger or contributor, Accounting Perspectives, 2009, 8(3), 189–213.

[237] G. Mankiw, Small Menu Costs and Large Business Cycles: A Macroeconomic Model of Monopoly, *Quarterly Journal of Economics (The MIT Press)*, 1985, 100 (2).

[238] W. J. McNally, Open Market Stock Repurchase Signalling, *Financial Management*, 1999, 28(2).

[239] P. Mehrling, *The New Lombard Street*, Princeton University Press, 2011.

[240] J. Meriläinen, Lending Growth During the Financial Crisis And the Sovereign Debt Crisis: the Role of Bank Ownership Type, *Journal of International Financial Markets Institutions & Money*, 2016(41).

[241] K. Mérő, B. Zsámboki, E. Horv á th, Studies on the Procyclical Behaviour of Banks, *Magyar Nemzeti Bank (Central Bank of Hungary)*, 2002.

[242] C. Merrill, T. Nadauld, R. Stulz, et al., Did Capital Requirements and

Fair Value Accounting Spark Fire Sales in Distressed Mortgage–Backed Securities, *SSRN Electronic Journal*, 2012.

[243] A. Mian, *Private Domestic, and Government Banks: New Evidence from Emerging Markets*, Mimeo, University of Chicago, 2005.

[244] A. Micco, U. Panizza, M. Yanez, Bank Ownership and Performance: Does Politics Matter, *Journal of Banking and Finance*, 2007, 31(1).

[245] A. Micco, U. Panizza, Bank Ownership and Lending Behavior, Economics Letters, 2006, 93(9).

[246] H. Montgomery, The Effect of the Basel Accord on Bank Portfolios in Japan, *Journal of the Japanese and International Economies*, 2005, 19(1).

[247] S. Myers, N. Majluf, Corporate Financing And Investment Decisions When Firms Have Information That Investors Do Not Have, *Journal of Financial Economics*, 1984, 13(2).

[248] P. Nickell, W. Perraudin, S. Varotto, Stability of Rating Transitions, *Journal of Banking & Finance*, 2000, 24 (2).

[249] E. Nier, L. Zicchino, Bank Weakness and Bank Loan Supply, *Financial Stability Review*, 2005(19).

[250] G. Nocera, G. Iannotta, A. Sironi, The Impact of Government Ownership on Bank Risk and Lending Behaviour, *Journal of Financial Intermediation*, 2013, 22(2).

[251] Z. Onder, S. Ozyildirim Role of Bank Credit on Local Growth: Do Politics and Crisis Matter, *Journal of Financial Stability*, 2013, 9(1).

[252] S. Ongena, O. Sendeniz–Yüncü . Which Firms Engage Small, Foreign, or State Banks? And Who Goes Islamic? Evidence from Turkey, *Journal of Banking & Finance*, 2011, 35(12).

[253] D. Pain, The Provisioning Experience of the Major UK Banks: A Small

Panel Investigation, *Bank of England Working Paper* No. 177, 2003.

[254] F. Panetta, P. Angelini, G. Grande, et al, The Recent Behavior of Financial Market Volatility, *BIS Working Papers* No. 29, 2006.

[255] F. Panetta, T. Faeh, G. Grande, et al., An Assessment of Financial Sector Rescue Programs. *BIS Woring Paper Series No.48*, July, 2009.

[256] P. Pinho, N. Martins, Determinants of Portuguese Bank's Provisioning Policies: Discretionary Behaviour of Generic and Specific Allowances, *Journal of Money, Investment and Banking*, 2009, 10.

[257] M. Pinnuck, A Review of the Role of Financial Reporting in the Global Financial Crisis, *Australian Accounting Review*, 2012, 60(2).

[258] G. Plantin, H. Sapra, Shin, Fair Value Accounting and Financial Stability, *Finacial Stablity Review, Special Issue on valuation and Financial Stability*, 2008(12).

[259] M. Puri, J. Rocholl, S. Steffen, Global Retail Lending in the Aftermath of the US Financial Crisis: Distinguishing between Supply and Demand Effects, *Journal of Financial Economics*, 2011, 100(3).

[260] M. Quagliariello, Banks' Riskiness over The Business Cycle: A Panel Analysis on Italian Intermediaries, *Applied Financial Economics*, 2007, 17(2).

[261] R. Zilberman, J. Tayler, Financial Shocks, Loan Loss Provisions and Macroprudential Stability, *Economics Working Paper Series No. 23*, Lancaster University, 2014.

[262] G. Rajan, Why Bank Credit Policies Fluctuate: A Theory And Some Evidence, *Quarterly Journal of Economics*, 1994, 49(2).

[263] R. Repullo, S. Jesus, The Countercyclical Capital Buffer of Basel III: A Critical Assessment, *CEMFI Working Paper Series No. 1102*, 2011.

[264] R. Repullo, J. Saurina, C. Trucharte, Mitigating the Procyclicality of

Basel II, *Economic Policy*, 2010, 25(64).

[265] R. Repullo, J. Suarez, The Procyclical Effects of Basel II.*CEPR Discussion Papers* No. 6862, 2008, 107(8).

[266] J. Rochet, Procyclicality of Financial Systems: Is There a Need to Modify Current Accounting and Regulatory Rules, *Financial Stability Review*, 2008.

[267] A. U. Romansco, C. P. Kindleberger, *Manias, Panics, and Crashes: A History of Financial Crises*, Economic Journal, 1979, 84(2).

[268] P. Romer, Increasing Returns and Long–Run Growth, *Journal of Political Economy*, 1986, 94(5) .

[269] R. Kishan, O. Timothy, Bank Size, Bank Capital, and the Bank Lending Channel. *Journal of Money, Credit, and Banking*, 2000, 32(1).

[270] J. Saurina, C.Trucharte, An Assessment of Basel II Procyclicality in Mortgage Portfolios, Journal of Financial Services Research, 2007, 32(1).

[271] P. Sapienza, L. Guiso, Luigi Zingales, *The Effects of Government Ownership on Bank Lending, Journal of Financial Economics*, 2004, 94(3).

[272] A. Shleifer, R. Vishny, Politicians and Firms, *Quarterly Journal of Economics*, 1994, 109(4).

[273] R. Shrieves, D. Dahl, Discretionary Accounting and the Behavior of Japanese Banks under Financial Duress, *Journal of Banking & Finance*, 2003, 27(7)3.

[274] S. Mike, K. Lam, W. K. Li, An Empirical Study of Volatility in Seven Southeast Asian Stock Markets Using ARV Models, *Journal of Business Finance & Accounting*, 1997, 24(2).

[275] J. Sole, A. Novoa, J. Scarlata, Procyclicality and Fair Value Accounting,

IMF Working Paper WP/09/39, 2009.

[276] J. Stein, A. Kashyap, Cyclical Implicatons of The Basel II Capital Standards, *Federal Reserve Bank of Chicago Economic Perspectives 1st Quarter*, 2004.

[277] S. Stolz, M. Wedow, Banks' Regulatory Capital Buffer and the Business Cycle: Evidence for German Savings and cooperative Banks, *Discussion Paper Series 2: Banking and Financial Studies, Deutsche Bundesbank*, 2005.

[278] J. Suarez, O. Sussman, Financial Distress and the Business Cycle, *Oxford Review of Economic Policy*, 1999, 15(3).

[279] C. Takeda, A. S. Ahmed, Bank loan loss provisions: A Reexamination of Capital Management, Earnings Management and Signaling Effects, *Journal of Accounting & Economics*, 1999, 28.

[280] M. Tanaka, How Do Bank Capital and Capital Adequacy Regulation Affect the Monetary Transmission Mechanism, *Cesifo Working Paper Series* No.799, 2002.

[281] A. Taylor, C. Goodhart, *Procyclicality and Volatility in the Financial System: the Implementation of Basel II and IAS39*, UK: Palgrave Macmillan, 2006.

[282] H. Uchida, G. F. Udell, W. Watanabe, Bank Size and Lending Relationships in Japan, *Journal of the Japanese and International Economies*, 2008, 22(2).

[283] D. Vanhoose, Bank Capital Regulation, Economic Stability, and Monetary Policy: What Does the Academic Literature Tell Us, *Atlantic Economic Journal*, 2008, 36(1).

[284] D. Vanhoose, Regulation of Bank Management Compensation. In J. Tatom (ed.), *Financial Market Regulation: Legislation and Implications*,

Springer, 2011.

[285] D. Vanhoose, Theories of Bank Behavior under Capital Regulation, *Journal of Banking & Finance*, 2007, 31(12).

[286] J. Wahlen, The Nature of Information in Commercial Bank Loan Loss Disclosures, *Accounting Review*, 1994, 69(3).

[287] L. Wall, T. Koch, Bank Loan-Loss Accounting: A Review of Theoretical and Empirical Evidence, *Federal Reserve Bank of Atlanta Economic Review*, 2000, Second Quarter.

[288] M. Wallace, Is Fair Value Accounting Responsible for the Financial Crisis, *Bank Accounting & Finance*, 2009, 1(22).

[289] W. Watanabe, Prudential Regulation and the "Credit Crunch": Evidence from Japan, *Journal of Money, Credit and Banking*, 2007, 39(2).

[290] L. Zicchino, A Model of Bank Capital, Lending and the Macroeconomy: Basel I versus Basel II, *Bank of England Working Paper* No. 270, 2006.

后 记

在我国当前金融体系中银行金融机构仍然占据主导地位，而商业银行作为我国银行金融机构的主体，其信贷行为对市场经济的发展以及货币政策的执行效果影响重大，关注商业银行信贷行为的周期性特征有利于在提高宏观调控有效性的同时增强金融系统的稳定性。当前，理论和实务界普遍认为商业银行的信贷行为是顺周期变化的，本书认为这样的认识忽略了我国商业银行系统区别于西方发达国家银行系统的特点，得到结论的是有局限的。鉴于此，本书的研究增加考虑了我国政府对银行高度干预的特征因素，在银行分类视角的基础上综合全面地考察我国各类商业银行信贷行为的周期性特征。从这个角度来说，本书的部分观点是具有探索意义的。与此同时，由于研究样本观测期的局限，样本数据只能反映一定时间内信贷行为的特征，因此本书的结论与观点一定存在诸多不足和错漏之处，恳请各位专家和学者提出宝贵的改进意见，以便进一步完善和修订。

本书的写作得到四川大学经济与管理学院金融工程系马德功教授的悉心指导和帮助，他为本书的内容和逻辑框架的设计提供了不少有益建议与意见。同时，在本书的写作期间，我正在瑞典兰德大学（Lund University）进行为期一年的访学交流，感谢兰德大学提供的资源和平台，这为本书的撰写提供了丰富的数据资料。同时该校经济与管理学院的 Hossein Asgharian 教授也对本书的研究方法和论证过程提供了相关指导，提高了本书的论证质量。

李嵩然

2018 年 12 月

责任编辑:高晓璐

图书在版编目(CIP)数据

我国商业银行信贷行为周期性研究/李嵩然 著. —北京:人民出版社,
　2019.10
ISBN 978－7－01－021340－8

Ⅰ.①我…　Ⅱ.①李…　Ⅲ.①商业银行-信贷管理-研究-中国
　Ⅳ.①F832.4

中国版本图书馆 CIP 数据核字(2019)第 212267 号

我国商业银行信贷行为周期性研究

WOGUO SHANGYE YINHANG XINDAI XINGWEI ZHOUQIXING YANJIU

李嵩然　著

人民出版社 出版发行
(100706　北京市东城区隆福寺街 99 号)

北京汇林印务有限公司印刷　新华书店经销

2019 年 10 月第 1 版　2019 年 10 月北京第 1 次印刷
开本:710 毫米×1000 毫米 1/16　印张:16.5
字数:310 千字

ISBN 978－7－01－021340－8　定价:56.00 元

邮购地址　100706　北京市东城区隆福寺街 99 号
人民东方图书销售中心　电话 (010)65250042　65289539